云南大学周边外交研究中心
学术委员会名单

云南大学周边外交研究丛书

中国—东盟司法合作研究（1991—2014）

雷　珺◎著

中国社会科学出版社

图书在版编目(CIP)数据

中国—东盟司法合作研究.1991—2014 / 雷珺著.—北京：中国社会科学出版社，2016.12

(云南大学周边外交研究丛书)

ISBN 978－7－5161－9676－2

Ⅰ.①中… Ⅱ.①雷… Ⅲ.①司法—国际合作—研究—中国、东南亚国家联盟—1991－2014 Ⅳ.①D926②D933.06

中国版本图书馆 CIP 数据核字(2016)第 308570 号

出 版 人 赵剑英
责任编辑 王 茵 马 明
责任校对 胡新芳
责任印制 王 超

出 版 中国社会科学出版社
社 址 北京鼓楼西大街甲 158 号
邮 编 100720
网 址 http://www.csspw.cn
发 行 部 010－84083685
门 市 部 010－84029450
经 销 新华书店及其他书店

印 刷 北京君升印刷有限公司
装 订 廊坊市广阳区广增装订厂
版 次 2016 年 12 月第 1 版
印 次 2016 年 12 月第 1 次印刷

开 本 710×1000 1/16
印 张 15
插 页 2
字 数 252 千字
定 价 56.00 元

《云南大学周边外交研究丛书》
编委会名单

总　序

近年来，全球局势急剧变化，国际社会所关切的一个重要议题是：中国在发展成为世界第二大经济体之后，其外交政策是否会从防御转变为具有进攻性？是否会挑战现存的大国和国际秩序？甚至会单独建立自己主导的国际体系？的确，中国外交在转变。这些年来，中国已经形成了三位一体的新型大外交，我把它称之为“两条腿，一个圈”。一条腿是“与美、欧、俄等建立新型的大国关系，尤其是建立中美新型大国关系”；另一条腿为主要针对广大发展中国家的发展战略，即“一带一路”；“一个圈”则体现于中国的周边外交。这三者相互关联，互相影响。不难理解，其中周边外交是中国外交的核心也是影响另外两条腿行走的关键。这是由中国本身特殊的地缘政治考量所决定的。首先，周边外交是中国在新形势下全球谋篇布局的起点。中国的外交中心在亚洲，亚洲的和平与稳定对中国至关重要，因此能否处理好与周边国家关系的良性发展，克服周边复杂的地缘政治环境将成为影响中国在亚洲崛起并建设亚洲命运共同体的关键。其次，周边外交是助推中国“一带一路”主体外交政策的关键之举。“一带一路”已确定为中国的主体外交政策，而围绕着“一带一路”的诸多方案意在推动周边国家的社会经济发展，考量的是如何多做一些有利于周边国家的事，并让周边国家适应中国从“韬光养晦”到“有所作为”的转变，并使之愿意合作，加强对中国的信任。无疑，这是对周边外交智慧与策略的极大考验。最后，周边外交也是中国解决中美对抗、中日对抗等大国关系的重要方式与途径。中国充分发挥周边外交效用，巩固与加强同周边国家的友好合作关系，支持周边国家的发展壮大，提升中国的向心力，将降低美日等大国在中国周边地区与国家中的影响力，并化解美国在亚洲同盟与中国对抗的可能性与风险，促成周边国家自觉地对中国的外交政策做出适当的调整。

从近几年中国周边外交不断转型和升级来看，中国已经在客观上认识到了周边外交局势的复杂性，并做出积极调整。不过，目前还没能拿出一个更为具体、系统的战略。不难观察到，中国在周边外交的很多方面既缺乏方向，更缺乏行动力，与周边国家的关系始终处于“若即若离”的状态。其中导致该问题的一个重要原因是对周边外交研究的不足与相关智库建设的缺失，致使中国的周边外交还有很大的提升和改进空间。云南大学周边外交中心一直紧扣中国周边外交发展的新形势，在中国周边外交研究方面有着深厚的基础、特色定位，并在学术成果与外交实践上硕果颇丰，能为中国周边外交实践起到智力支撑与建言献策的重要作用。第一，在周边外交研究的基础上，云南大学周边外交中心扎实稳固，发展迅速。该中心所依托的云南大学国际问题研究院在20世纪40年代起就开始了相关研究。进入21世纪初，在东南亚、南亚等领域的研究开始发展与成熟，并与国内外相关研究机构建立了良好的合作关系，同时自2010年起每年举办的西南论坛会议成为中国西南地区最高层次的学术性和政策性论坛。2014年申报成功的云南省高校新型智库“西南周边环境与周边外交”中心更在中央、省级相关周边外交决策中发挥着重要作用。第二，在周边外交的研究定位上，云南大学周边外交中心有着鲜明的特色。该中心以东南亚、南亚为研究主体，以大湄公河次区域经济合作机制（GMS）、孟中印缅经济走廊（BCIM）和澜沧江—湄公河合作机制（LMC）等为重点研究方向，并具体围绕区域经济合作、区域安全合作、人文交流、南海问题、跨界民族、水资源合作、替代种植等重点领域进行深入研究并不断创新。第三，在周边外交的实际推动工作上，云南大学周边外交中心在服务决策、服务社会方面取得了初步成效。据了解，迄今为止该中心完成的多个应用性对策报告得到了相关部门的采纳和认可，起到了很好的资政服务作用。

云南大学周边外交中心推出的《云南大学周边外交研究丛书》系列与《云南大学周边外交研究中心智库报告》等系列丛书正是基于中国周边外交新形势以及自身多年在该领域学术研究与实践考察的

深厚积淀之上。从周边外交理论研究方面来看，该两套丛书力求基于具体的区域范畴考察、细致的国别研究、详细的案例分析，来构建起一套有助于建设亚洲命运共同体、利益共同体的新型周边外交理论，并力求在澜沧江—湄公河合作机制、孟中印缅经济合作机制、水资源合作机制等方面有所突破与创新。从周边外交的具体案例研究来看，该套丛书结合地缘政治、地缘经济的实际情况以及实事求是的田野调查，以安全合作、经济合作、人文合作、环境合作、边界冲突等为议题，进行了细致的研究、客观独立的分析与思考。从对于国内外中国周边外交学术研究与对外实践外交工作的意义来看，该丛书不仅将为国内相关研究同人提供借鉴，也将会在国际学界上起到交流作用。与此同时，该两套丛书也将为中国周边外交的实践工作的展开提供智力支撑与建言献策的积极作用。

郑永年

2016 年 11 月

目 录

绪 论

通过合作过程中的学习，日渐增强的信任将取代相互猜疑。这样做既是必要的，也是可能的，而且这种信任能够延伸到还没有开始一体化的领域。

——戴维·米特兰尼

第一节 选题的研究目的及意义

本书拟解决的主要问题即探寻冷战后中国—东盟司法合作如何走得更远？这是一个源于历史，创造历史的课题。中国—东盟司法合作作为中国与东盟关系的重要内容，在过去20多年的发展历程中发挥了其特有的作用，其在国际法治化大背景下的未来发展趋势更应成为关注的对象，对其研究有较强的理论意义和现实意义。

东南亚国家联盟（The Association of South - East Asian Nations），简称东盟（ASEAN）。1961年7月31日，东南亚联盟在曼谷成立，成员国有马来西亚、菲律宾和泰国。1967年8月东南亚国家联盟成立，印度尼西亚、泰国、新加坡、菲律宾四国外长和马来西亚副总理发表了《曼谷宣言》。同年8月28—29日东南亚国家联盟正式取代东南亚联盟。到目前为止，除东帝汶外，其余东南亚十国都是东盟成员国。纵观中国与东盟关系发展历程，冷战结束是双方合作的分水岭，从无到有，从单一发展到多样，合作领域不断拓宽。随着法律日益渗透到政治、经济、文化、环境等领域，加强法律外交，对构建中国在国际法治社会中的话语体系，规范国际新秩序，保障中国与东盟合作越来越重要。中国与东盟司法合作是对推进和完善双方在地缘政治、经济交往、安全领域等方面合作功能的积极回应。

在政治关系方面，中国和东盟可谓唇齿相依。东南亚地处印度洋和太平洋、亚洲和大洋洲的交汇地带，其海域是连接亚洲、欧洲、非洲的重要通道，尤其是马六甲海峡是中国通向太平洋的重要生命线，具有极强的战略意义。中国与越南、缅甸、老挝等东南亚国家接壤，而澜沧江—湄公河又把中国与泰国、柬埔寨紧密相连。冷战结束后，东南亚国家清楚地认识到该地区各国都是自身实力弱小的国家，既担心邻国中国一家独大而主宰其地区事务，又希望借助中国之力发展自身，加之不愿意被美国、日本等其他大国所裹胁，在对外事务中通常采取“多边机制”和“大国平衡”战略。中国作为东亚发展中大国，处理好中国与东盟的关系不仅有利于为中国发展奠定良好的周边环境，更是中国成为国际责任大国的重要基石。因此，中国与东盟各国都需要建立和平安定的周边环境，这有力推动了双方从对抗转入对话，继而建立了睦邻互信伙伴关系、“面向和平与繁荣的战略伙伴关系”。1991 年，中国钱其琛外长首次应邀出席东盟外长会议，标志着中国与东盟关系正式建立。1996 年 7 月，中国成为东盟正式的对话伙伴国。中国承诺要与周边国家共同发展，一贯推行“睦邻”“安邻”“富邻”的政策，努力与东南亚中小国家建立一种平等互信、互惠互利的新型国际关系。1997 年 12 月在东盟—中日韩领导人非正式会议上，中国与东盟建立“面向 21 世纪的睦邻互信伙伴关系”，进一步深化了双方关系。而 2003 年 10 月，中国作为首个域外国加入《东南亚友好合作条约》，更增进了双方的政治互信。与此同时，以中国—东盟法律论坛为代表的中国与东盟法律外交发展迅速，形成相对完善的法律外交战略布局，发展了以司法合作为重要内容的多种形式的法律外交实践，为法律外交的理论建构奠定了重要基础。司法合作作为国家外交关系的重要内容，对加强中国与东盟间的友好交往，减弱“中国威胁论”在周边国家中的影响力，持久发展新型国际关系有不可替代的重要作用。

在经济关系方面，自 1992 年中国开始参与大湄公河流域开发起，大湄公河次区域（GMS）形成中国、老挝、缅甸、泰国、柬埔寨和越南6国共同合作发展的区域。2002年，中国与东盟间《全面经济合作框架协议》的签署正式启动中国—东盟自由贸易区（CAFIT）建设进程。2010年1月1日，中国—东盟自由贸易区建成。这是由发展中国家组成的最大的自由贸易区，规模仅次于欧盟和北美自由贸易区。2011年，东盟首次成为中国第三大贸易伙伴，中国保持东盟第一大贸易伙伴地位。到2013年，双边贸易额已达4436.5亿美元。在双边商贸往来、人员交往密切的背景下，中国与东盟间的跨国（境）犯罪及涉外民商事纠纷日益增多。这是各方依照本国的法律途径无法有效地解决的问题，继而危害了经贸往来和边境地区安全。中国—东盟自由贸易区的推进，必然对各国之间在法律领域特别是司法领域的国际合作提出更高要求。

在安全合作方面，2001年7月24—27日，在越南河内召开的第八届东盟地区论坛（ARF）外长会议上，与会国就"ARF预防性外交概念和原则""加强ARF主席作用""ARF专家名人职权范围"三个文件达成一致意见，标志着ARF取得预防性外交的重大进展。[①] 在传统安全合作推进的同时，在非传统安全领域的合作也越来越紧密。2002年在柬埔寨召开的中国—东盟首脑会议上产生了《东盟与中国关于在非传统安全问题领域合作的联合声明》《关于南中国海当事方行为的声明》。2004年在曼谷签署了《关于在非传统安全问题领域合作的谅解备忘录》，进一步将打击毒品贩运、贩卖人口、恐怖主义、走私武器、洗钱、国际经济犯罪和计算机犯罪列为非传统安全合作的优先领域。特别是在2011年10月5日糯康犯罪集团制造了震惊中外的"10·5湄公河13名中国船员遇害案"后，建立湄公河流域安全执法合作机制的共识在该区域各国间达成，并迅速于2011年10月31日在京举行的中老缅泰湄公河流域执法安全合作会议上通过了《湄公河流域执法安全合作会议纪要》，发表了《关于湄公河流域执法安全合作的联合声明》。迄今为止实施了37次联合执法。司法合作使中国—东盟安全治理找到

① 许铖乃、侯鹤祥、张加祥：《第八届东盟地区外长论坛会议在河内闭幕》，2013年1月12日，新华网（http://news.xinhuanet.com/newscenter/2001-07/26/content_146025.htm）。

了新路径。

综上所述，中国—东盟政治、经济、安全领域的合作都迫切需要司法护航，但是中国—东盟在司法合作机制方面还十分欠缺。无论在打击跨国犯罪方面还是在民商事纠纷的解决机制上，都受到诸多因素制约。尤其是在当前中国提出“一带一路”战略目标，将进一步加快中国与东盟的政治、经济和人员往来。加快司法领域的合作是“一带一路”推进的必要保障和应有之义。本书力求通过对冷战后中国—东盟司法合作历史进行分层次、系统化的梳理、分析，深入研究当前合作中存在的问题及困境，更好地缩短理论与实际应用的距离，对构建刑事司法合作和民商事司法合作的法律框架，推进中国—东盟司法一体化进程提出构想，探索司法领域合作外溢促进政治、经济和安全等领域合作的路径。

第二节　概念辨析

一　中国—东盟

一是中国从国家主权与领土层面包含了中国港澳台地区，但考虑到港澳台地区与中国大陆在法律制度方面存在较大差异，其中包含一国区际司法合作的问题，在有限的文章中较难透彻地研究。而且，在中国作为主权国家与东盟进行司法合作过程中，中国大陆也是东盟开展合作的主要对象。因此，本书仅就中国大陆与东盟的司法合作进行研究，但为了表述简洁明了，下文简称为“中国—东盟”。二是本书使用“中国—东盟”这一概念，主要是要突出三个层次的研究。本书对“中国—东盟”概念的界定主要是以双方政治、经济、安全等相关性的层次为依据，而非地理学意义上的地区，并未在“中国—东盟”这一概念中限定“地区”或“区域”，主要是因为本书所论及的中国与东盟关系是一种由中国和东盟及其成员国构成的“双边”与“多边”关系的混合体，也包括中国与大湄公河次区域国家之间“小多边”的关系。因此，“中国—东盟”至少包括中国与东盟各国、中国与大湄公河次区域其他国家、中国与东盟“10 +1”框架下的合作三个层次上的关系和合作。[①]

二 国际司法合作

罗伯特·基欧汉（Robert O. Keohane）对合作的定义是，“当行为者通过政策协调，将自己的行为调整到与其他行为主体的实际偏好和预期偏好相一致时，合作就会出现。或者合作可以用更加正式的形式概括为：作为政策协调过程的后果，当一个政府实际采取的政策也被它的同伴们视为是对它们自己目标的认定时，政府之间的合作就会发生”[②]。由此可以看出，合作至少有两个因素：一是合作各方要有一定的目标。二是合作各方为了各自的目标而采取协调配合的行为。但是，这个目标往往是以国家核心利益来界定的，而在现实主义的语境下，通常与国家安全或国家权利相关联，这就不难解释有时虽然在某些领域存在共同利益的现实，但合作仍不能进行或较难推进。但是，在今天这个全球化的大背景下，国家间的相互依赖性增强，即使两个政治上互信程度不高的国家，也可能在一些领域认识到彼此之间存在的共同利益，并通过相应的制度减少相互信息和行为的不确定性，最终实现合作。而这些合作也会对国家间未合作领域有较大的推进作用。本书所涉及的司法合作就属于既易受政治意识不同或国家间对利益认识不同影响，但也有可能通过制度协调，在区域内或国家间率先尝试合作的领域。

单纯就“国际司法合作”给出定义的学者不太多，一些类似的定义也存在很大争议。张智辉先生认为，“为了使涉外民事案件的审理得以进行，有关国家之间或者通过缔结条约，或者通过外交途径安排临时性的协议，互相委托对方法院代为履行某些诉讼行为，如代为送达诉讼文件、代为调查证据等，这种国家间互相委托对方法院采取

① 贺圣达教授认为，中国—东盟关系实际上包括三个层面：中国与东盟的整体关系、中国与“一江”、“一海”两大板块的关系、中国与东南亚十国的关系。本书借鉴了贺先生的观点。也正如贺先生在《走向21世纪的东南亚与中国》一书中所引用的马丁·斯图丘特·福克斯的话，“从历史上看，大陆东南亚国家与中国的联系更为紧密，海洋东南亚与中国的联系则较为不发展”。本书在第二层面合作的研究以湄公河次区域为对象。

② Robert O. Keohane, *After Hegemony: Cooperation and Discord in the World Political Economy*, Princeton: Princeton University Press, 1984, pp. 51 – 52.

的司法行动，就是国际司法协助”[①]。也有学者认为“国际司法协助是国家间司法合作的形式之一，它特指各国在司法程序中相互提供协助的行为”[②]。中国司法部司法协助外事司与司法部司法协助交流中心给出的定义是，“‘国际司法合作’是指不同国家的司法机关或其他主管执法机关为审理民事、商事或刑事案件相互提供便利或协作的活动，具体来说，国际司法合作包括以文书送达和调查取证为主要内容的司法协助，承认和执行外国司法裁决（含被判刑人移管），引渡以及刑事诉讼移管”[③]。关于国际司法合作的类型，“20 世纪 70 年代前所谈及的国际司法合作仅指国际民商事方面的司法合作，在随后的全球化浪潮对打击跨国犯罪的巨大需求中，国际刑事司法方面的合作成为世界各国共同接受的概念”[④]。近年来，也有学者提出，“就目前国际法律所调整的社会关系而言，它基本可分为国际民商事司法合作、国际刑事司法合作和国际行政司法合作，这些司法合作可以和国际司法警察合作、国际司法教育合作、国际司法研究合作等一起构成国际司法合作的有机整体”[⑤]。本书认为，所有的国际司法合作都离不开相关国家行政审查，但是作为合作行为的主体性质才是决定该合作性质的根本，不能把“以辅助司法行为为目的的行政审批行为”作为行政司法合作。除非在涉外行政诉讼中发生的国际诉讼可以被称为国际行政司法诉讼，但这样的诉讼目前较少，特别在中国与东南亚国家之间基本上不涉及。因此，本书所述的“国际司法合作”包括国际民商事司法协助、国际刑事司法协助、国际警务执法合作、国际法律教育合作、国际司法研究与交流等。

---

① 张智辉：《国际刑法通论》，中国政法大学出版社 1998 年版，第 315—317 页。

② 徐宏：《国际民事司法协助》，武汉大学出版社 2006 年第 2 版，“绪论”，第 1 页。

③ 司法部司法协助外事司、司法部司法协助交流中心：《中华人民共和国国际司法合作条约集》，中国方正出版社 2005 年版，前言。

④ D. McClean, *International Co - operation in Civil and Criminal Matters*, Oxford: Oxford University Press, 2002, pp. 6 - 7.

⑤ 杜焕芳：《国际民商事司法与行政合作研究》，武汉大学出版社 2007 年版，第 21 页。

三 政治互信

政治互信从军事互信的实践经验中归纳得来，其提法虽广泛见诸国际社会，却鲜有学者进行过系统论述。[①] 在传统现实主义和新现实主义的国际关系理论中，政治互信都不被承认或重视，[②] 但是在自由主义和新自由主义的国际关系理论中，政治互信得到高度评价，罗伯特·基欧汉认为，“通过隐瞒偏好和‘让人猜测’会获得暂时的好处。但是这些政策会伤害国家在此后获得有利协议的能力。不可预测的特点不仅使盟友疑虑不安，而且会降低国家所做出的信用承诺的效力”[③]。建构主义认为，“信任是和国家的身份定位联系在一起的……如果‘共有观念’建构了行为体之间朋友的身份，安全自助行为就不会产生，而导致一种建立在相互信任基础上的‘安全共同体’的产生”[④]。在中国的国际政治理论中，一贯把政治互信放在重要位置，认为“互信，是指超越意识形态和社会制度异同，摒弃冷战思维和强权政治心态，互不猜疑，互不敌视，各国应经常就各自安全防务政策以及重大行动展开对话与相互通报”[⑤]。

政治互信从主体范围来看也有广义与狭义之分，广义包括国家、社会组织与团体、个人等在相互间的政治行为中彼此互不猜疑，互不敌视。狭义的政治互信仅指主权国家之间的相互一致的认知和建立的信任机制。本书所指的政治互信是指主权国家间、国家与国际组织间在一定区域范围内建立的相对动态信任。

有学者提出，“国际关系行为体间的政治互信关系的层次大概由

---

① 刘庆：《“战略互信”概念辨析》，《国际论坛》2008 年第 1 期。

② 摩根索六原则中，第四条：一般的道德原则不适用于政治领域和国家行为，要把个人的道德和国家的道德区分开来。不应把特定的国家道德混同于普遍的道德法则，并试图把国家道德扩展为普天下适用的道德法则。而政治互信是在根植于人性道德的范畴来讨论的。

③ Robert O. Keohane, *After Hegemony*: *Cooperation and Discord in the World Political Economy*, Princeton : Princeton University Press, 1984, p. 259.

④ 朱立群：《信任与国家间的合作问题——兼论当前的中美关系》，《世界经济与政治》2003 年第 1 期。

⑤ 段吉勇、顾震球：《唐家璇在联大阐述互信互利平等协作新安全观》，新华网（http: //news. xinhuanet. com/newscenter/2002 - 09/14/content_ 561237. htm）。

四个部分组成：一是稳步发展的经贸关系；二是外交关系机制化和深化；三是安全观的良性互动，特别是双方对对方军事战略意图的良性认知；四是相同或相似价值观念或认同。这是一种从物质到文化，从低级层次到高级层次递进的过程”①。本书认为，这是对政治互信的一个宏观界定，在对中国与东盟司法合作进行研究时，也印证了这一客观性。中国与东盟国家间相互依赖的状态是建立政治互信的基本条件。中国—东盟地区利益中的矛盾与冲突是不可避免的，但稳步发展的经贸往来、正常化外交机制的建立、在安全合作方面的深化和地区文化认同感的形成，会催生地区命运共同体的认知和愿望，对出现的矛盾与冲突，更容易在相互谅解、包容的心态下协商解决。

本书认为，政治互信主要受国际政治、经济环境变化的外因和各国对双边关系的国际政治判断和行动的内因所影响，在现实主义语境下是发展国家间其他关系的前提和关键。因此，在中国与东盟司法合作的历史进程中，政治互信成为决定中国与东盟关系的关键因素，同时司法合作也有利于进一步增进双方的信息交换，在合作进程中提升政治互信，尤其在国际法治化的大趋势下，显得更为重要。

四　法律外交

法律外交是“与政治外交、经济外交、文化外交、军事外交等并行的概念，指以法律为内容、机制和媒介的外交活动，即把法律观念和法治理念贯穿在外交活动之中，将某些外交问题转化为法律问题，以合法的程序和行为处理外交事务，依法化解外交纠纷，转变外交方式方法，开辟外交工作新局面”②。冷战结束后，世界多极化的格局加速，霸权主义和单边主义越来越受到各国抵制。世界各国基本都在《联合国宪章》等国际法治的基础之上开展外交活动，通过法律谈判、缔结条约等外交方式明确各国国际公法和私法领域方面的权利和义务，在纠纷的解决机制中形成谈判、斡旋、磋商、调解、仲裁

① 陈遥：《中国—东盟政治互信：现状、问题与模式选择》，《东南亚研究》2014 年第 4 期。

② 谷昭民：《中国开展法律外交的现状和发展趋势研究》，《现代法学》2013 年第 4 期。

和诉讼等多种争端解决机制。“从历史发展进程的角度来看，法律外交是国家崛起过程中的重要推手之一。”① 当前，中国正在和平崛起，“中国威胁论”、南海问题、台湾问题等因素制约着中国周边外交关系的发展。国际司法合作作为法律外交的重要内容之一，推进中国—东盟司法合作是立足于国际法治大背景下的周边外交工作的新路径，有助于提升中国的硬实力、软实力、巧实力，引领、推动和保障中国的和平崛起。

法律外交的模式包括官方外交、学术外交和民间外交。② 从官方的角度，外交部、司法部、最高人民法院、最高人民检察院等部门发挥着第一轨道外交的作用，一方面加快国际司法条约、国际公约等合作的法律依据的签订工作，另一方面，大力开展司法实务合作。从学术的角度，教育部牵头，各高校或研究所与各司法部门共同承担在法律外交方面确立的研究项目、举办活动；从民间的角度看，以 NGO 为主体的法律团体和机构也可以积极参与法律外交的实践。当前，中国的法律外交尚处于起步阶段，特别是作为学术团体和民间的法律交流与合作，发挥了第二轨道、第三轨道法律外交对第一轨道外交的重要补充作用。

第三节 研究现状述评

冷战结束后，伴随全球化进程不断加快，区域化合作也如雨后春笋般发展起来，其领域涉及政治、经济、安全、环境、卫生等，司法合作也逐渐发展成为引人注目的新现象之一。与之相对应，众多旨在提示其发生、发展和运作规律的理论建构工作也在进行当中。其中，中国—东盟司法合作就是众多的区域性司法合作的典型代表。迄今为止，中国—东盟司法合作作为一个新生的领域，对其的研究目前仍没见到全面系统的成果，都只分别对刑事司法合作或民商事司法合作进

① 谷昭民：《中国开展法律外交的现状和发展趋势研究》，《现代法学》2013 年第 4 期。

② 同上。

行了研究。

一　中国—东盟刑事司法合作研究综述

把中国—东盟刑事司法合作作为一个整体的学者不在少数。其中，代表性专著有《中国—东盟区域刑事合作机制研究》（王君祥，2012）[①]，分析了中国—东盟区域刑事合作现状，搜集了大量关于东盟各国法制、东盟与中国开展刑事合作方面的资料，运用国际刑事合作基本理论，借鉴了欧盟、上海合作组织及东盟国家间开展区域刑事合作的各种机制与经验，在总体分析中国—东盟区域刑事合作机制的基础上，对反恐、反海上犯罪、反毒品犯罪、反贩运人口犯罪等具体跨国犯罪刑事合作机制分别进行了专项研究，并为构建中国—东盟区域刑事合作机制提出若干建议。代表性论文有《中国与东盟刑事司法协助浅析》（杜宝庆，2008）、《关于完善中国与东盟各国刑事司法协助立法的几点思考》（邓崇专，2007），指出中国与东盟各国开展刑事司法协助存在的不足，既包括中国国内立法缺失致使双方在协助中产生的矛盾与不协调，也包括中国与东盟国家已有的刑事司法协助条约协助形式单一。《浅析中国与东盟刑事司法合作的发展趋势》（蔡霞，2011），提出了构建区域性统一法律框架的设想。《中国与东盟成员国刑事司法协助与引渡制度研究》（蒋人文，2009），阐述了刑事司法协助与引渡制度在双边刑事司法合作的重要地位。《美国亚太新平衡战略下的中国与东盟刑事司法合作探析》（蒋巍，2013），提出在美国亚太新平衡战略的背景下，中国与东盟各国需要在现有的刑事司法协助和引渡条约的基础上，不断拓展合作的广度和深度，以丰富双边非传统安全领域合作的方式，但文章没有深入分析亚太新平衡战略对中国与东盟司法合作的影响，也没有就拓展合作广度和深度问题展开论述。

还有论文是关于大湄公河次区域刑事司法合作的，如《论大湄公河次区域经济发展与区域刑事司法合作——从湄公河惨案谈起》

---

① 为了本书行文更加流畅，对综述部分出现的中文文献，仅列举了作者姓名和发表年份，详细信息可在本书参考文献中查询到。

（姚东，2012），从湄公河惨案着手，论述了澜沧江—湄公河航运的法律依据、打击犯罪的法律规定、犯罪的原因，最后提出构建澜沧江—湄公河国家区域刑事司法区的构想。《中老缅泰湄公河流域联合执法的法律基础与制度构建》（孔令杰，2013），主要对制定中老缅泰湄公河流域联合执法合作协定的必要性，对协定的宗旨、性质与范围，组织和指挥，各方的义务和职权，突发事件的应对、争议解决与其他事项提出建议，以此构建中老缅泰湄公河流域联合执法的法律基础。《湄公河"10·5"案件的国际刑事司法合作及其启示》（熊安邦，2014），讨论了湄公河"10·5"案件所涉及国际刑事司法合作中的管辖权、引渡、刑事司法协助等问题，建议加强同有关国家的国际执法合作机制建设，并制定中国的国际刑事司法协助法。《中国与东盟国家刑事执法合作机制若干问题探析：兼论湄公河流域国家刑事执法合作之立法构想》（马啸晨，2014），阐述了湄公河流域国家刑事执法合作的意义、背景、困境，并提出建立巩固中国和东盟国家刑事执法合作的举措，在理念上探讨司法主权让渡理论，在制度上拟定东盟区域性刑事执法合作的条约和实施细则，并指出要进一步加强交流和培训。此文在短小的篇幅下涉及的内容却比较广，导致论述较为宽泛，不够细致和深入。这些论文都是以大湄公河"10·5"案件为切入点，对中老缅泰湄公河流域联合执法或区域司法合作提出构想，只涉及中国—东盟刑事司法合作之一斑，研究广度和深度上都较欠缺。

一些学者分别对毒品犯罪、反恐犯罪和洗钱犯罪等具体跨国犯罪刑事合作进行专题研究。在中国—东盟禁毒机制的研究中，代表性论文主要有《中国—东盟禁毒合作的现状与前景》（刘稚，2005），分析了"10+1""10+3"和《东亚次区域禁毒合作谅解备忘录》（MOU）三个框架下的禁毒合作。也有学者从中国—东盟国家非传统安全问题的刑事合作的视野进行探讨，代表性的论文有《浅析中国与东盟国家在非传统安全领域的合作》（张晶，2006），分析了中国与东盟国家间在打击禁毒、反恐等跨国犯罪合作的动因和面临的不利因素；《中国与东盟：非传统安全领域合作的现状与意义》（方军祥，2005）一文论述了中国—东盟在非传统安全领域开展合作的背景、现状和意义。在关于洗钱方面的合作，代表性的论文有《中国—东盟自由贸易区背景下洗钱犯罪风险分析》（黎宜春，2010）、《关于制定中国—东盟区域性反洗钱法律文件的思考》（黎宜春，2010），结合广西的实际情况，从反洗钱标准和指令的适用、反洗钱监管以及部门间交流合作等方面分析自由贸易区存在的洗钱犯罪风险，并对制定区域性反洗钱法律文件提出构想。关于反恐方面的合作，代表性的论文有《〈东盟反恐公约〉——区域合作反恐法律机制及评析》（王君祥，2009），从东盟反恐公约的视角分析了区域合作的反恐法律路径。

在一些国际会议上，也有一些学者就中国与东盟司法合作进行探讨。学者梁川（Liang Chuan）的《中泰非传统安全合作：现状与未来》（*Sino – Thai Cooperation in Non – Traditional Security*：*Current Status and the Prospect*），立足于中泰在非传统安全合作的现状，分析了中泰在非传统安全双边合作中取得的成效、复杂性和挑战，展望了中泰在非传统安全领域的合作前景。[①] 黄朝翰（John Wong）、邹克渊（Zou Keyuan）、曾华荃（Zeng Huaqun）的《中国与东盟关系的新领域》（*New Dimensions in China – ASEAN Relations*），在第一章中专门对中国与东盟之间在非传统安全合作关系进行了分析，把海洋安全作为非传统安全合作中突出的问题进行重点探析。[②] 郭兴宁（Guo Xingning）的《反恐、海洋安全和东盟—中国合作：中国展望》（*Anti – Terrorism*, *Maritime Security*, *and ASEAN – China Cooperation*：*A Chinese Perspective*），着重阐释了中国与东盟在反恐及打击海盗等领域的合作意义、背景及现状、挑战。[③] 申立军（Sheng Lijun）的《中国—东盟合

---

① Liang Chuan, "Sino – Thai Cooperation in Non – Traditional Security: Current Status and the Prospect", paper presented to the Conference on "first Thai – Chinese Strategic Research Seminar", Bangkok, Aug 24 – 26, 2012.

② John Wong, Zou Keyuan and Zeng Huaqun, eds., "New Dimensions in China – ASEAN Relations: China – ASAEN Relations – economic and legal dimensions", Singapore: World Scientific Publishing Co. Pte. Ltd, 2005, pp. 26 – 30.

③ Guo Xingning, "Anti – Terrorism, Maritime Security, and ASEAN – China Cooperation: A Chinese Perspective", Trends in *Southeast Asia Series*, Singapore: Institute of Southeast Asian Studies, No. 15, 2005, p. 12.

作打击来自金三角的非法毒品》（*China - ASEAN Cooperation against Illicit Drugs from the Golden Triangle*），论述了金三角区域禁毒的现状及国际合作的困难和意义。[①] 王虎（Wang Hu）的《中国—东盟反毒品犯罪合作：机构的构建》（*China - ASEAN Anti - Drug Trafficking Cooperation: Institution Building*），对中国东盟禁毒合作机制建设的历史线索进行了分别归纳，总结了合作机制建设过程及成效，分析了合作机制建设所面临的障碍等。[②] 丰沙瓦·丰玛哈夏（Phongsavanh Phommahaxay）的《相互司法协助和引渡》（*Mutual Legal Assistance And Extradition*），分析了老挝与中国、韩国司法协助条约约定情况，并举了实践中的一个协助抓捕案例的情况。[③] 这些研究呈现三个特点：一是围绕反恐、禁毒和打击海盗的专项合作进行的研究，二是对国家间双边非传统安全合作的研究，三是关注海洋安全的非传统安全合作问题。

二 中国—东盟民商事司法合作研究综述

对中国—东盟区域民商事司法合作领域研究的专著尚未发现，相关的论文也较少，且多是从价值观、整体制度方面进行研究。代表性的论文有《东盟自由贸易区的特点及中国涉东盟民商事关系法律的价值取向》（邓崇专，2007），主要从建立适合东盟自由贸易区域情的法律适用理念的角度进行了论述。《中国—东盟民事司法协助制度探析》（陈伊璇、廖盛峰，2007），探讨了大的司法制度构架，对于实践中存在的大量急需解决的具体问题基本没有涉及。《中国与东盟国家的民商事司法协助》（刘晓巧，2005），对中国与东盟国家民商事司法协助的范围、途径、方法做了简要的陈述。《论构建中国—东

① Sheng Lijun, " China - ASEAN Cooperation against Illicit Drugs from the Golden Triangle", *Asian Perspective* , No. 2, 2006, pp. 97 - 126.

② Wang Hu, "China - ASEAN Anti - Drug Trafficking Cooperation: Institution Building", paper presented to International Conference "China - ASEAN Regional Integration: Political Economy of Trade, Growth and Investment", Singapore, October 14 - 15 , 2008.

③ Phongsavanh Phommahaxay, Anti - Corruption Inspection Department, Government Inspection Authority, Mutual Legal Assistance And Extradition Lao PDR, UNAFEI Seminar , Tokyo, 2012.

盟民商事司法协助制度的必要性和可行性》（高兰英、隆雨蕊，2012），论证了构建中国—东盟民商事司法协助制度的可行性。近年来，也有部分学者开始关注涉东盟的民商事纠纷中送达及争端解决机制等专项问题。如《中越边境地区涉外民商事送达司法协助机制构建之探析》（秦建荣，2013），着眼于中越边境地区涉外民商事送达协助一般制度适用于该地区存在的弊端，对探索适用于该地区涉外民商事送达协助机制提出构想。《中国涉东盟商贸纠纷解决机制及其践行》（曹平，2013），从解决中国涉东盟商贸纠纷的实践着手，分析了法律制度框架体系内解决涉外民商事纠纷的诉讼和仲裁机制中存在的问题，肯定了法律制度框架体系正式机制外的和解、调解实践做法。《中国—东盟民事司法协助制度统一化问题研究》（周国萍，广西师范大学 2011 级硕士学位论文），以构建统一的中国—东盟民事司法协助制度为主旨，从理论的角度探讨了民事司法协助公约制度构建。这些研究呈现出三个特点：一是研究的层面较为宏观，都是从法律适用理念、司法制度构建上着手；二是研究的面较为单一，主要局限于民商事司法协助这种形式；三是探讨是基于理论分析或对实践情况的浅表分析，缺乏实践性。

目前，笔者搜索了 Springer 电子图书数据库、Project MUSE 期刊数据库、Oxford Scholarship Online（牛津在线学术专著数据库）、JSTOR 期刊全文数据库等，仅发现上文所提及的涉及中国—东盟司法合作的有限几篇外文文献。这些外文文献均是刑事司法合作方面的论文，至今还未发现外国学者就中国—东盟民商事司法合作方面的研究文献。另外，笔者还求助了部分涉东盟法律研究部门或工作机构及部分东南亚留学生，期望收集东南亚国家学者关于中国—东盟司法合作领域的相关研究成果，但均没有查到。

纵观目前对中国—东盟司法合作的研究成果，呈现出三个特点：一是以理论研究居多，立足司法实践的研究较少；二是以刑事司法合作研究居多，涉足民商事司法合作的研究较少；三是对专项合作的关注多，对司法合作整体系统性的研究较少。综上所述，关于中国—东盟区域刑事司法合作、民商事司法合作的研究，前人已经做了大量的工作，尤其是在刑事司法领域取得了丰硕的成果，但与中国—东盟政治、经济、安全等关系建设进程的需要仍不相适应，还有很大的空间可以研究充实。

第四节 研究思路和研究方法

一 运用的理论

（一）功能主义

在全球化浪潮的大背景下，国家间在政治、经济、安全等领域的高度依存，使得传统现实主义视野下的国际关系悄然改变，国际合作被提到了与国际竞争并存的地位，甚至还更为重要。戴维·米特兰尼（David Mitrany）的功能主义是“有关合作、协作、分享与和平的理论……他倾向的国际合作的模式是不同种类的国际组织满足具体的技术性和功能性需要，它们超越国家边界，产生一个相互依赖的网络，这个网络会逐渐使得国家主权不再相干，或至少减少国家主权间冲突的潜在因子”①。我们所处的时代，与米特兰尼当时所界定的时代巨变有类似之处。尤其对中国—东盟关系，甚至东亚地区秩序等问题的解决，都有很大合理性。他主张的“功能性组织可以相对摆脱敏感的主权与政治问题，更多地从具体的问题与功能出发来决定具体的合作形式”②。尤其适用于当前中国—东盟司法合作的现实需要。在国际法治社会，司法领域的功能性合作的重要性被广泛认识，而且有可能成为破解现实主义下因政治互信不足而受限的其他领域合作的“钥匙”。本书所探讨的是从地缘政治、经济、文化等多领域都紧密依存的中国与东盟之间司法合作框架与制度构建问题，是对中国与东盟（10+1）这一地区组织、中国与大湄公河次区域其他国家、中国与东盟各成员国间司法合作历程的探析。中国与东盟之间司法合作的历史发展决定因素是政治互信和共同利益需要，短时期大幅增进中国—东盟政治互信不太可能，但是可以探寻司法功能性合作的路径，

① 张振江：《米特兰尼的国际合作思想及其对东亚合作的启示》，《外交评论》2009年第2期。

② 同上。

从司法这个以公平正义为价值理念的领域开始深化合作，在推进双边政治互信中发挥“外溢”的效能。

（二）实践历史哲学理论

实践历史哲学是中国特有的反映历史学性质的新的哲学，是以西方分析历史哲学为前提，经过唯物史观历史认识论改造的，旨在阐述历史学是从什么角度写出的历史哲学。[①] 本书从当前推进中国—东盟司法合作的现实需要出发，对冷战后现实主义语境下中国与东盟司法合作历史的三个阶段从三个层次进行梳理分析，发现政治与司法之间的规律，立足当前需要提出在功能主义理论下建构中国与东盟司法合作框架的设想。

（三）国际司法制度理论

国际司法制度的理论基础主要是由法律思想中的司法正义观念及其国际化和国际政治理论中的自由主义主张的实践化两个方面作用合力的结果。本书以国际司法理论的视角对中国—东盟司法合作的内涵和外延进行界定，对国际司法合作特有的程序、路径进行比较，对中国—东盟居于共同利益而在各自主权适当让渡中开展刑事司法和民商事司法合作的法律思想、法律基础和司法实践进行梳理。

二　研究的重点、难点

一是对当前中国—东盟司法合作的概念界定，尤其是刑事司法合作及民商事司法合作的范围及内涵；

二是中国—东盟司法合作发展历程的阶段划分和特点分析；

三是中国—东盟司法合作中存在的问题及原因分析；

四是构建中国—东盟司法合作机制三个层次、三个轨道法律框架的设想。

三　基本思路与研究方法

（一）研究思路

本书对冷战后中国—东盟司法合作从无到有、从疏到密的发展历

---

① 李杰：《历史观念——实践历史哲学的建构》，人民出版社2013年版，前言。

史进行分段研究，并探寻政治互信、共同利益需要对双方司法合作的影响相关度，重点对中国—东盟司法合作萌芽期、成长期、提升期中合作背景及特点，刑事司法合作、民商事司法合作的成效、存在的问题及原因进行剖析，在此基础上提出构建中国—东盟司法合作法律框架的构想。

（二）研究方法

国际司法合作是一个理论与实践紧密结合的领域。本书的研究目的主要是为推进中国—东盟司法合作，推进中国—东盟司法合作一体化发展。因此，拟采取下面的研究方法：

一是历史分析法。冷战后中国—东盟司法合作是一个客观存在的历史事实。通过对在长达24年时间中中国—东盟司法合作历程、合作模式及在刑事和民商事领域开展司法合作实践的考察、分析，使研究具有较强的客观性和建设性。

二是系统分析法。从对象上将分别对刑事、民商事两个司法领域进行分析，从地域上则对中国与东盟各成员国、中国与大湄公河次区域其他国家、中国与东盟（10+1）等层次，从路径上对政府间、半官方和民间等轨道进行分析，立足当前中国—东盟司法合作的现状，构建未来合作机制。

三是个案分析法。个案研究通常选取有代表性的历史性事件或案件，有助于对一个时期基本合作特点的直观了解。本书通过对中国—东盟司法合作历史阶段中分别选取的典型案例进行分析，从具体案例的合作中研究不同时期司法合作开展的主要特点及存在的问题，佐证对历史现象和规律的理论研究。

四是比较分析法。在研究中国—东盟司法合作时，对于其他相关的地区合作也给予了大量关注。通过对欧盟和东盟区域司法合作背景、路径、方法和效果的比较，批判地借鉴其成功经验，对中国—东盟司法合作三个层次、三个轨道的构架提出设想，充分考虑本书研究结论的国际性、科学性特征。

四　创新与不足

本书尝试从历史和政治的视角，把中国—东盟司法合作发展历程划分为三个阶段进行研究，探索司法合作的规律和特点，及其与国家间政治、利益需要的关系。本书力图在以下三个方面有所突破。

一是突破了中国—东盟司法合作研究局限于刑事领域或民商事领域的研究模式，对该区域整个司法合作进行系统性研究；

二是以区分发展阶段的历史分析方法，对冷战后中国—东盟司法合作历史的规律和特点进行探析；

三是在运用国际关系理论深入剖析中国—东盟司法合作机制的基础上，从功能主义的视角提出以构建中国—东盟司法合作大框架来促进和改善政治互信的尝试。

本书的不足之处首先表现在对论文的整体把握上有不足。论文以冷战结束以来的中国—东盟司法合作为研究对象，研究的内容涉及刑事和民商事领域，时间跨度也较大，且司法合作作为国家外交关系的重要内容，其受国际形势、国家实力等因素影响较大，在研究过程中要求对有关历史、政治及法学的相关理论有深厚的功底，但由于笔者本人学习深度和广度都有局限，在理论阐述方面存在欠缺。其次，研究的精准性不足。本书涉及了中国—东盟（“10＋1”）、中国与大湄公河次区域其他国家、中国与东盟国家间三个层次外交关系及司法合作进程的研究；从司法合作的领域来看，既涉及刑事司法合作，也涉及民商事司法合作。由于研究面较宽，造成了研究过程中搜集材料和选择材料的困难，而且从历史和政治的视角来研究中国—东盟司法合作，不可避免会涉及国家安全及国家关系的问题，这些都具有较高的政治敏感性，有些档案资料未解密。因此，本书的研究只建立在已公开的历史资料上，这在一定程度上影响了研究结果。

第一章

冷战后中国—东盟司法合作的背景、动力和历程

“冷战时期的东亚地区，无论是从政治还是经济上看，都没有形成国际关系学者们所界定的地区。”① 政治上，这一地区由于冷战格局而导致地区分裂；经济上，由于一些国家的落后封闭或严重依赖区外大国而导致经济关系的疏远。不过，随着冷战的结束及各国经济往来的增多，东盟萌生出在经济上将东亚国家联合起来的想法。继而，中国与东盟司法合作开始被提上日程。

第一节　冷战时期中国与东盟司法合作的缺失

中国与东盟的司法合作是中国与东南亚关系的重要内容。它既是中国与东南亚国家政治经济安全关系的延伸，更是合作功能的外溢，也对双边政治经济关系发展产生影响。冷战时期，中国与东南亚国家的外交处于长期的对抗状态，这对于双方的司法合作无疑也产生了禁锢的效应。

一　冷战时期中国与东南亚没有开展司法合作

涉外案件的处理一直都被视为事关国家外交关系和国家利益的重要外事工作和司法工作，而不是一个简单的适用法律的问题。涉

---

① 韦红：《地区主义视野下的中国—东盟合作研究》，世界知识出版社2006年版，第17页。

外案件的处理多会涉及不同国家间的司法合作问题。本书对冷战时期中国与东南亚国家司法合作的考察是从司法合作最广义层面上进行的，包括了对司法机关之间以条约或其他共识性文件为基础的一切帮助或代为履行一定司法行为的国际合作，既包括了执法办案合作、国家部门高层工作机制合作、交流合作，也包括了国家条约层面的合作；从涉及的领域来看，主要包括了刑事司法合作和民商事司法合作。

（一）冷战期间缺乏司法合作的法律基础

第二次世界大战的爆发使极力推崇国际法与国际组织的理想主义学派迅速陷入了衰落，而为现实主义理论的重现和再发展提供了沃土，并占据国际关系理论与实践的主导地位。“第二次世界大战后的20多年里出版的国际关系教材，一般都认为权力是国际关系领域的核心概念。”[①] 在现实主义的强势下，国际法学及相关国际组织都没有发展的空间。在《20年危机（1919—1939）：国际关系研究导论》一书中，卡尔对国际法的性质做出如下分析，即“国际法不同于当代国家的国内法，因为国际法是未完全形成、非充分一体化的社会中的法律。国际法缺乏三种机构，而这三种机构恰恰是成熟的国内法体系不可或缺的部分。这就是：司法机构、执法机构和立法机构”[②]；汉斯·摩根索也指出，“国际法除了作为攫取权力的服务工具外，它们实际上毫无用处”[③]。这一影响，在冷战时期体现得淋漓尽致。

冷战期间，由于政治意识形态的对抗，国际司法合作所依赖的国际条约或国际惯例等国际法基础在中国和东南亚之间都没有建立。一是中国与东南亚国家间没有签署任何司法条约（协定）。据中国司法部司法协助外事司和司法部司法协助交流中心数据统计，中国国际司

① ［美］詹姆斯·多尔蒂、小罗伯特·普法尔茨格拉夫：《争论中的国际关系理论》，阎学通、陈寒溪译，世界知识出版社2003年第5版，第17页。

② ［英］爱德华·卡尔：《20年危机（1919—1939）：国际关系研究导论》，秦亚青译，世界知识出版社2005年版，第158页。

③ Martti Koskenniemi, “Carl Schmitt and Hands Morgenthau, The Image of Law International Relations”, in Mchael Byers ed., *the Role of Law International Politics: Essays in International Relations and International Law*, Oxford: Oxford University Press, 2000, pp. 33 – 73.

法合作规则的引进是从对外签署有关的国际条约开始的。1987 年，中国分别与法国和波兰缔结了双边司法协助条约（协定），这标志着在中国建立国际司法合作法律制度进程的启动。[①] 这说明至少在 1987 年之前，中国与东南亚国家间没有进行任何司法协助条约（协定）的签署。在刑事司法合作方面，中国与东南亚国家签署的第一份涉及刑事合作的协助条约则是 1993 年 8 月 26 日在北京签订的《中华人民共和国和泰王国引渡条约》（以下简称《引渡条约》）；在民商事司法合作方面，中国与东南亚国家签署的第一份民商事司法协助条约（协定）是在 1994 年 3 月 16 日签署的《中华人民共和国和泰王国关于民商事司法协助和仲裁合作的协定》。二是 1991 年之前中国国内立法没有涉及国际法规范的内容。1991 年修订的《中华人民共和国民事诉讼法》首次在中国国内法中确立了国际法规范优先适用的原则。该法第二十五章为涉外案件司法管辖的确定增补了一系列标准，这些标准后来为中国与外国就此类问题进行的条约谈判提供了重要的参考依据；第二十九章以“司法协助”为题，为与外国法院相互代为送达文书、调查取证以及相互承认和执行司法裁决或仲裁裁决规定了原则、条件和程序，为司法协助从国际条约向国内法转化提供了可行路径。

（二）司法实务合作空白

在冷战时期，中国与东南亚国家间、大湄公河次区域其他国家间、东盟层面的执法办案合作都处于空白。在刑事司法合作方面，中国与东南亚的刑事执法合作工作起源于禁毒工作。1990 年 8 月，中国公安部组成禁毒代表团首次访问缅甸和泰国，各方达成开展禁毒合作的意向，标志着围绕东南亚“金三角”地区的区域性禁毒国际合作拉开序幕。在冷战期间，未发现记载中国与东南亚国家间进行刑事执法办案合作的史料。在民商事司法合作方面，在 20 世纪 50 年代，中国西南边境上也有一些涉及东南亚华侨的婚姻纠纷案件，但多是以中国公民在国内提起诉讼后，由中国有管辖权的法院与侨务部门共同

① 司法部司法协助外事司和司法部司法协助交流中心编：《中华人民共和国国际司法合作条约集》，中国方正出版社 2005 年版，前言。

审查后，与国外华侨本人取得联系，征求意见或寄递离婚判决书，甚至由国内配偶自己去信联系国外的华侨本人征求意见。[①] 这些处理方式都不是司法合作的正规途径。另外，从中国司法机关关于司法外事工作的记载来看，在1994年中国最高人民法院才召开第一次全国法院外事工作会议部署工作，其中重要的内容包括了国际司法交流与司法协助工作。[②]

由此可见，在冷战期间中国与东盟的司法合作无论是在法律基础方面，还是在司法实践中，无论是刑事司法领域，还是民商事司法领域都没有史料记载。这不应当是偶然，而应当是真实历史的反映。

二　冷战时期阻碍中国与东南亚司法合作的因素

中国与东南亚各国在二战后至冷战结束长达近半个世纪的时间内都没有开展司法合作。其中的原因包括了政治、经济、安全、文化、民族、法律体系等的差异。研究表明，中国与东南亚国家间开展司法合作的程度与双方政治关系的亲疏有最直接的关系，其次是利益的需求，再次才是各自法律制度差异。

（一）中国和东南亚国家的外交战略和外交政策受到意识形态的影响较大

冷战期间，以美国为首的资本主义阵营和以苏联为首的社会主义阵营长期意识形态的对抗，对世界各国的政治经济安全都形成了明显的影响。中国与东南亚国家也不例外。如前所述，在现实主义国际关系理论主导的时期，司法不可能在没有正常政治经济关系的条件下率先进行合作。

这一不正常的政治经济关系在中国方面主要呈现出三个特点：一是中国对东南亚的外交战略取决于中苏关系以及中国对东南亚国家意识形态的认知。由于冷战时期美苏两大意识形态阵营对峙，中国的外交战略和外交政策受到社会主义阵营的限制，以意识形态来处理与东

---

① 云南省高级人民法院：《云南审判志》，云南人民出版社1996年版，第422页。

② 王明新：《加强国际司法交流与合作——15年人民法院外事工作成绩斐然》，《人民法院报》2009年10月30日第3版。

南亚国家的关系，对东南亚国家的外交采取了“革命外交”“党际外交”。二是对多边关系建立持怀疑态度。由于东南亚国家政治体制的差异较大，而中国所持的“革命外交”“党际外交”的外交关系模式对建交的对象很保守，尤其是对多边合作机制的不认可，阻滞了中国与东南亚国家多边合作机制的进程。在东盟成立之初，中国把东盟列为反共组织，对其不予承认，并与东盟主要成员国印度尼西亚断交。三是中国外交政策意识形态化的淡化经历了较长的时间。进入 20 世纪 70 年代中期，美苏争霸的格局发生重大变化。苏联势力急剧扩张，一方面包围中国，另一方面在东南亚支持越南入侵柬埔寨。而美国则正处于战略收缩阶段，寻求拉华制苏。中国在权衡利弊后提出了“一条线”的战略，积极改善与美国和东盟国家的关系。首先对东盟的态度由不承认转为承认，并公开支持东盟发表的《东南亚中立化宣言》,[①] 在打破国际关系冷战坚冰中发挥了重要作用。1972 年 2 月尼克松总统访华，中美关系走向正常化。中国的东盟战略从初期的革命化、意识形态化转向注重国家利益、注重政治利益、注重经济利益的务实外交，经历了近 20 年的时间。

在东南亚国家方面，冷战期间由于受冷战阵营的影响东南亚国家分裂为两个阵营，没有独立外交。美国在东南亚推行反共政策。如支持漫无边际扩大的印度支那战争；扶植南越吴庭艳集团遏制北方的“共产主义威胁”；组织了“联合国军”发动了朝鲜战争；支持马来西亚当局实施反共紧急状态的措施；1954 年号召成立以反共反华为目的的“东南亚条约组织”。这一时期，东南亚国家中只有越南、缅甸、印尼、柬埔寨、老挝等几个国家与中国建交。进入 20 世纪 70 年代中期，随着布雷顿森林体系的解体和美国在越南战场的失败，呈现出苏攻美守的趋势。苏联在东南亚扩张引起东盟国家对地区安全的担忧，从而拉中国以抗衡苏联在东南亚的影响，马来西亚、菲律宾、泰国、新加坡先后与中国建立外交关系，如表 1—1 所示。

---

① 王士录、王国平、孔建勋：《当代东盟》，四川人民出版社 1998 年版，第 296—297 页。

表 1—1 中国与东南亚国家建交时间表

顺序	国家	建交时间	建交时的政治体制
1	越南	1950 年 1 月 18 日	社会主义共和国
2	印尼	1950 年 4 月 13 日	总统内阁制
3	缅甸	1950 年 6 月 8 日	社会主义共和国
4	柬埔寨	1958 年 7 月 19 日	君主立宪制
5	老挝	1961 年 4 月 25 日	君主立宪制
6	马来西亚	1974 年 5 月 31 日	议会制君主立宪制
7	菲律宾	1975 年 6 月 9 日	总统制共和制
8	泰国	1975 年 7 月 1 日	议会制君主立宪制
9	新加坡	1990 年 10 月 3 日	议会制共和制
10	文莱	1991 年 9 月 30 日	君主专制政体
11	东帝汶	2002 年 5 月 20 日	议会制共和制

资料来源：外交部网站数据，2014 年收集。

正如华尔兹所认为的，国际政治中“在不安全状态下，至少由于对彼此未来意图和行动的不确定性阻碍了国家间合作”①。冷战期间，中国与东盟国家由于缺乏基本的政治交往和互信，国家政治关系一波三折，既无安全，也无稳定，更无合作。

(二) 中国与东南亚国家国内政治经济发展都受到制约

战后中国的发展大致经历了社会主义制度确立—经济困难期—改革开放三个阶段。第一个阶段是社会主义制度确立阶段（1949—1957 年），中华人民共和国成立时承接的是旧中国留下来的百孔千疮的烂摊子。20 世纪 50 年代初，中国政府学习苏联的经验，制订并实施了第一个五年计划，到 1957 年超额完成，奠定了社会主义工业化的初步基础。第二阶段是经济困难期（1958 年到 20 世纪 70 年代初），这一时期中国国内坚持以阶级斗争为纲，发生了“反右倾”斗争、“大跃进”、人民公社化运动、苏联单方面撕毁合同、“文化大革

① Kenneth N. waltz, *Theory of International Politics*, Massachusetts: Addison – Wesley Publishing Company, 1979, p. 105.

命”等重大问题和自然灾害，又由于受到政治环境的限制，经济政策以国内发展为主，强调自给自足式的发展策略。“中国和东南亚的贸易被置于双方政府外交政策基本方针的指导之下。……完全纳入‘政治第一、经济第二’的‘政治外交’的新框框”[①]，经济也无法成为国家对外发展政策的主轴，[②] 国民经济出现严重困难。更重要的是这一时期中国司法机关受到冲击，正常的司法工作受到阻滞。[③] 第三阶段是改革开放时期（20 世纪 70 年代到 90 年代初，包含冷战结束初期），1979 年 4 月，中共中央工作会议正式决定对国民经济实行“调整、改革、整顿、提高”的八字方针。自十一届三中全会决定对外开放到 1993 年，在全国范围内基本形成了“经济特区—沿海开放城市—沿海经济开发区—沿江和内陆开放城市—沿边开放城市”的全方位对外开放格局。“1978 年以后，中国对外经济贸易也进入了黄金时代。……80 年代以来，中国出口贸易取得了很大的成就，1980 年，中国出口总值为 183 亿美元，1985 年为 259 亿美元，1986 年为 270 亿美元。”[④] 经贸往来中的纷争增强了对司法护航的需求度。前两个阶段，中国处于冷战中的共产主义阵营，受到了东南亚部分国家的排斥围堵，经济上发展缓慢，甚至遭受了巨大困难，双边贸易往来较少，司法合作既无产生的主观意愿，也无产生的客观条件。

战后东南亚的政治经济发展经历了动荡—相对平稳—迅速发展的三个阶段。[⑤] 第一个阶段是政治动荡期（从战后初期至 20 世纪 50 年代末 60 年代初），东南亚各国各派政治势力为建国方略、具体国策的制定斗争剧烈，泰国、缅甸、印尼、菲律宾等国进行的西方式民主改革尝试都未成功，政治经济局势进一步恶化，加之民族矛盾加剧，

① 徐建国、汤家麟：《中国与东南亚国家商品贸易研究》，云南科技出版社 1989 年版，第 4—5 页。

② 宋镇照：《中共与东南亚之政经关系与发展：回顾与前瞻》，《东亚季刊》1998 年第 1 期。

③ 云南省高级人民法院：《云南审判志》，云南人民出版社 1996 年版，第 266 页。

④ 徐建国、汤家麟：《中国与东南亚国家商品贸易研究》，云南科技出版社 1989 年版，第 60 页。

⑤ 贺圣达、王文良、何平：《战后东南亚历史发展——1945—1994》，云南大学出版社 1995 年版，第 2 页。

导致了东南亚地区政治局势动荡不安。在这样的不稳定环境下，这一时期的许多国家在经济发展和经济改革方面的工作也处于迟滞状态。政治制度和经济制度的不稳定很难产生理性的法律制度。第二阶段是相对平稳期（从20世纪50年代末60年代初到80年代中），东南亚各国政治形式转向集权型，如新加坡、马来西亚、泰国、缅甸、印尼、菲律宾等国都基本形成了以军队或强有力政治组织及领袖人物为特征的相对稳定的政治模式和政府。这一时期，除印支三国和缅甸外，东盟大部分国家国内稳定，经济上也转向相对平稳增长。但冷战的大环境使得在东南亚排华反共形势严峻，双边司法合作仍不具备条件。第三阶段是迅速发展期（开始于80年代中后期，即冷战结束时期），大部分东南亚国家经济上实行对外开放的政策，呈现出持续高速发展的态势，政治上成功推进了民主改革，政局较为稳定。冷战对峙的结束，为东盟自主发展提供了空间，东盟开始谋求主导东南亚事务，进一步改善对华关系，对外贸易增长迅速。

由上可见，一方面，经济发展的滞后使双方经济贸易往来没有或很少，跨国犯罪尤其是经济犯罪和商事纠纷不多；另一方面政治不稳定尤其在动荡时期，国内政策不稳定，跨国合作缺乏需求性。在中国及东南亚各国国内政治经济的发展特点的直接影响下，双方司法外交没有开展的空间和条件，如表1—2所示。

表1—2　　**中国与东南亚国家进出口总额**　　单位：万美元

国别＼年份	1950	1960	1970	1983	1984	1985	1986	1987
马来西亚	6318	758	3284	34670	33825	48834	38301	55682
泰国	556	11	—	28507	33849	37885	44508	70975
印尼	426	7401	—	2583	5615	45705	46671	77922
缅甸	313	2499	448	3608	3264	8217	9538	16372
菲律宾	70	4	—	15156	21629	41420	29343	38476
越南	10	8331	13516	7	68	38	9	—
新加坡	—	5144	14628	82518	142662	232287	175930	194341

续表

国别＼年份	1950	1960	1970	1983	1984	1985	1986	1987
柬埔寨	—	983	477	4030	33	64	14	28
文莱	—	0. 1	53	326	264	295	277	455
老挝	—	—	5	1162	550	963	980	1128

资料来源：《中国对外经济贸易年鉴（1985）》，《中国海关统计》（1984—1987 年），2014 年收集。

（三）法律制度的差异增大了中国与东南亚国家开展司法合作的阻力

除了前面所述的政治互信、国内政治经济等因素外，法律制度的不同也阻碍着司法合作的开展。

单从东南亚国家来看，其法律文化传统、法律制度起源和发展都有很大不同。新加坡、马来西亚、菲律宾、缅甸、文莱属于普通法系，泰国、越南、柬埔寨、印度尼西亚属大陆法系，而老挝则是以习惯法、[①] 大陆法为主体的混合法。法律体制上的巨大差异也成为开展区域司法合作的障碍。尤其是东盟成员国中没有与中国签署双边司法协助条约和引渡条约的多为海洋法系的国家。另外，法律体制的不同也会影响到具体的司法理念和法律规定。如文莱、马来西亚、缅甸、新加坡等国家明文或实践中已经废除了死刑，在开展刑事司法协助和引渡时就会存在与中国标准不一致的问题，成为要不要开展刑事司法合作，尤其是要不要签订条约的障碍；与中国签订了民商事司法协助双边协议的东南亚国家中，仅与越南、老挝等国的协议中涉及判决的相互承认和执行。中国与新加坡签署的民商事司法协助条约单就仲裁裁决的承认和执行达成了一致，却未涉及法院判决的承认和执行。这一定程度也是受法律制度不一致的影响。这一因素一直存在于中国与东盟的司法合作过程中，即便在 21 世纪初也不例外，在后面的章节中做了更为细致的阐述。

① 腊达娜：《论老挝苗族习惯法》，载《当代法学论坛会议论文》2010 年第 1 辑。

第二节　冷战结束后中国—东盟司法合作的动力

冷战结束，国际社会意识形态对抗的舒缓为中国改善与周边国家关系提供了有利的国际环境。国与国之间不再是冷战中的零和博弈关系，而是一种趋向合作互利的相互依赖关系。东亚形成中、美、日、韩、东盟并存的多极格局，东南亚地区在中国对外战略中的地位不断上升。东盟地区主义发展的一个显著表现就是在地理范围上突破了东南亚地区，在政治上突破了政治制度、意识形态差异的束缚。[①] 中国及时调整对外政策，把和睦周边作为国家周边外交的指导方针，尤其在发展与东盟、东南亚国家等层面关系方面取得了令人瞩目的成就，也使得中国与东盟司法合作提上日程。

一　政治互信逐步增进

冷战结束后，中国与东盟的关系发展大致可分为三个阶段：中国与东盟国家从对抗走向对话（1991—1996 年），中国与东盟建立睦邻互信伙伴关系（1997—2002 年），中国与东盟建立面向和平与繁荣的战略伙伴关系（2003—2014 年）。在经济、安全、司法等多领域，中国与东盟积极开展合作，共同营造和平发展的地区环境。

（一）中国与东盟从对抗走向对话（1991—1996 年）

这一阶段，中国与东盟打破冷战期间形成的对立和禁锢，在国家间交往、东盟层面交往方面都取得了实质性进展——从试探性地接触发展为对话伙伴关系的阶段。1991 年 7 月时任中国外交部部长钱其琛应邀出席第 24 届东盟部长会议，到 1996 年中国成为东盟的正式对话伙伴，仅用了 5 年时间。这与长达近半个世纪的冷战僵持对抗关系相比，可谓神速。这无疑得益于双方在相互谅解基础上建立了一定程度的政治互信。

---

① 韦红：《地区主义视野下的中国—东盟合作研究》，世界知识出版社 2006 年版，第 20 页。

（二）中国与东盟建立睦邻互信伙伴关系（1997—2002 年）

这一阶段是中国与东南亚国家的政治关系取得突破性进展的 6 年，从对话关系发展为睦邻互信伙伴关系。1997 年亚洲金融危机的突袭中，中国顶着巨大压力，在牺牲自身利益的条件下，坚持人民币不贬值，抑制住危机形势的恶化。这种负责任的表现与美国等西方国家隔岸观火的态度形成鲜明对比，赢得了东南亚国家对中国的信任。面对东盟国家遭受的自然灾害，中国积极伸出援助之手。“截至 1998 年 4 月，中国政府共向东南亚受灾国家提供了约 42 亿美元的援助资金，向印尼无偿提供了价值 300 万美元的药品、食品紧急援助，并表示愿意以出口信贷或易货贸易的方式同印尼加强经贸合作。”① 这些行动让东盟国家再次看到了中国愿与周边国家共同发展的诚意。在 1997 年第一次“10 + 1”领导人会议上，中国与东盟发表了《国家首脑会晤联合声明》，建立“面向 21 世纪的睦邻互信伙伴关系”，并决定从此每年举行一次东盟与中国首脑会晤。

（三）中国与东盟建立“面向和平与繁荣的战略伙伴关系”（2003—2014 年）

2003 年，中国与东南亚进入了进一步深化战略伙伴关系的阶段。2003 年 10 月第七次中国—东盟领导人会议期间，中国与东盟签署了《面向和平与稳定的战略伙伴关系联合宣言》，加入《东南亚友好合作条约》，有力地促进了本地区乃至全球的和平、稳定与繁荣。而 2010 年中国—东盟自由贸易区的正式建成运行，标志着中国与东盟经贸合作进入历史的新阶段。2011 年 11 月通过的《落实中国—东盟面向和平与繁荣的战略伙伴关系联合宣言的行动计划（2011—2015 年）》，进一步细化中国—东盟在各个领域合作的措施，其中也包括在打击跨国犯罪方面加强合作。2011 年中国与东盟先后达成落实《南海各方行为宣言》后续指针，启动“南海行为准则”磋商，批准了《东南亚友好合作条约第三修改议定书》。中国—东盟间的增信释疑取得了显著成效。

① 胡坚：《亚洲——金融风暴后的再崛起》，经济科学出版社 1998 年版，第 169 页。

二　紧密的地缘政治联系

在公元前3世纪就出现了从中国东南沿海到东南亚的“海上丝绸之路”，[①]“通过这条‘海上丝绸之路’中国与东南亚许多国家建立了密切的关系”[②]。发源于中国青藏高原唐古拉山北麓拉寨共马山海拔5167米的一座小冰川的澜沧江—湄公河，被称为“东方多瑙河”，流经中国、老挝、缅甸、泰国、柬埔寨、越南六国。中国的云南省和广西壮族自治区与东南亚国家相毗邻，陆地边境线总长达4156公里，其中中国—缅甸段长1997公里，中国—老挝段长710公里，中国—越南段长1449公里，北部湾海岸线中国方长695公里。云南省16个地州市中有8个地州市（文山、红河、普洱、西双版纳、临沧、保山、德宏、怒江）的27个县、市与缅甸、老挝、越南三国接壤。广西有8个边境县市（东兴、上思、宁明、凭祥、龙州、大新、那坡、靖西）与越南3个边境省（广宁、谅山、高平）接壤。沿边有边境口岸32个，其中国家级口岸14个，还有20多条出境公路铁路、90多条通道和若干边民互市点。因此，中国与东南亚各国边贸发达，经济联系密切。跨界民族问题突出，云南26个民族中有16个民族跨境而居。缅甸、越南、老挝等国边境管理宽松，为吸引国外尤其是中国内地资金，纷纷出台优惠政策和便捷的出入境措施，甚至在边境地区划出边境自由开放区，建成专供外国人（主要是中国人）的大型赌场和娱乐场。这些因素在密切中国与东南亚国家间经贸、社会人文关系的同时，也为跨境犯罪提供了便利。

三　共同利益的需求

中国与东南亚国家除了紧密的地缘联系外，在政治、经济、安全层次也存在着很多的共同利益。中国在冷战结束后，确立了“与邻为善、以邻为伴”的周边外交方针，不断恢复和建立与东盟各国的外交关系，积极与东盟开展对话，基本维护了安定有序的周边环境。

---

① 周振鹤：《汉书地理志汇释》，安徽教育出版社2006年版，第12489—12496页。

② 黄启臣：《广东海上丝绸之路史》，广东经济出版社2003年版，第32页。

东盟各国在经历了冷战时期任人宰割的处境后，强烈意识到增加东盟在国际和地区事务中影响力的重要性，特别是通过1978年越南入侵柬埔寨事件中中国坚决反对越南行为的态度，也愈加认识到与中国在维护东南亚地区安全稳定中的重要作用，也进一步认识到加强与中国的政治安全合作，搭上中国高速发展的经济顺风车，争取中国的支持，才能使东盟实现“中立、和平、自主发展”的宗旨，成为亚太地区力量一极。正如有的学者所述，“从长期来看，为了中国—东盟关系的持久，政治缓和是必需的，但条件仍然不足。日渐增长的关系也必须在某些能依赖于生存的经济基础诸如互利的贸易关系上前进。因此，当中国经过长期的国内政治和意识形态斗争之后，出现并专注于经济发展时，东盟便全神注视着中国”[①]。1991年至2005年，中国与东盟贸易额从近80亿美元增长到1300亿美元，增长了15倍，年均增长率高达20%。2005年，在东盟的对外贸易中，中国排第4位；在中国的对外贸易中，东盟排第5位；2007年，中国和东盟双边贸易额达2025.5亿美元。[②] 尤其在经济上1997年的东南亚金融危机成为中国与东盟关系的“试金石”，增进了彼此的信任，推动了经济贸易。而2010年中国—东盟自由贸易区（CAFTA）的建成，更加强了双方政治经济利益的关联度。司法合作作为维护政治经济利益的有效手段，也逐渐受到各国的重视。

四　相互认同的安全观

冷战结束后，随着国际环境的变化，中国实行和平发展的政策，提出了强调政治、经济、社会等综合安全的新安全观。中国新安全观的发展，起源于20世纪90年代中后期，至21世纪初期臻于完备。2002年7月31日东盟地区论坛外长会议期间，中国提交的《中方关于新安全观的立场文件》,[③] 提出“互信、互利、平等、协作”的内

---

① ［新加坡］黄朝翰：《中国与亚太地区变化中的政治与经济关系》，张乃坚等译，暨南大学出版社1990年版，第3—9页。

② 参见《中国—东盟关系》，2013年3月22日，新华网（http：// news. Xinhuanet. Com/ ziliao/2006 -07/20/content_ 4861242. htm）。

③ 参见2013年10月20日，外交部网站（http：// www. Fmrc. Gov. cn/ ce/ cekor/ chn/ xwxx/ t81327. htm）。

容核心，重在增进信任，通过合作寻求共同安全。这一安全观总体上与东盟各国的安全观是一致的，都包含了反对霸权主义、注重综合安全、和平解决争端、以经济发展促政治互信等含义，而且中国新安全观比东盟各国的站位更高。东盟强调自身的安全，在巩固“国家抗御力”的同时提升“地区抗御力”，而中国更强调维护地区的和平与稳定以实现自身安全。① 中国新安全观呈现出三个特点：中国新安全观是综合安全观，不仅承认国家安全受制于国际政治、经济、军事、文化等领域不安全因素的现实，而且解决冲突的手段也不仅仅局限于军事，而是涉及政治、经济、文化、宣传等多种措施，紧密配合，共同作用；中国新安全观是强调合作的安全观，主张在互利、互信的基础上，建立超越意识形态和社会制度的合作关系，以合作代替对抗，谋求解决冲突和共同发展；中国新安全观是普遍安全观，不仅树立各国普遍安全和共同安全的思想，将国家内部安全与国际安全联系起来，将国家安全与地区、全球安全联系起来，而且将国家安全与人类发展安全结合，倡导“互利共赢”，实现普遍安全。

五　共同应对的非传统安全

非传统安全是指“由非军事因素引发，对国家、地区和国际安全与稳定造成直接或间接威胁的更广泛的安全威胁与挑战”②。它通常包括了金融、经济、生态环境、能源安全、公共安全等多领域。冷战结束后，各国从对传统安全的聚焦中转向日益突出的非传统安全问题。非传统安全对人类安全的普遍威胁性决定了国际合作的必然性。其中，打击跨国（境）犯罪就是国际合作的重要内容之一。

从冷战结束后，中国与金三角地区泰国、缅甸的扫毒合作的成功例子可以看出，中国遭受“金三角”毒品之害和“金三角”地区贩毒武装团体对当地政治经济秩序的危害、对社会治安及秩序的破坏都严重影响双方政治、经济和安全利益，使得打击跨境毒品犯罪首先成

---

① 陆建人：《东盟的新安全观》，《当代亚太》1999 年第 9 期。

② 王帆：《国际安全概论》，世界知识出版社 2010 年版，第 397 页。

为中国与以泰国、缅甸为代表的东南亚国家共同急需解决的问题，这也是双方在开展司法合作方面首先实践的领域，并在后来的合作中取得了丰硕的成果和经验。2002 年 11 月，中国与东盟在第 6 次中国与东盟领导人会议上发表了《关于非传统安全领域合作联合宣言》，就在非传统安全领域开展全面合作达成共识。虽然中国与东盟国家经济发展领域高度依赖又共同面临包括毒品犯罪在内的很多非传统安全威胁，但是在具体的合作项目的契合点还不太一致，或者说紧迫程度不太相同。如在经济较落后的缅甸、越南、老挝等国，多发的是人口拐卖、毒品犯罪等，而泰国、菲律宾、马来西亚、印尼等国家则是恐怖主义犯罪分子过境和资金转移的通道，[①] 而在新加坡等经济发达国家则多以打击洗钱等国际经济犯罪、网络犯罪和金融诈骗等犯罪为重点。这些不同的安全危机在合作中就会产生不同的推动作用。

六　在法律机制下开展合作的意识

中国在冷战结束后，改变冷战时期基本上不积极参与多边外交的观念，开始日渐重视双边与多边结合并突出多边合作的作用。通过多边法律机制合作，中国不仅维护了自己的国家利益，也发展与东南亚友好关系，扩大了国际影响力，树立了国际社会负责任大国的形象。中国 1991 年加入亚太经合组织（APEC），2001 年加入世界贸易组织（WTO），2007 年加入国际反洗钱国际组织——金融行动特别工作组（FATF），体现中国开始转变观念和行动，吸纳国际社会先进政治、经济和法律经验，尤其“中国参加东盟地区论坛可以看作这种转变的一个关键”[②]。中国还参与了东盟峰会、东盟“10 + 3”等多边外交机制，签署了《东南亚友好合作条约》，多次就制定“南海行为准则”与东盟进行高官会晤，积极就解决南中国海争端等问题与东盟进行磋商，还与东盟就包括跨国犯罪在内的非传统安全合作达成共识等。在经济方面，中国—东盟自由贸易区是中国第一个倡导和积极参

---

① 王君祥：《中国—东盟区域刑事合作机制研究》，中国人民公安大学出版社 2012 年版，第 168 页。

② 徐善宝：《冷战后中国与东盟国家多边关系发展的若干特点》，《东南亚研究》2005 年第 4 期。

与下的区域性自由贸易区。这样的观念转变外溢到司法领域，中国已经和大湄公河次区域国家初步构建了打击跨国犯罪、打击非传统安全合作机制。1993 年 10 月《东亚次区域禁毒合作谅解备忘录》由中国、缅甸、泰国、老挝和联合国禁毒署代表共同签署，搭建了东亚次区域禁毒合作的框架。2002 年 11 月，中国与东盟发表了《关于非传统安全领域合作联合宣言》，就打击贩毒、非法移民、恐怖主义、国际经济犯罪和网络犯罪等跨国犯罪达成合作共识，为中国与东盟开展打击跨国犯罪的合作奠定了基础。东南亚国家也非常重视通过区域法律合作方式进行区域安全治理。早在 1976 年 6 月 26 日马尼拉东盟外长会议通过了《打击滥用毒品的原则宣言》，这是东盟加强地区合作预防和打击毒品犯罪的重要标志，该宣言规定了打击滥用毒品合作计划的框架，启动了东盟打击跨国犯罪制度化进程。2006 年东盟成员国签署了《刑事司法协助条约》（The treaty on Mutual Legal Assistance in Criminal Matters），成为部分东盟国家开展刑事司法协助的直接法律依据；东盟在 2007 年签署了《东盟反恐公约》（The ASEAN Convention on Counter Terrorism）。东盟还启动了缔结东盟引渡条约的进程。这些表明东盟很重视法律合作方式，正努力构建区域内的法律体系。

综上所述，随着政治互信的增强，紧密的地缘政治关系为双方增加了许多共同利益，是中国和东盟开展司法合作的前提。双方经贸往来的日益增多，尤其中国—东盟自由贸易区的建成及双方需要共同应对的非传统安全等因素，有力推动了中国和东盟司法合作。在冷战结束后特有的国际法治大环境下，中国、东盟法律外交意识都进一步增强，特别是在司法框架下协商和解决各种分歧和问题越来越成为双方合作的最优选择。

第三节　中国—东盟司法合作的简要回顾

中国与东盟司法合作进程与双边政治经济关系的亲疏有着亦步亦趋的关系。纵观其发展，以冷战结束为起点，从无到有，从疏到密，从单一到多元，经历了曲折的发展历程。期间，无论是合作的开始、合作的滞待，还是合作层次的提升，总与中国与东盟国家间政治关系的进程紧紧相扣。如果说中国与东盟司法合作开始于中国—东盟关系从对抗走向对话之时是偶然，那么中国与东盟司法合作发展的阶段性与中国—东盟关系发展的阶段性基本吻合就绝非偶然。影响中国与东盟司法合作进程的因素包括国际关系结构变化的大背景、政治关系的亲疏、经济相互依赖度、法律体系的差异、政治体制的不同等，但在现实主义理论的大环境下，归根结底还是由中国与东盟政治层面的互信程度决定。这期间，其他因素从历史的纵向发展来看，都可视为不变量，唯有国际关系结构、经济相互依赖度和政治关系是可变量。20 世纪 90 年代以来，以美苏对抗为主的冷战结束，世界呈现出多极化格局的趋势，和平与发展成为时代主流。在这个外因下，中国与东南亚各国都为发展本国经济积极恢复和发展政治关系。中国—东盟自贸区的建立将双边经济合作提升到一个全新的水平，与此相关的法律制度、犯罪问题、纠纷处理等需求使双方开展司法合作变得更为迫切。因此，中国与东盟司法领域的合作发展进程基本可划分为三个阶段，即从 1991 年到 1996 年是中国与东南亚司法合作的萌芽期，实现了司法合作零的突破；1997 年到 2002 年是中国与东南亚司法合作的成长期，司法合作呈现多层次多渠道发展的态势；2003 年到 2014 年是中国与东南亚司法合作的提升期，司法合作呈现出法制化、地区化的特点。

一　萌芽期（1991—1996 年），司法合作从无到有

随着中国与东盟交往开始，中国与东南亚司法合作开始出现。刑事领域的司法合作既有法律基础的制定，也有执法合作，但民商事领域的司法合作仅限于法律基础方面。至今没有发现记载有这一时期中国与东南亚国家间具体的民商事司法合作实践的例子。原因有两方面，一方面中国在处理与东盟关系上缺乏总体战略思考，更多关注的是亚太经合组织这一平台的大国外交等因素，导致双方的经济依赖度不高。另一方面，这一阶段中国与很多东南亚国家没有签订有关民商事司法协助的条约，对于涉外民商事纠纷的诉讼很难开展，特别是一

方当事人在国外，或者有关的证人、证据在国外的，司法文件的送达、证据的收集、判决的承认和执行都无法解决。边境贸易纠纷案件缺乏司法的保障，导致边境贸易萎靡不振。而在刑事司法方面，则更多是由于跨国犯罪对各国政治稳定及社会秩序都构成威胁。在中国与东南亚关系从对抗向对话发展的大背景下，联合打击跨国犯罪成了当时紧迫而又可能实现的合作。但是，这一阶段打击跨国犯罪司法合作法律依据无论从合作层次还是合作领域来看都较为单一。

中国仅与个别东南亚国家签署了司法协助领域的条约。中国与泰国于1993年签订《引渡条约》，这是中国与东南亚国家签订的第一个引渡条约；1994年3月中国与泰国在北京签署《关于民商事司法协助和仲裁合作的协定》，也是中国与东南亚国家签订的第一个司法协助条约。1993年10月，《东亚次区域禁毒合作谅解备忘录》的签署是中国与东南亚在禁毒工作合作方面迈出的一大步，虽然该备忘录冠以“东亚次区域”的名义，但实际当时签署方只局限于中国、缅甸、泰国、老挝和联合国禁毒署代表，而并非东盟层面或者整个东亚层面，充其量只是中国与大湄公河次区域的“小多边协议”。

这一期间，中国与东南亚之间司法合作从签订协议文件、打击犯罪的会议联系机制到执法合作等，仅在打击毒品犯罪这一专门领域达成共识和实施了合作。1991年5月，第一次中国、泰国、缅甸和联合国禁毒署高级官员会议的召开；第一届东亚次区域禁毒合作部长级会议通过了《次区域禁毒行动计划》和《北京宣言》；中国与缅甸建立边境地区缉毒执法合作联络官制度。

二　成长期（1997—2002年），司法合作多层次多渠道的发展

1997年，是中国与东盟关系实质进展的转折点。这也是中国与东盟司法合作的新节点。

中国与东盟国家间双边司法合作成效显著。首先，这是司法合作的法律依据制定最多的一阶段。双边条约的签订在这一阶段是最多的，包括：《中华人民共和国与新加坡共和国关于民事和商事司法协助的条约》《中华人民共和国和越南社会主义共和国关于民事和刑事司法协助的条约》《中华人民共和国和柬埔寨王国引渡条约》《中华

人民共和国和印度尼西亚共和国关于刑事司法协助的条约》《中华人民共和国与老挝人民民主共和国关于民事和刑事司法协助的条约》《中华人民共和国和老挝人民民主共和国引渡条约》《中华人民共和国和菲律宾共和国关于刑事司法协助的条约》7 份双边司法合作协议，占了中国与东盟国家间签订的司法合作条约数的二分之一。这一时期，也是目前中国与东盟签署在民商事领域司法协助条约数量最多的一个时期，为双边的经济贸易往来提供了司法保障基础。其次，建立了一些专项或边境地区打击跨国犯罪的机制。如与泰国建立禁毒联络官制度。广西壮族自治区禁毒委员会和越南广宁省禁毒指导委员会签署了《中越边境联络办公室合作行动计划》的协议书。与缅甸果敢地区共同开展清剿毒品和易制毒配剂加工厂的行动，缅方协助抓捕躲藏在缅甸掸邦第一特区中国云南籍大毒枭刘明等。

大湄公河次区域司法合作开始。2001 年由中国、老挝、缅甸、泰国、柬埔寨、越南6 个国家及联合国机构等共同参与实施的“联合国机构间大湄公河次区域反拐项目”启动，旨在共同严厉打击和有效预防大湄公河次区域的贩卖人口犯罪。这一合作开启了大湄公河次区域刑事执法合作的先例，也丰富了中国—东盟司法合作的内容和层次。

东盟层面的专门领域的司法合作出现。2000 年 10 月在第一届东盟和中国禁毒合作国际会议上，《东盟和中国禁毒合作行动计划》的出台使得禁毒合作正式提到东盟地区层面。2002 年 11 月 4 日中国、文莱、柬埔寨、印尼、老挝、马来西亚、缅甸、菲律宾、新加坡、泰国和越南共同通过《中国与东盟关于非传统安全领域合作联合宣言》，确定了除禁毒之外的，其他如非法移民、恐怖主义、洗钱、国际经济犯罪等非传统安全犯罪为现阶段合作打击跨国犯罪的重点。

中国与东盟开始共同参与国际司法合作，主要表现在签署或参加《联合国反腐败公约》。这个国际公约是联合国制定的专门用于国际合作预防和控制腐败的国际公约。印尼、柬埔寨、马来西亚、菲律宾、新加坡、泰国、越南、中国 8 个国家先后于 2002 年前签署了《联合国反腐败公约》，老挝也于 2003 年 9 月 26 日加入了该公约。虽然东盟国家基本都没有明确表示可以将这两个公约作为引渡合作依据，使中国要依据国际公约和东盟有关国家开展引渡合作变得不确定，但这毕竟为合作增加了一份法律基础。

三　提升期（2003—2014 年），司法合作不断取得新突破

这一阶段，中国与东盟睦邻友好不断深化，理解互信不断提高，进一步深化战略伙伴关系，在司法领域的合作也在不断拓展。

中国与东盟国家间双边司法合作不断拓展。首先，双边签订条约领域取得新突破。2011 年 12 月 22 日，签署了《中华人民共和国和泰王国关于移管被判刑人的条约》。这是中国与东盟国家签署的首个涉及被判刑人移管的条约，突破了以往与东盟国家司法合作不涉及刑罚执行的不足，为下一步探索中国与其他国家进行刑事裁判承认与执行的司法合作提供了有益的经验。其次，民商事司法实践合作开始恢复。[①] 这与中国—东盟自由贸易区建成后，边境贸易快速发展的需求有关。中国最高院于 2010 年发布了《最高人民法院关于进一步做好边境地区涉外民商事案件审判工作的指导意见》，云南省高院也出台了《关于进一步做好边境地区涉外民商案件审判工作的实施办法》等相关法律法规；最高人民法院于 2013 年发布了《关于依据国际公约和双边司法协助条约办理民商事案件司法文书送达和调查取证司法协助请求的规定》。这些文件的出台，体现了中国司法机关对中国与东盟进一步深化战略合作伙伴关系政策精神的认识和落实。而在司法实践中，2010 年以来，中缅瑞丽—木姐、中越河口—老街、中老磨憨—磨丁 3 个跨境经济合作区所在地的边境基层法院之间加强相互交流，对司法合作相关问题进行协商。[②] 民商事司法合作工作取得实质性的发展。再次，过境地区司法机关直接联系法制化。2005 年 12 月 18 日中国云南麻栗坡县检察院与越南河江省河江市检察院签订了

---

① 曹红蕾：《深化司法合作，解决边贸争端》，《云南信息报》2011 年 12 月 27 日第 4 版。“建国后的五十多年里，由于多种原因，开通了两千多年的南方丝绸之路一度中断……与之相反的，（中缅）两国司法往来却是一度中断……2011 年 3 月 24 日，在瑞丽市外事办人员的陪同下，瑞丽法院院长蔡金海带领该院法官一行 9 人前往缅甸木姐镇区法院考察交流。这一‘破冰之旅’，对缅甸的法律体系和法院的运作有了大概的了解。”

② 曹红蕾：《深化司法合作，解决边贸争端》，《云南信息报》2011 年 12 月 27 日第 4 版。

《会谈纪要》，双方就建立会谈会晤制度、调查取证、犯罪预防等刑事司法协助的具体事项进行了约定。另外，在中国的广西、云南和东盟的缅甸、老挝、越南开展刑事司法合作时，根据实际执法需要，不断建立和完善边境地区司法机关间的工作访问联络、边境会晤制度。目前，云南省人民检察院和越南老街省检察院建立经常性互访机制，广西壮族自治区人民检察院与越南北部四省检察院共同签署了加强边境地区检察机关直接合作共同打击跨境犯罪的会谈纪要，建立了边境直接合作机制。这些新的合作内容使得中国与东南亚各国间的双边司法合作更加丰富、立体，也进一步密切了中国与东南亚各国的双边关系。

中国在大湄公河次区域的司法合作有新延伸。随着大湄公河区域国家相继开放边界，大湄公河次区域人口贩卖犯罪较突出，仅湄公河流域每年就有数十万的妇女儿童被拐卖。[①] 受害人以越南、缅甸居多，基本占 97.7%。[②] 中国及大湄公河次区域其他国家都注意到这一问题的严重性。2004 年，大湄公河次区域的 6 个国家共同签署了《湄公河次区域合作反对拐卖人口谅解备忘录》，形成合作共识；随后中国与其他五国警务部门分别签订了双边警务合作协议，其中合作重点包括打击人口贩卖犯罪活动。另一个重要的合作项目是湄公河流域安全合作。2010 年中国与东盟共同应对湄公河"10·5"案件的挑战，在司法合作领域树立了里程碑式的典范，创造性地建立了湄公河流域联合执法安全合作机制，双方在建立情报共享、警务合作、联合巡逻、打击跨国犯罪等方面达成共识，并开展了合作。

中国与东盟层面的司法合作有新进展。2004 年 1 月 10 日中国与东盟签署的《非传统安全领域合作谅解备忘录》，虽然其法律效力远不及条约或协议，但中国成为唯一与东盟签署该领域合作谅解备忘录的域外国家，并就后续合作制订并通过《关于落实〈谅解备忘录〉的行动计划》。东盟与中日韩（10+3）打击跨国犯罪部长级会议自

---

① 崔清新、刘晓莉：《成千上万被拐卖人口在大湄公河次区域被解救》，2013 年 12 月 3 日，新华网（http://news.xinhuanet.com/newscenter/2006-07/12/content_4823053.htm）。

② 根据云南省公安厅刑侦总队、福建省公安厅刑侦总队相关数据统计。

2004 年至今已连续召开了 6 届，确立了“平等、开放、合作、共赢”的方针，在建立和完善打击跨国的区域合作机制、制订合作计划、建立热线联系制度、相互派遣警备联络官等方面取得了成效。从 2005 年以来，东盟与中国（“10 +1”）打击跨国犯罪部长非正式会议机制已召开两届。从 2009 以来，东盟与中国（“10 +1”）打击跨国犯罪部长级会议已召开 3 届。中国—东盟成员国总检察长会议 2004 年以来共召开 7 届，这些会议机制对打击跨国犯罪合作，探索建立边境地区司法机关定期会晤和直接合作机制，有效增进中国—东盟司法互信，形成打击跨国犯罪合力发挥着重要作用。遗憾的是，这一时期东盟层面的司法合作仍只在刑事司法方面有所作为。

在打击跨国犯罪领域，中国与东盟各国加强了国际合作。文莱、印尼、老挝、马来西亚、菲律宾、泰国、越南、中国 8 个国家于 2003 年签署了《联合国打击跨国有组织犯罪公约》。这是为促进国家间合作，更有效地预防和打击跨国有组织犯罪的国际公约。虽然在本公约中除了中国外，其他东盟国家都不接受或未明确将该公约作为引渡合作的法律依据，但是在打击有组织犯罪集团、洗钱犯罪、腐败行为、妨害司法等犯罪，以及相关司法协助、执法合作的内容都达成了共识，大大增强了对跨国犯罪的打击力度。

第二章

中国—东盟司法合作萌芽期（1991—1996年）

1991年是冷战结束后中国与东盟关系的历史新起点。1991—1996年，中国与东盟各国外交政策转变最显著的特点就是中国与东盟国家关系的改善，政治互信关系开始建立。这不仅是中国与东盟国家间经济贸易、安全合作的基础，更是现实主义语境下司法合作开始的前提条件。

第一节　为政治经济关系正常化奠定司法合作基础

随着冷战的结束，中国和东盟在对外战略的选择上进行了新的调整，政治经济交往日益正常化。一方面，东盟各国都更高程度地认识到地区组织在国际舞台上的重要作用，组织成员逐步增多；同时，认识到与中国这个强大邻邦搞好关系有利于自身政治经济安全利益。另一方面，中国也认识到睦邻友好对中国外交工作的重要性，对周边东盟国家采取了更为务实的外交政策，将对东盟战略和政策从早期的革命化、意识形态化转向以解决问题为取向的正常国家间外交。这一变化在司法领域也及时得到体现，不仅在警务执法方面有了跨境合作，更重要的是在司法协助条约的签订方面也迈出了第一步。

一　政治互信开始建立

（一）中国主动参与东盟地区的多边机制

冷战时期，社会主义与资本主义两大意识形态的差异成为中国与东南亚大多数国家之间交往的障碍。1969 年苏联入侵中国领土珍宝岛，中国为了抗击苏联威胁，制定了联美抗苏的“一条线”“一大片”的新外交政策，一方面加速了苏美阵营对峙的瓦解，另一方面也缓和了与东南亚国家的关系。1979 年中国对越自卫还击战打响及中国在解决柬埔寨问题上对东盟支持的态度，使双方在共同抵抗苏越霸权主义扩张上达成共识，彼此增进了互信。进入 80 年代，随着苏联解体，大国在东盟地区的意识形态上的对抗告一段落，中国与东盟源于冷战固化思维的区别外交有所淡化，使双方开始政治互动。从 1991 年开始，中国与东盟之间的关系，从相互猜疑被动适应变化发展到开始主动调整关系。1991 年 7 月，中国在第 24 届东盟部长会议上表达了希望与东盟组织合作的意向。[①] 这次会晤标志着中国与东盟建立起了正式的联系。1994 年 7 月，中国响应东盟成立“东盟地区论坛”的倡议，作为东盟磋商伙伴参加了第一次东盟地区论坛。互动的增多，使中国与东盟彼此确认了加强合作、共同维护地区和平稳定的观念，最终共同推动了地区一体化进程。随着政治交往的不断加深，中国 1995 年成为东盟的磋商伙伴国。同年 7 月，东盟外长一致同意中国为东盟的全面对话伙伴国。东盟在 1995—1996 年中美关系危机时期选择了协调双边安全对话，以实际行动体现了地区组织在维护国际和平稳定中的积极作用。[②] 这一事件表明东盟与中国有共同的利益诉求。

（二）中国与东盟各国积极建立外交关系

1990 年 8 月 8 日，中国与东南亚地区第一大国印度尼西亚恢复外交关系。同年 10 月 3 日，中国与新加坡正式建交。1991 年 9 月 30 日，中国与文莱建立正式外交关系。1991 年 11 月，中国与越南领导人举行了“结束过去，开辟未来”的历史性会晤，实现了关系正常化。1993 年 4 月，中国与菲律宾的关系正常化。在政治气氛日益友好的情况下，中国与东盟国家领导人及高级官员互访日益增多，甚至

① 盛力军：《东盟与中国关系四十年回顾》，载《东盟发展进程研究——东盟四十年回顾与展望》，香港社会科学出版社有限公司 2008 年版，第 294 页。

② Allen S. Whiting, “ASEAN Eyes China”, *Asian Survy*, April 1997, p. 37.

西方媒体将1993年称为中国外交的"东盟年"。[①] 中国领导人李鹏、杨尚昆、乔石、朱镕基、李瑞环、江泽民等先后出访东南亚国家，东南亚国家领导人苏哈托、西哈努克、李光耀等先后访问了中国。高层互访的增加进一步加深了国家间的政治互信，推进了双方在多领域的合作。

（三）国内政策影响到对外安全战略

中国在1978年召开的十一届三中全会上，根据国际形势的新变化和对国际态势的新认识，做出了把工作重点转移到经济建设上来的重大决定，实行改革开放政策。1982年，中国对战争与和平问题做出新的理性认识，[②] 认识到发展与东盟国家良好关系是建构亚太多边安全机制的一个重要尝试。1984年10月20日，《中共中央关于经济体制改革的决定》明确提出建设有计划的商品经济。1992年中国提出了建立社会主义市场经济体制的经济体制改革目标。1994年中国出台的《关于进一步深化对外贸易体制改革的决定》提出建立适应国际经济通行规则的运行机制。中国对外开放发展初步形成了多层次、宽领域、全方位开放的格局。冷战后，东南亚国家把发展经济放到了维护国家安全的重要位置。在美国等西方国家带有明显贸易保护主义与知识产权壁垒特征的不合理国际经济金融秩序面前，东盟国家利益受损。加快东盟经济联合成为东盟各国在国际经济压力下的不二选择。从1990年开始，东盟各国领导人就对东盟北部增长三角和东盟东部增长三角达成协议；1992年东盟国家提出15年建成东盟自贸区的设想，并吸纳越南和老挝为观察员国；1994年又提出提前5年建成东盟自贸区。尤其是在1997年亚洲金融危机中，西方国家的冷漠使东盟国家深刻感受到应对经济安全问题有必要依靠中国。双方国内政策的调整，促成了中国与东盟各国间安全合作战略的调整。

二　经济开放贸易往来发展加快

冷战结束时，中国已经在全国范围内基本形成了全方位对外开放

① 曹云华：《变化中的中国—东盟关系》，《东南亚研究》1995年第5期。

② 胡耀邦：《中国共产党第十二次代表大会报告》，《人民日报》1982年9月1日第1版。

格局。[①] 国民经济持续高速增长。这一时期东南亚大部分国家开展了民主政治改革，实行对外开放的政策，把发展经济放到了前所未有的重要位置。双边友好的政治关系，加之日益增加的经济利益需求，中国与东盟各国间的经贸额呈逐年大幅稳步增长趋势。“自 1990 年以来，中国—东盟贸易额以年均约 20% 的速度递增。从 1991 至 1997 年的 7 年间，东盟与中国的贸易额以平均每年 25.4% 的速度飞速增长。贸易额从 1991 年 79 亿美元提高到 1997 年 251.56 亿美元。贸易比重也从 1994 年的 2.1% 上升到 2000 年的 3.9%。据中国海关统计，1996 年中国与东盟国家的贸易额为 203.95 亿美元，比 1995 年增长 4.6%，中国与东盟的双边贸易额占 1996 年中国对外贸易额的 7%，位于日本、美国、香港、欧盟之后居第 5 位，其中，与新加坡的贸易额仍高居首位。”[②] “截止到 2001 年，东盟各国在中国投资项目达 17972 个，投资总额为 535 亿美元，占外国在华投资总额的 7.2%。同期中国向东盟投资 740 项目，投资金额为 6.55 亿美元。”[③]

三 跨国犯罪呈上升态势

随着 80 年代中后期中国和东盟国家政治稳定、经济贸易往来增多，双边人员来往频繁，中国与东南亚国家间发生的跨境犯罪呈现上升趋势。这一时期，国际主要毒品产区的金三角更是犯罪猖獗。

19 世纪中叶，“金三角”毒源地初步形成。20 世纪 90 年代初，“金三角”海洛因产业基本被缅甸坤沙贩毒武装控制。1996 年，坤沙向缅甸政府投降。缅甸各地区民族割据武装普遍实行“以毒养军，以军护毒”的策略来维护自己的势力范围，导致“金三角”地区毒品犯罪呈泛滥之势。“到 20 世纪 90 年代末，无论从毒源地面积，贩毒武装实力，还是毒品加工能力和毒品走私规模来看，‘金三角’地

---

① 郭大钧等：《中国当代史》，北京师范大学出版社 2011 年版，第 233 页。

② 中国对外经济贸易年鉴编辑委员会：《中国对外经济贸易年鉴（1997—1998）》，中国经济出版社 1998 年版，第 360 页。

③ 杜如订、贾精华、温日豪：《建立东盟—中国自由贸易区的机遇与挑战——越南贸易部副部长杜如订在中国（广西）—东南亚经济合作论坛上的讲话》，《东南亚纵横》2003 年第 1 期。

区都已进入最鼎盛时期。”① 20 世纪 90 年代初，泰国吸毒人员超过 30 万人，缅甸也有 20 万—30 万人，感染艾滋病毒者超过 30 万人。② 这些问题在东南亚国家都是突出的问题，引起各国社会的广泛关注，政府部门开始采取措施解决。

在新中国成立之后，中国基本禁绝了毒品。但到 20 世纪 80 年代时，中国西南边境口岸的开放带来经济发展的同时，也使金三角地区的毒品悄然而入。中国云南、广西成为金三角毒品贩运的大通道。一方面，过境中国贩毒至世界各地，另一方面中国也成为毒品的重要消费市场。尤其是在“9·11”事件后，美国敦促并联合泰国加大对贩毒、恐怖主义等犯罪的打击，贩毒集团开始尝试加大向中国贩毒的数量和频率。“从 1982 年至 2004 年底，中国累计登记在册的吸毒人员为 114.04 万人；从 1985 年至 2004 年，全国累计报告的 89067 例艾滋病毒感染者中，吸毒人员占 41.3%。毒品问题诱发大量违法犯罪。在毒品问题严重的地方，男性吸毒者 80% 有其他违法犯罪行为，女性吸毒者 80% 从事卖淫活动。”③

因此，20 世纪 80 年代末到 90 年代初，毒品犯罪成了困扰中国与泰国、越南、缅甸、老挝的共同社会问题。而在打击毒品犯罪过程中，由于中国和东盟国家边界管理控制较弱，毒品犯罪分子在中国与东盟国家之间流窜，逃避打击，危害双方利益的现象较为严重。中国首先与缅甸、泰国开展禁毒合作，推进跨境联合扫毒行动。

第二节　中国—东盟司法合作起步

1991—1996 年期间，随着中国与东盟对话伙伴关系的建立，中国与东南亚国家关系改善，政治互信加强、经贸往来增多，双方就以

① Sheng Lijun, “China - ASEAN Cooperation against Illicit Drugs from the Golden Triangle”, *Asian Perspective*, No. 2, 2006, pp. 97 - 126.

② 转引自贺圣达、王文良、何平《战后东南亚历史发展（1945—1994）》，云南大学出版社 1995 年版，第 401 页。

③ 中华人民共和国国家禁毒委员会办公室：《2004 年中国禁毒报告》，2012 年 10 月 11 日，浙江禁毒网（http：//www. zjjd. org/zixun/content/2009 - 11/16/content_ 252_ 5. html）。

司法手段合作打击跨国犯罪和处理跨境民商事纠纷的需求凸显。中国与东盟间的司法合作开始萌芽，并在短短几年时间里从法律基础和工作机制等多层次迅速开展了刑事司法合作和民商事司法合作。

一 刑事司法合作初见成效

中国与东南亚国家的刑事司法合作起源于禁毒工作，继而推动了打击跨国犯罪刑事司法合作取得初步成效。

（一）刑事司法合作的法律基础

这一时期，无论从合作层次还是从合作领域来看，中国与东南亚打击跨国犯罪司法合作的法律依据都较为单一。合作层次上主要是双边国家间的引渡条约和个别国家就专门领域打击犯罪达成的“小多边”法律协议，而合作领域则基本上都在禁毒领域。

1. 涉及打击跨国犯罪多边协议的签订情况

冷战结束后，中国与同样受到金三角地区毒品犯罪之害的老挝、缅甸、泰国在跨国警务合作方面迈出第一步。中国公安部于1990年8月首次就禁毒合作访问了缅甸和泰国，虽然只是初步达成共识，但启动了跨国禁毒合作。接下来，中国紧紧依托国际组织加强与金三角地区相关国家推进实质合作步骤。1992年6月，在联合国禁毒署的参与下，中国与缅甸签署《中国、缅甸和联合国三方禁毒合作项目》。中国与东南亚国家间的刑事司法合作从与缅甸的禁毒项目开始。在1993年10月签署的《东亚次区域禁毒合作谅解备忘录》（MOU），只涉及中国、缅甸、泰国、老挝和联合国禁毒署代表，但其是当时禁毒方面的首个地区高级别会议机制。至此，中国与东南亚禁毒高级会议机制开始呈现雏形。中国与东南亚刑事司法合作在禁毒的领域首次以会议机制的形式出现。这标志着合作双方意愿的加强和长效机制开始形成。

2. 涉及刑事司法合作的双边条约签订情况

中国与泰国于1993年8月26日在北京签订了《引渡条约》。这是中国与东南亚国家签订的第一个司法合作方面的条约，启动了中国与东南亚司法合作机制法制化进程。在这个条约中，首次确定了双重犯罪原则、政治犯不引渡原则、死刑犯不引渡原则，并就本国国民引渡保留决定权。该条约第十八条规定，“本条约不影响缔约双方根据多边国际公约所承担的义务和享有的权利”，明确了多边国际公约优先的效力关系。但是在司法实践中，直至2000年12月8日，中国依据该条约正式向泰国外交部提出引渡涉嫌贪污犯罪的陈满雄、陈秋圆夫妇（以下简称“二陈”）的引渡请求，是中泰成功合作的第一例引渡案件。该案从1995年8月中国检察机关通过国际刑警组织向全球发出红色通缉令，到2002年11月15日泰国最高法院引用了该条约中的“临时引渡”机制，做出准予临时引渡陈满雄、陈秋圆回国受审的判决，经历了7年多的时间，而最终引渡回国则经历了13年多的时间；其中，2000年9月泰国逮捕了“二陈”，并在同年11月泰国清迈府法院以“非法入境、非法居留及非法持有和使用骗取的证件罪”分别判处陈满雄有期徒刑27年零8个月，判处陈秋圆有期徒刑22年零8个月，后判刑后分别执行13年零10个月和11年零4个月；同年12月26日“二陈”被临时引渡回国；随后，在2005年中国广东省高级人民法院终审判处陈满雄无期徒刑、陈秋圆有期徒刑14年后，2006年中国又将“二陈”送回泰国继续服刑；最终，2008年8月，泰国法院最终裁定准予将“二陈”引渡给中国，同年11月20日，“二陈”从泰国被引渡回中国继续服刑。[①] 由此可见，签订司法协助条约推进了国际司法合作法制化进程，但在实践中的司法合作还有较大的完善空间。

另外，还有一些载有刑事司法合作条款的条约也是中国与东南亚国家开展刑事合作的根据之一。1993年12月3日中国和老挝两国政府在北京签订的《中华人民共和国和老挝人民民主共和国政府边界制度条约》[②]，其中专门有条款就双方边境地区抓捕犯罪分子和移交

① 陈雷：《论中国的引渡立法与引渡实践》，《法治研究》2012年第8期。

② 《中华人民共和国和老挝人民民主共和国政府边界制度条约》第17条规定：“一、双方应就维护两国边境地区的社会治安进行合作。当一方发现对方犯罪分子在边境地区进行活动时，应立即通知另一方，必要时可配合抓捕并移交对方。二、双方应按照本国法律对违反边境管理规定者采取适当措施，并交其所属方进行处理，移交前须向对方提供当事者的姓名、相片、详细地址，经对方同意后再商定移交时间，有关证据应一并移交对方处理。有关运送、医疗护理等费用由双方地方当局另行详细商定。三、任何一方人员均不得携带武器进入另一方境内，但为共同维护治安而得到允许的情况除外。”

犯罪分子的相关程序进行了约定。1997 年 8 月 26 日中国和老挝又签订了《政府边界制度条约的补充议定书》[①]，对边境地区打击种植毒品原植物及其他毒品犯罪的合作进行了约定，并首次提出双方鼓励种植毒品替代性经济作物的共同政策，凸显出当时禁毒合作各方意愿的高度一致性。这些规定在没有签订正式司法协助条约或引渡条约之前，为双方开展双边警务合作、打击跨国犯罪、维护边境秩序提供了法律依据，开辟了广阔的合作领域。

（二）打击跨国毒品犯罪的会议联系机制

在 20 世纪 90 年代，中国开始参加国际刑事合作，其中主要的形式是参加打击跨国毒品犯罪的会议联系机制。1990 年 2 月，中国政府代表团首次参加联合国第 17 次禁毒特别会议，[②] 宣示打击毒品犯罪的立场。在联合国禁毒署的倡议下，1991 年 5 月第一次中国、缅甸、泰国和联合国禁毒署高级官员会议在北京召开，会议主要探讨了区域禁毒多边合作，为下一步的三方禁毒合作项目奠定了基础。中国、缅甸、联合国禁毒署合作项目执行委员会第四次会议于 1994 年 5 月 24 日在昆明召开，[③] 合作项目约定从 1996 年起三方每年在边境地区开展联合缉毒执法合作，禁毒项目合作的频度进一步提高。1994 年 12 月，中国国家禁毒委员会、公安部先后组团出席了联合国第 37 届麻委会、第 19 届亚太地区禁毒执法机构负责官员会议、老挝亚区域禁毒合作高级官员多边会议、国际刑警打击贩运海洛因大会等会议。[④] 在同期高密度地参加禁毒会议，中国增加了与不同国际组织在禁毒领域的合作机会。1995 年 5 月，第一届东亚次区域禁毒合作部长级会议在北京举行，联合国禁毒署和东亚次区域各国签署了

① 《中华人民共和国政府和老挝人民民主共和国政府边界制度条约的补充议定书》第 7 条规定："一、双方执法机关可就共同打击边境地区种植罂粟、贩毒、走私等活动，商定具体合作方式。二、为彻底根除罂粟种植，双方将鼓励各自的企业、公司在边境地区合作种植替代性经济作物，并依据本国有关法律给予该项种植及相关的生产经营活动以免税或减税等优惠待遇。"

② 杨凤瑞：《中国当前的禁毒形势与国际合作》，《公安研究》2001 年第 6 期。

③ 何泉生、谢桂珍：《中国禁毒斗争大事记（六）》，《中国人民公安大学学报》1999 年第 3 期。

④ 同上。

《次区域禁毒行动计划》，通过了《北京宣言》，并接纳柬埔寨和越南为《东亚次区域禁毒合作谅解备忘录》正式成员国。1996 年 11 月，中国在上海主办国际兴奋剂专家会议。[①] 中国积极融入国际组织打击跨国犯罪的大格局中。

（三）边境地区司法机关执法合作机制

这一时期，与中国接壤的东南亚国家中，边境地区司法机关合作相对较多的是中缅边境地区司法机关。“据不完全统计，近十年来（1991—2000 年）我（临沧）区与缅甸果敢地区的‘民族民主同盟军’和佤邦地区的‘佤邦联合军’双方互相协助缉捕移送各类涉案人员 62 名（其中缅方移送我方 41 名，我方移送缅方 21 名）；相互提供犯罪证明材料 31 份（其中缅方向我方提供 18 份，我方向缅方提供 13 份）；缅方协助解救我方被绑架儿童、妇女各 1 人。”[②] 但是，这些合作缺乏合法性，既没有双边司法协助条约，也没有经双边高层授权的警务合作协定，一切合作都是在实践中自然形成的，相互间没有明确的权利和义务的约定。在联合国禁毒署合作项目的框架下，中国与缅甸执法部门从 1996 年起，建立边境地区缉毒执法合作联络官制度，在边境地区开展了打击跨国贩毒犯罪活动和情报信息交流合作，取得实效。1994 年 5 月 8 日，缅甸大毒枭杨茂贤特大国际贩毒团伙被中国警方抓获，经中国云南省临沧地区中级人民法院公开开庭审理，最高人民法院核准，于 1994 年 10 月 7 日以走私毒品罪在云南临沧县被处决。毒犯杨茂贤 1990—1994 年期间先后 9 次向中国云南境内共走私海洛因 222 千克。[③] 杨茂贤特大国际贩毒案是中缅启动三方禁毒项目以来侦破的最大案件，但是由于当时缅甸特殊的国家政治格局，杨茂贤家族在果敢地区的权势，中国与缅北特区政府间很难落实《中国、缅甸和联合国三方禁毒合作项目》的约定，抓捕和收集证据的工作中主要依靠中方完成，并没有实质意义上的司法合作。

---

① 杨凤瑞：《中国当前的禁毒形势与国际合作》，《公安研究》2001 年第 6 期。

② 余江、王朝佐：《对中缅边境管理中与缅甸地方民族武装势力开展警备合作的思考》，《云南公安高等专科学校学报》2001 年第 1 期。

③ 张淑静主编：《云南年鉴 · 缅北毒枭杨茂贤落网》，云南科技出版社 1995 年版，第 148 页。

二 民商事司法合作法律基础开始建立

中国与东盟的民商事司法合作在冷战结束后开始出现。主要表现在法律依据的产生上，而司法实务的合作则基本处于空白状态。

（一）民商事司法合作的共同法律依据开始制定

中国与外国开展民商事司法协助的依据有两方面：一是国际条约，二是国际惯例。其中，国际条约包括国际公约、双边条约或多边条约。目前，涉及国际民商事司法合作的国际公约主要有《关于向国外送达民事或商事司法文书和司法外文书公约》（以下简称《海牙送达公约》）、《关于从国外获取民事或商事证据的公约》（以下简称《海牙取证公约》）、《承认与执行外国民商事判决的公约》等；地区多边条约比如欧盟1997年制定的《欧盟成员国间送达民商事司法文书及司法外文书公约》及2000年第1348号规则、2001年通过的《成员国法院间民商事域外取证合作的第1206号规则》等，及21世纪10年代中国—东盟制定的《中国—东盟争端解决机制协议》等；另外，两国间缔结的国际民商事司法合作的双边条约也是国际民商事司法合作的重要法律依据。作为国际惯例，最常见的是“互惠原则”，这是在没有签订或共同加入的国际条约情况下，各国相互给予司法协助遵循的国际惯例的一般原则。[①] 中国与东盟的民商事司法合作的法律依据也不例外。

1. 国际民商事诉讼领域的公约签订情况

众所周知，海牙会议的重要成果之一是签署了大量国际民商事诉讼领域的公约。海牙会议至今就国际民商事诉讼制定了8项公约和1项议定书：《协议选择法院公约》（1965年11月25日）、《协议选择法院公约》（2005年6月30日）、《民事诉讼程序公约》（1896年11月14日、1954年3月1日、1905年7月17日）、《关于取消要求外国公文书认证的公约》（1961年10月5日）、《关于向国外送达民事或商事司法文书和司法外文书的公约》（1965年11月15日）、《关于从国外获取民事或商事证据的公约》（1970年3月18日）、《国际

① 丁伟：《国际私法学》，上海人民出版社2004年版，第519—520页。

司法救助公约》(1980 年 10 月 25 日)、《承认与执行外国民商事判决的公约》(1970 年 6 月 1 日)及其附加议定书(1971 年 2 月 1 日)。其中,1965 年的《协议选择法院公约》最终未生效,2005 年的《协议选择法院公约》终于在海牙国际私法会议第 20 届外交大会上协商通过,但中国并未批准加入该公约。《承认与执行外国民商事判决的公约》及其议定书也仅获得少数国家批准,都没有产生很大影响。但是,《关于取消要求外国公文书认证的公约》《关于向国外送达民事或商事司法文书和司法外文书的公约》《关于从国外获取民事或商事证据的公约》《国际司法救助公约》4 个公约的制定,为普通法系和大陆法系之间的合作建立起了沟通的桥梁。[①]

《海牙送达公约》是中国 1991 年加入的国际民商事司法合作方面的重要国际公约,并已经与 67 个国家和地区依据海牙送达公约相互委托送达民商事案件司法文书。1992 年,中国出台的《关于执行〈向国外送达民事或商事司法文书和司法外文书公约〉有关程序的通知》和《关于执行海牙送达公约的实施办法》,是最高人民法院、外交部、司法部联合指导司法机关适用《海牙送达公约》的国内法规则,实现了中国国内法规定与《海牙送达公约》约定条款的对接,促进了国际条约约定义务的落实。按照中国相关司法解释,启动海牙送达公约通常要满足以下两个条件:一是受送达人所在国是未与中国就送达达成双边协议的国家,但缔结或加入了该公约;二是其他送达无法实现但又属于公约约定的须送达司法文书或司法外文书。在东南亚国家中,至今没有任何一个国家是该公约的缔约国或加入国。因此,目前中国与东南亚各国之间送达民事或商事司法文书和司法外文书还只能依据司法协助协定或互惠原则。

虽然目前这个公约还没有在中国与东南亚司法合作中发挥积极作用,但是公约的存在仍然为中国与东南亚司法合作提供了一个可能的渠道。特别是在东南亚国家中,在法系上有完全的英美法系国家,如新加坡、马来西亚、菲律宾等;又有典型的大陆法系国家,如泰国;还有法

---

① Adair Dyer, "HaUge Conventions on Civil Procedure", *Encyclopedia of Public International Law*, Hague: 1995, p. 662.

律体系不是很明显的柬埔寨、老挝等国。这些公约的签署可以为中国与不同法律体系的东南亚国家间开展民商事司法合作搭建平台。

另一个国际民商事司法合作重要的公约是《承认及执行外国仲裁裁决的公约》。该公约于 1958 年 6 月 10 日在纽约签订，1959 年 6 月 7 日生效，又称为《纽约公约》。中国是于 1986 的 12 月 2 日加入该公约的。东盟国家中没有缔约或参加 1958 年《纽约公约》的只有缅甸。中国对该公约的适用做了两项保留：只适用依中国法律认定的商事法律关系引起的争议；只根据互惠基础对在另一缔约国领土内做出的仲裁裁决承认和执行。因此，东盟国家的仲裁申请人只要符合上述两项保留规定，都会得到中国法院的受理。因此，中国与东盟绝大部分国家间的仲裁裁决是以《纽约公约》为依据而相互承认和执行的。

2. 民商事司法双边条约开始签订

1994 年 3 月 16 日，中国与泰国在北京签署了《关于民商事司法协助和仲裁合作的协定》，于 1997 年 7 月 6 日生效。条约中，双方仅就民商事的送达文书、调查取证、交换法律情报、仲裁裁决的承认与执行等方面进行相互合作，未涉及法院的管辖权、判决的相互承认和执行等问题。对仲裁裁决的承认和执行该协定约定根据《纽约公约》办理。双方约定司法协助的途径，即请求和提供司法协助应当通过双方的中央机关进行，并明确中央机关指双方的司法部。条约确立了遵守公序良俗原则、主权安全原则等保留条款，对于调查取得的证词或文件必须经过适当证明，但不需要认证或其他类似手续。该协定的签订启动了中国—东盟在民商事司法合作领域的法制进程，为中国与该区域其他国家签订民商事司法协助条约提供了范本。

3. 对应的国内立法缺位

在中国国内，这一阶段关于民商事司法合作的立法或是文件都较少。这与当时中国与东南亚政治经济关系还不十分紧密有较大关系。在 1994 年中国最高人民法院才召开第一次全国法院外事工作会议部署工作，其中重要的内容包括国际司法交流与司法协助工作。[①] 另

---

① 王明新：《加强国际司法交流与合作——15 年人民法院外事工作成绩斐然》，《人民法院报》2009 年 10 月 30 日第 3 版。

外，从中国相关立法来看，《中华人民共和国民法通则》是在1986年4月12日通过，自1987年1月1日起施行；《中华人民共和国民事诉讼法》是在1991年4月9日通过并施行的，其中有条款正式对民商事司法协助的内容及效力进行了规定。《中华人民共和国民事诉讼法》第238条规定了国内立法与国际条约约定冲突时适用国际条约优先原则，第267条规定了外国法院做出的发生法律效力的判决、裁定可按双边条约或互惠原则申请承认和执行。这些规定无疑是中国方面加强与周边国家在民商事司法领域的合作的有利因素。而同期东盟国家的立法中，越南1990年1月1日实行的《民事诉讼法》就专章规定了涉外案件的审理，但是只有四条规定，内容主要涉及外国人及外国法人的民事诉讼权利、外交豁免权，与外国法院间的司法委托，国际条约优先等，较为原则，缺乏操作性。[①]

（二）实务合作基本空白

随着中国对外开放的深入，中国涉东南亚的民商事案件开始增多，尤其是涉及缅甸、老挝、越南的边境小额贸易逐渐增多。据统计，广西壮族自治区法院从1983年至1996年共审结涉外、涉港澳经济纠纷案件146件。[②] 云南省法院1991年至1996年共受理涉外、涉港台民商事案件163件，其中涉外案件113件。[③] 这一阶段中国对于开展与东南亚国家间的民商事司法合作是持鼓励态度的。尽管如此，这一阶段中国涉东南亚国家民商事纠纷的诉讼却很难开展，特别是一方当事人在国外，需要跨国送达司法文书的或者有关的证人在国外的，需要调查提取国外证据的，法院都会选择不受理。如，广西宁明县一国营企业拖欠越方谅山省进出口公司橡胶款31万元人民币，越方当事人向我方法院起诉，法院没有受理。[④] 这类不能通过诉讼途径解决的边境贸易纠纷案件不在少数。究其原因，主要是缺乏合作的法律依据和协议中约定的程序缺乏操作性。

① 米良：《越南程序法汇编》，云南大学出版社2000年版，第165页。

② 广西壮族自治区地方志编纂委员会：《广西通志·审判志》，广西人民出版社2000年版，第292页。

③ 云南省高级人民法院田野调查数据。

④ 韦振团：《中越边境贸易纠纷及其解决途径》，《国际经济探索》1993年第1期。

1. 条约约定的程序较为烦琐，在司法实践中很难操作

以司法合作中最简单的送达一项为例，在《中华人民共和国和泰王国关于民商事司法协助和仲裁合作的协定》中第四条对司法协助途径做了约定，请求和提供司法协助必须通过双方中央机关进行，且明确中国中央机关为司法部的司法协助局，泰国中央机关为司法部司法事务办公室。中国司法部通常不是直接承办案件的部门，这意味着案件涉及域外送达时还要经历最高人民法院与中国司法部协商的过程。按照中国送达工作程序，送达司法协助的流程要经过以下环节：基层法院→中级人民法院→高级人民法院→最高人民法院→中国司法部→泰国司法部→泰国国内送达。而对方的回执返回或对方请求中国法院提供送达司法协助时，流程正好相反。这一来一去，耗时耗力，却收益不大。有数据表明，中国涉外民商事案件域外送达的周期一般长达一至两年，送达成功率一般不到30%[①]。这种马拉松式的司法送达不仅浪费司法资源，而且不利于解决边境矛盾纠纷，维护边境稳定，促进边境贸易发展。这一现象一直持续到21世纪10年代。

关于证据的调查取证问题，虽然在协助条约中有约定，但法院通常都不会选择跨境取证或委托对方法院取证。一方面由于依协助条约规定的程序周期比较长，而且对接不方便；另一方面，认为民商事诉讼遵循“不告不理”“当事人举证”的原则，法院更注重成为中立的裁判者，而较少承担主动调查的责任。因此，在涉东盟民商事诉讼中，通常对需要境外取证或核实的证据都不予受理。

2. 双方都不禁止一事两诉[②]

20世纪80年代末至90年代中期，在涉外民商事诉讼中，中国与东盟国家对于如何确定案件管辖权，如何认定与处理一事两诉问题

① 万鄂湘：《“入世”后中国的司法改革与涉外民商事审判》，《国际经济法论丛》2002年第2期。

② “一事两诉”，是指当事人就同一诉讼标的分别在两个国家提起诉讼。一般地说，在案件的当事人、诉讼原因和诉讼标的相同，而受诉法院有所不同的情况下，则构成一事两诉。与此相关的是“一事再理”问题。一事再理是指一国法院就同一案件的同一要求进行受理或已做出生效判决，另一国法院对该案的同一要求再予受理。一事两诉与一事再理实际上是从不同角度谈论同一问题。既包括重复诉讼，也包括对抗诉讼。

都持有不同观点，而且总体上对于案件管辖都强调属地管辖，对相互承认和执行判决都设置了很多条件。这使得中国法院与外国法院之间的积极管辖冲突也较为频繁，严重影响了中国与东盟国家间涉外民商事司法协助工作。

一事两诉在许多国家都不被禁止。尽管这有可能造成诉讼最后的判决都得不到承认和执行，但还是有很多当事人基于趋利避害的想法，欢迎这一做法。他们认为，这样可以选择最有利于自己的法院来管辖裁判纠纷，结果也必然是最有利于自己的。这也是一些国家从维护主权和最大限度保护本国公民出发而采取国内诉讼优先原则，或者主张一国受理的国际民商事案件并不因当事人就同一诉讼标的已在外国法院提起诉讼而受影响。[①] 中国民事诉讼法对涉外民商事诉讼中涉及的一事两诉问题没有明确规定，但实践中对涉外案件管辖权的认识长期坚持作为国家主权的具体内容之一，对于外国法院做出的判决，除了条约有约定或依互惠原则规定外都不予承认和执行。因而，在处理涉外案件时，一直不禁止一事两诉，最高人民法院《1989 年最高法院涉外审判座谈会纪要》第三部分第（一）管辖问题，第 1 条第 4 款明确体现了这一精神。[②] 1992 年 7 月 14 日，最高人民法院颁布了《关于适用民事诉讼法若干问题的意见》，其中更细致地解释了一事两诉原则，更充分地体现了国内诉讼优先原则。[③] 东南亚国家中，缅甸、越南都采取这一做法。

---

① 李刚：《论国际民事诉讼中的诉讼竞合》，《法律科学》（西北政法学院学报）1997 年第 6 期。

② 《1989 年最高法院涉外审判座谈会纪要》第三部分第（一）管辖问题，第 1 条第 4 款："凡是中国法院享有管辖权的涉外、涉港澳经济纠纷案件，外国法院或者港澳地区法院对该案的受理，并不影响当事人就同一案件在中国人民法院起诉，但是否受理，应当根据案件的具体情况决定。"

③ 《关于适用民事诉讼法若干问题的意见》第 306 条规定："中华人民共和国法院和外国法院都有管辖权的案件，一方当事人向外国法院起诉，而另一方当事人向中华人民共和国法院起诉的，人民法院可以受理。判决后，外国法院申请或者当事人请求人民法院承认和执行外国法院对本案作出的判决、裁定的，不予准许；但双方共同参加或者签订的国际条约另有规定的除外。"第 318 条规定："当事人向中华人民共和国有管辖权的中级人民法院申请承认和执行外国法院作出的发生法律效力的判决、裁定的，如果该法院所在国与中华人民共和国没有缔结或者共同参加国际条约，也没有互惠关系的，当事人可以向人民法院起诉，由有管辖权的人民法院作出判决，予以执行。"

3. 边境地区民商事司法合作机制的缺失

中国在边境地区民商事司法合作的问题上持严格审慎的态度（这里边境地区的民商事司法合作主要指边境地方法院）。这在中国1995年最高人民法院下发的《关于终止地方法院与国外地方法院部门司法协助司法协议的通知》中可见一斑。该文件明确指出，包括送达司法文书在内的一切司法协助活动行使的都是国家主权，因此地方法院无权与国外地方法院擅自进行司法协助活动，包括不同形式的协助条约或协助实务。尽管缅北几个特区自行制定法律，与中国法律有相同之处，有时直接援引中国法律判案，但中国介于外交关系的严肃性，与这几个特区间也未开展实质意义的司法协助活动。最高人民法院在实现了对司法权集中监管的同时，并没有有效的替代措施来解决司法实践中的需要。这意味着在民商事司法领域，中国与东南亚国家的地方法院也不能有任何司法协助的行为。这一文件在有力维护了国家主权的同时，也禁锢了边境地区民商事司法合作。

综上所述，民商事司法协助中的送达虽然作为一种司法权的行使，但它不会增加受送达人的强制性义务，相反它是为了“保证与诉讼结果有利害关系的当事人都有权参加诉讼程序，行使反驳对方诉求和证据，表达自己主张和证据的权利”①。中国与东南亚国家近在咫尺，“送达司法文书”这一基本的司法合作行为却如此缓慢而不畅，可以想见调查取证、判决承认与执行相对于送达司法文书复杂、敏感得多，执行起来更是难上加难。调查取证还涉及采用强制取证措施等问题，而判决承认与执行则是对外国裁判效力在国内的认可，直接法律后果等同于本国法院判决，这也是各国终极司法权的相互让渡，各国在合作中更是困难重重。这可谓是目前中国与东南亚国家开展民商事司法合作的一道鸿沟。

三　司法交流与联系开始出现

这一阶段，中国与东盟国家之间开始积极开展双边司法交流，促

---

① ［日］谷口安平：《程序的正义与诉讼》，王亚新、刘荣军译，中国政法大学出版社2002年版，第129页。

进了司法合作，丰富了国家关系的内涵。主要特点是：一是双边司法机关高层互访启动。1992 年 6 月越南最高法院院长范兴访问中国。1993 年 3 月，中华人民共和国最高人民法院副院长谢安山率访问团到越南与越南法院会谈。1994 年 7 月 26—27 日，老挝最高法院代表团到云南访问。云南省高级人民法院邱创教院长与老挝最高人民法院凯特・吉提萨院长进行了工作会谈。这些互访活动是中国与东盟各国司法机关合作的导向和基础。二是司法交流的方式较为单一。除了司法机关高层互访外，基本没有其他形式的交流。包括学术机构、民间法学智库之间的交往也没有记载。这与当时中国与东盟政治关系的发展程度有直接关系，双方的接纳度不高，思想上还没有放开，对于司法交流较审慎。三是局限于接壤国家的双边司法交流。这一时期仅是与中国接壤的越南、老挝与中国进行了司法机关交流活动，还没有论坛、互为培训及大型会议的交流方式。这除了受双边关系发展的束缚外，还因接壤的国家间特殊的地缘关系难以分割，需要共同面对的司法事务促使双方首开合作先河，但难免交流意识不强，平台不多。

第三章

中国—东盟司法合作成长期（1997—2002年）

1997—2002年，中国与东盟睦邻互信伙伴关系的建立将中国与东盟合作推进全面发展阶段。合作的加强不但体现在区域、次区域及各国之间双边或多边合作的开展，也体现在政治、经济、安全及司法等领域。

第一节　政治经济关系改善促进司法领域合作

这一时期，中国在政治上奉行“与邻为善、与邻为伴”的周边外交方针，经贸上互为重要伙伴，安全合作从单一向多领域发展，加速合作在司法领域的外溢。

一　政治关系日益密切

1997年，中国与东南亚国家的政治关系经历了一个飞跃，从对话关系上升为睦邻互信伙伴关系。1997年3月，在东盟地区论坛信任措施会议上，中国首次正式提出了适应亚太各国维护安全的“互信、互利、平等、合作”新安全观。[①] 同年6月，亚洲金融危机爆发，对东盟成员国造成巨大打击，甚至引起了泰国和印尼等国的政治动荡。在美国落井下石的背景下，中国宣布本国货币不贬值，并给予

① 吴琳：《新安全观与中国和谐周边安全环境的塑造——改革开放三十年中国家安全政策发展与和谐周边构建》，《人民日报》2010年2月9日第7版。

东盟以积极的援助和大量贷款。中国在金融危机中负责任的表现，使得东盟认识到加强与中国的经贸往来对于地区经济发展与安全意义重大。同年12月，双方召开了中国—东盟领导人会议（10+1），并在《国家首脑会晤联合声明》中宣布了中国与东盟建立“面向21世纪的睦邻互信伙伴关系”，并形成（“10+1”）的会晤机制，每年举行一次东盟与中国首脑会晤。中国与东盟还建立了中国—东盟高官磋商、中国—东盟经贸联委会、中国—东盟联合合作委员会、东盟北京委员会、中国—东盟科技联委会和中国—东盟商务理事会6个平行机构，形成一套应对和协调区域合作问题的有效机制。中国与东盟的政治互信从冷战后恢复期进入成长期。

二　经贸关系全面发展

政治关系的全面改善助推了中国与东南亚经贸关系的全面发展。经贸合作层次逐渐丰富，从中国与东南亚各国的双边互动向次区域、东南亚地区发展。据中国海关统计，1997年，中国与东盟7国（不包括老挝、缅甸）贸易额达243.6亿美元，比1996年增长19.4%，其中中国向东盟出口120.3亿美元，自东盟进口123.3亿美元，分别比上年增长24%和15.2%。① 接下来的几年，双方贸易继续保持增长势头，2001年双边贸易额达416.15亿美元，比上年增长5.3%。其中，中国出口183.85亿美元，进口232.3亿美元，分别增长6%和4.7%。东盟仍然保持为中国第五大贸易伙伴。② 2002年双边贸易额为547.7亿美元，增长幅度达到31.6%。③

参与次区域经贸合作更加活跃。中国在与次区域国家的频繁经济往来中建立起互信和合作机制。中国积极支持东盟一体化进程，参与了“澜沧江—湄公河领域开发计划”。2002年11月3日，大湄公河次区域经济合作首次领导人会议批准了《次区域发展未来十年战略

① 中国对外经济贸易年鉴编辑委员会：《中国对外经济贸易年鉴（1998—1999）》，中国对外经济贸易出版社1999年版，第360页。

② 中国对外经济贸易年鉴编辑委员会：《中国对外经济贸易年鉴（2001—2002年）》，中国对外经济贸易出版社2002年版，第336页。

③ 中国对外经济贸易年鉴编辑委员会：《中国对外经济贸易年鉴（2002—2003年）》，中国对外经济贸易出版社2003年版，第327页。

框架》，使次区域合作进入一个新阶段，并决定今后每3年在成员国轮流举行一次大湄公河次区域领导人会议。会后，与会国签署了《〈大湄公河次区域便利运输协定〉谅解备忘录》，中国也成为《大湄公河次区域便利运输协定》的成员国。2002年至2003年，中国为提高湄公河的安全性和装载能力，投入500万美元对老挝和缅甸境内航道进行排障，使河道通航期提高4个月，基本实现全年通航。① 整个湄公河流域开发在中国的全面参与下进程大大加快。②

中国与整个东盟地区的经贸合作有质的跨越。中国从促进双边经济贸易发展，提高中国和东盟在国际事务中影响力的角度出发，在2000年11月（10+1）领导人会议提出建立中国—东盟自由贸易区的设想。同期，中国加入了WTO，对外投资和吸引外资的规模都急剧扩大，无限商机吸引着东盟各国，希望搭乘中国的发展“快车”。2002年11月4日双方签署了《中国与东盟全面经济合作框架协议》，确定了2010年建成中国—东盟自由贸易区的目标。《中国与东盟全面经济合作框架协议》正式启动了中国—东盟自由贸易区的建设，是中国与东盟经济贸易合作全面推进的基石。

三 安全合作从单一向多层次多领域发展

这一阶段的安全合作不再停留在冷战结束时国与国之间合作的层次，也不再局限于打击毒品犯罪这一领域，而是从双边合作向地区多边合作发展，从打击毒品犯罪领域向包括经济安全、金融安全、生态环境安全、信息安全、资源安全、恐怖主义、武器扩散、疾病蔓延、跨国犯罪、非法移民、海盗、洗钱等非传统安全问题治理的合作。这一转变，是冷战结束后世界多极化和经济全球化趋势的必然结果。冷战的结束使人们的目光不再只盯着军备竞赛、军事入侵、种族冲突以及边界纠纷等传统安全问题，而是转而关注威胁

① 《中国—东盟合作：1991—2011（全文）》，《人民日报》2011年11月16日第7版。

② 戚德良、熊昌义：《巩固友谊、增进信任、扩大合作——王毅副外长谈朱总理出访成果》，2014年2月26日，人民网（http：//www. people. com. cn/GB/shizheng/20020118/651136. html）。

人类共同生存与发展的非传统安全问题，也为加强国与国、次区域、地区乃至全球合作搭建平台。2002 年，中国与东盟共同发表了《关于在非传统安全问题领域合作的联合声明》，标志着双方在安全领域全面合作的开始。中国与越、老、柬、印尼、菲等国签订了司法协助条约，并在打拐与禁毒方面取得较明显成效。另外，为解决中国与东盟间起伏不断的南海问题争端，2002 年签署了《关于南中国海当事方行为的声明》。

第二节　中国—东盟司法合作成效显著

1997 年以后，中国与东盟政治、经济、安全等领域的合作推动着司法合作实现了三个层次、两个轨道的发展。无论是刑事司法领域，还是民商事司法领域都在法律基础和司法实务方面取得了一定的进展。

一　刑事司法合作成果丰硕

刑事司法合作在法律基础和司法实务等方面合作都取得了显著成果。法律基础方面主要表现为国际公约、司法协助条约的签订，为双边及多边合作提供了有力的法律依据。司法实务方面则在中国与东盟（10 +1）、大湄公河次区域、中国与东南亚国家三个层次上都开展了新合作，合作的领域从原来的禁毒项目走向多项目。

（一）法律基础

中国与东盟开展刑事司法合作的法律基础主要指双方共同参加的国际公约、双边条约等。中国不但与大部分东盟国家共同参加《联合国反腐败公约》，还与东南亚国家签订了狭义上的第一份刑事司法协助协定。

1. 中国与东盟国家共同参加的打击跨国犯罪的国际公约

国际社会惩治跨国犯罪的国际公约是中国与东盟进行刑事合作的重要法律依据之一。这些国际公约中既有专项的针对某类跨国犯罪的，也有综合性的打击跨国犯罪公约。这些公约为各缔约国规定了打击跨国犯罪的义务，为相互开展刑事合作提供了法律依据。《联合国反腐败公约》是联合国历史上第一个用于指导国际反腐败合作的法律文件。该公约经第58届联合国大会审议通过，2005年12月14日生效。截至2009年7月6日，已有140个国家签署。中国于2000年12月12日签署该公约，2003年9月23日得到全国人大常委会批准。东盟国家也在同期先后签署或加入了该公约。该公约除序言外用了8章71条的篇幅对预防腐败的措施、腐败案件的定罪和执法、资产追回、技术援助和信息交流进行了约定；其中专章就国际合作进行了约定，涉及引渡、被判刑人的移管、司法协助、刑事诉讼的移交、执法合作联合侦查和特殊侦查手段等问题的调整合作问题。在能否依据双边共同签署的国际公约开展刑事合作问题上，该公约适用双边条约优先原则，但是也鼓励缔约国适用公约规定。特别是在关于引渡等人身强制性很强的刑事合作问题上，国家在批准或者加入国际公约时，会对有关问题提出保留或声明。[①] 因此，中国与东盟国家间的刑事合作法律基础还需以双边条约来完善，特别是针对越南、老挝、新加坡、菲律宾等明确了以双边条约为开展刑事合作法律依据的国家，如表3—1所示。

另外，中国与东盟还共同加入了规定有打击跨国犯罪的法律合作条款的国际公约，主要有：1951年《防止并惩治灭绝种族罪公约》、1969年《关于在航空器内犯罪和犯有某些其他行为的公约》、1971年《关于制止劫持航空器的公约》、1973年《关于制止危害民用航空安全的非法行为的公约》、1983年《反对劫持人质公约》、2001年《制止恐怖主义爆炸的国际公约》、2002年《制止向恐怖主义提供资助的国际公约》。这些公约中关于打击跨国犯罪法律合作

---

① 《联合国反腐败公约》第44条第5款规定："以订有条约为引渡条件的缔约国如果接到未与之订有引渡条约的另一缔约国的引渡请求，可以将本公约视为对本条所适用的任何犯罪予以引渡的法律依据。"第6款规定："以订有条约为引渡条件的缔约国应当：（一）在交存本公约批准书、接受书、核准书或者加入书时通知联合国秘书长，说明其是否将把本公约作为与本公约其他缔约国进行引渡合作的法律依据；（二）如果其不以本公约作为引渡合作的法律依据，则在适当情况下寻求与本公约其他缔约国缔结引渡条约，以执行本条的规定。"第46条第6款规定："本条各项规定概不影响任何其他规范或者将要规范整个或部分司法协助问题的双边或多边条约所规定的义务。"

的内容，更有力地支撑了中国和东盟国家在打击跨国犯罪中的紧密合作。

表3—1　**中国和东盟国家参加《联合国反腐败公约》的情况**

项目 国别	签署时间	加入、批准时间	是否做引渡依据
中国	2000年12月12日	2003年9月23日批准	—
印尼	2000年12月12日	2009年4月20日批准	—
泰国	2000年12月13日	—	—
越南	2000年12月13日	—	否
新加坡	2000年12月13日	2007年8月28日批准	否
菲律宾	2000年12月14日	2002年5月28日批准	否
柬埔寨	2001年11月11日	2005年12月12日批准	—
马来西亚	2002年9月26日	2004年9月24日批准	—
老挝	—	2003年9月26日加入	否
缅甸	—	2004年3月30日加入	—
文莱	—	2008年5月25日加入	—

资料来源：根据《中华人民共和国国际司法合作条约集》及司法部网页相关数据整理，2014年收集。

2. 中国与东盟国家间签订的涉及打击跨国犯罪双边协议

为了与东盟国家开展刑事合作，中国与东盟国家除了共同参加的国际公约外，还签署了一些涉及刑事司法协助和合作的双边协议、多边条约或共识性文件。首先，签订了一系列双边刑事合作协议。主要包括：《中华人民共和国与老挝人民民主共和国关于民事和刑事司法协助的条约》《中华人民共和国和老挝人民民主共和国引渡条约》《中华人民共和国和柬埔寨王国引渡条约》《中华人民共和国和菲律宾共和国关于刑事司法协助条约》《中华人民共和国和印度尼西亚共和国关于刑事司法协助条约》5份双边刑事司法合作协议，占了中国与东盟国家间签订的刑事司法合作条约数的二分之一，如表3—2、表3—3所示。

表 3—2　　1997—2002 年中国与东盟国家缔结刑事司法协助条约情况

项目 / 国别	司法协助	签订时间	生效时间
越南	《关于民事和刑事司法协助条约》	1998 年 10 月 19 日	1999 年 12 月 25 日
老挝	《关于民事和刑事司法协助的条约》	1999 年 1 月 25 日	2001 年 12 月 15 日
菲律宾	《刑事司法协助条约》	2000 年 10 月 16 日	2001 年 3 月 7 日
印度尼西亚	《刑事司法协助条约》	2000 年 7 月 24 日	2001 年 2 月 28 日

资料来源：根据《中华人民共和国国际司法合作条约集》及司法部网页相关数据整理，2014 年收集。

表 3—3　　1997—2002 年中国与东盟国家缔结引渡条约情况

项目 / 国别	签订时间	生效时间
柬埔寨	1999 年 2 月 9 日	2000 年 12 月 13 日
菲律宾	2001 年 10 月 30 日	2006 年 3 月 12 日

资料来源：根据《中华人民共和国国际司法合作条约集》及司法部网页相关数据整理，2014 年收集。

其次，中国与东盟部分成员国就专项刑事合作签订了协定。中国和泰国于 2000 年 10 月签署了《关于禁毒合作的谅解备忘录》，于 2001 年建立禁毒联络官制度，在联合禁毒工作上的合作进一步紧密。2001 年 9 月 18 日，越南广宁省禁毒指导委员会与广西壮族自治区禁毒委员会签署了《中越边境联络办公室合作行动计划》，就建立边境联络办公室，进一步加强禁毒的国际合作、打击中越边境的贩毒活动提出细化措施。2001 年，中缅、中老签署禁毒合作的谅解备忘录，进一步规范在禁毒工作中的合作细节，这个备忘录除了有打击毒品犯罪的内容外，还关注了替代发展及合作中技术协作、情报交流等方面的工作。同年，与菲律宾签署了《打击跨国犯罪和禁毒合作谅解备忘录》，着重在打击走私、制贩苯丙胺类毒品犯罪方面加强合作。另外，就边境治安管控方面，中国与缅甸联邦政府于 1997 年 3 月 25 日签订《关于中缅边境管理与合作的协定》，这是中国与缅甸签署的首个双边法律协定，在打击跨境犯罪和维护边境安全秩序上发挥着重要作用。

3. 中国与东盟缔结涉及打击跨国犯罪的协议

中国与东盟层面签订了一系列涉及打击跨国犯罪的协议，合作的领域从萌芽阶段的禁毒发展到了对更多国际犯罪的打击，但禁毒合作仍是重点。在1997年《中华人民共和国与东盟国家领导人会议联合声明》的基础上，2002年11月中国、越南、柬埔寨、印尼、老挝、马来西亚、缅甸、菲律宾、新加坡、泰国和文莱在金边共同通过《中国与东盟关于非传统安全领域合作联合宣言》，对打击日益突出的贩毒、非法移民、人口贩卖、恐怖主义、洗钱等非传统安全问题达成共识，为后续的联合执法活动提供法律依据。另外，中国与东盟在非传统安全领域还签署了一些“小多边”协议。2000年10月，中国参加“东盟—中国（10+1）国际禁毒会议”，签署了《东盟和中国禁毒行动计划》。2001年8月，在《北京宣言》里中、老、缅、泰四国确立禁毒合作伙伴关系，并将在现有合作机制的基础上，加强在毒品犯罪预防、替代发展等领域的合作，如表3—4、表3—5所示。

表3—4　　1997—2002年中国与东盟涉及禁毒合作的协议

项目 / 时间	协议名称	签署国
1997年	《中华人民共和国与东盟国家领导人会议联合声明》	中国及东盟
2000年	《东盟和中国禁毒行动计划》	中国及东盟
2001年	《北京宣言》	中、老、缅、泰
2002年	《关于非传统安全领域合作联合宣言》	中国及东盟

资料来源：根据新华网相关数据整理，2014年收集。

表3—5 1997—2002年中国与东盟成员国签署的禁毒协议

项目 / 国别	协议名称	签订时间
泰国	《关于禁毒合作的谅解备忘录》	2000年10月
老挝	《关于禁毒合作的谅解备忘录》	2001年1月
缅甸	《关于禁毒合作的谅解备忘录》	2001年1月
越南	《中越边境联络办公室合作行动计划》	2001年9月
菲律宾	《打击跨国犯罪和禁毒合作谅解备忘录》	2001年10月

资料来源：根据新华网相关数据整理，2014年收集。

（二）主要合作项目

1. 奠定禁毒合作机制的基础

随着中国与东盟禁毒合作的深入，中国不仅与老挝、缅甸、泰国、菲律宾、越南签订了一系列双边禁毒合作协议，还在东盟层面签订了涉及禁毒合作的多边协议。

在中国与东盟层面，基于遏制东盟与中国地区毒品犯罪严峻形势和禁毒合作的共同需要建立了合作机制。2000年10月，在第一届东盟—中国禁毒合作国际会议上，来自中国、文莱、柬埔寨等36个国家和联合国亚太经合组织、联合国工业发展组织、世界卫生组织等16个国际组织及一些非政府组织的378名代表参加了会议。会议围绕“2015年东盟无毒品：统一观点，改变进程”展开交流，通过了《曼谷政治宣言》《东盟和中国禁毒合作行动计划》，决定成立预防教育、缉毒执法、减少需求、替代发展四个工作组。每年召开年度会议，回顾上年度禁毒成果，制订下年度合作计划。中国与东盟成员国双边禁毒合作不仅在打击毒品犯罪方面取得较明显成效，而且在禁毒治理方面也取得初步成效。2001年，第一届缅甸与中国双边的跨境执法合作会议召开，中国与缅甸就打击毒品犯罪等跨境执法合作稳步推进。2001年6月20日，缅甸与中国签署了双边合作协议来控制毒品贩运和滥用，缅甸还与印度、孟加拉国、越南、俄罗斯、老挝、菲律宾、泰国等国家签订类似控毒合作协议。在这些合作机制的支撑下，中缅边境禁毒工作取得明显成效。1997 年中国公安机关在缅甸掸邦第一特区政法部的配合下，将李小军、黄品介等境外毒枭和负案在逃案犯抓获归案。[①] 2001 年 4 月，长期盘踞在缅甸的中国籍大毒枭谭晓林被缅甸政府抓获并移交中方，这是中缅之间首次完成协助抓捕并移交跨境毒犯的合作。在本书后续内容专门对这一案例进行了剖析，分析了这一时期禁毒合作的阶段性特点。2002 年 4 月，中国、泰国、缅甸三国警方共同破获“3・30”特大国际贩毒案，缴获海洛因 365. 95 千克，抓获犯罪嫌疑人 13 名，其中涉案主犯王祖光、许连科等被缅甸警方抓获后移交中国警方。[②] 另外，缅方还依据《关于禁毒合作的谅解备忘录》，协助抓捕躲藏在缅甸掸邦第一特区的中国籍大毒枭刘明，后将其击毙。[③] 这些国际特大贩毒案件的侦破，凸显了中国与东盟及东盟各成员国间建立的合作机制的作用。在打击毒品犯罪的同时，禁毒治理也受到了中国及接壤邻国的重视。在罂粟替代种植方面，中国在云南边境地区从 20 世纪 90 年代开始帮助境外开展替代发展，至 21 世纪初已经帮助邻国在“金三角”地区开展替代种植的各类农经作物总面积达 4 万余亩。[④] 2002 年 12 月 25 日，老挝南塔省勐信县与喃迈告联合铲除了 2 公顷罂粟，云南省禁毒部门将玉米良种 1100 千克赠送老挝做替代发展。中国还帮助老挝勐信县开展大面积替代种植项目，种植了 2000 多公顷甘蔗、橡胶、杂交稻、南药等作物。[⑤]

2. 建立打击贩运人口犯罪刑事合作机制

“人口贩运”（trafficking in persons）是国际社会普遍关注的非传

---

① 余江、王朝佐：《对中缅边境管理中与缅甸地方民族武装势力开展警备合作的思考》，《云南公安高等专科学校学报》2001 年第 1 期。

② 王雷鸣、沈路涛：《国际大毒枭的覆灭　“3・30”特大国际贩毒案侦破纪实》，2014 年 5 月 9 日，新华网（http：//news. xinhuanet. com/newscenter/2002 – 05/09/content_386782. htm）。

③ 马志恒：《中缅警方联手扫毒　“金三角”大毒枭刘明被击毙》，《法制日报》2002 年 2 月 5 日第 3 版。

④ 李汉森、冯超：《戒不掉“毒瘾”的金三角》，2015 年 9 月 11 日，央视网（http：//news. cntv. cn/special/uncommon/11/1012/）。

⑤ 纳家骅：《老挝北部大规模铲除毒源　中国赠送玉米良种》，2015 年 9 月 11 日，中新网（http：//energy. chinanews. com/2002 – 12 – 28/26/258225. html）。

统安全犯罪之一。[①] 随着中国—东盟区域国家间经济往来密切，人口流动性增大，中国与东盟地区的人口贩运犯罪呈猖獗之势。这既包括越南、缅甸、老挝等东盟国家的妇女儿童被拐卖到中国，也包括中国云南、广西等地的妇女被拐卖到马来西亚、泰国、印尼等东南亚国家被迫从事卖淫等色情服务。2001 年拯救儿童机构估计有 140000 人长期居住或者越过中国边界。[②] 在 1998 年联合国有关机构联合设立“联合国机构间大湄公河次区域反拐项目”（UNIAP – UN Inter – agency Project on Human Trafficking in the Great Mekong Sub – region），由 13 个联合国机构、6 个国家政府和 8 个非政府组织共同参与，在大湄公河次区域有效地开展打击和预防贩卖人口犯罪的合作。该项目 2001 年开始实施，在东盟的老挝、缅甸、泰国、柬埔寨、越南和中国云南、广西设立了办公室，并形成了大湄公河次区域反对拐卖人口高官会议机制。截至 2002 年，中国已建立了国家级反拐例会协调机制。中国开始与越南等接壤的东南亚国家在边境地区专门建立打拐联络办公室。如 2000 年中国东兴市打击跨国拐卖妇女儿童执法联络办公室成立，该办公室在协调中越两国警方于边境地区打击跨国拐卖妇女、儿童警务合作、情报和信息交流、执法培训等方面发挥了积极作用。

3. 启动在反腐领域中的合作

云南、广西成为国内职务犯罪分子为逃避打击而潜逃出境的主要通道之一。为有效开展协查和追逃工作，云南、广西根据全国职务犯罪嫌疑人出逃路线的特点，积极在边境口岸设置防线，采取边境布控、组织力量配合公安武警在边境沿线进行搜捕，力图在中国境内将犯罪嫌疑人捕获。对于出逃到境外的犯罪嫌疑人，依靠与周边国家特别是边境地区司法机关建立的执法合作机制，将其缉捕归案。一是在边境地区设立边境协查工作站。2001 年，针对实际情况云南省人民检察院在外逃概率高的部分国家级、省级口岸所在地的基层检察院设

---

① 根据《贩运人口议定书》第 3 条（a）款的定义，系指为剥削目的而通过暴力威胁或使用暴力手段，或通过其他形式的胁迫、诱拐、欺诈、欺骗、滥用权力或乘人之危，或通过授受酬金或利益取得对另一人有控制权的某人的同意等手段招募、运送、转移、窝藏或接收人员。

② 2009 年 10 月 28 日（http：//www. no – trafficking. org/Myanmar. html）。

立云南省人民检察院大要案指挥中心边境协查工作站，主要包括河口、麻栗坡、镇康、瑞丽、勐腊、勐海、澜沧、耿马、泸水等地检察院。这些边境协查工作站为云南省检察机关收集、整理和分析在逃境外职务犯罪嫌疑人信息，加强与公安、武警边防、海关、通信等相关部门以及境外警方的紧密联系和配合，完善境外追逃工作流程，遏制罪犯外逃、赃款外流提供了有利的条件。二是建立绿色通道机制。在相邻两国的检验检疫、边境海关、边检等口岸联检部门开通警务合作绿色通道，及时解决警务合作和交流过程中遇到的实际问题和困难，实现了双方警务合作和交流 24 小时无障碍。目前，中国广西东兴市公安局与越南芒街市公安局已率先建成这一快速便捷的合作机制，缉查犯罪的工作效率明显提高。

二　民商事司法合作全面启动

1997 年后的 6 年中，中国与东盟国家的民商事司法合作在法律基础方面取得了丰硕成果，在司法实务方面也较萌芽阶段迈出了更大的步伐，对涉外案件需要司法协助的问题进行了梳理和规范。但是总体而言，中国与东盟国家的民商事司法合作还处在较为初级的状态。

（一）民商事司法合作的法律基础

1997—2002 年，中国—东盟签订了大量民商事司法合作方面的条约，这些条约既包括签署或参加的国际公约，也包括双边司法协助条约。而且，这一阶段中国与东盟成员国间签订的双边民商事司法协助数量明显增多。就国际公约而言，既包括中国签署或参加的，也包括东盟国家签署或参加的，仍然存在这些签署或参加的行为并不同步的情况。

1. 参加国际公约的情况

1997 年中国加入了《海牙取证公约》。中国对该公约做出两点保留声明：审判前文件调查只对请求书列明的直接与案件紧密相关的文件进行；取证的合作途径只限于请求书途径和领事途径。目前，依据《海牙取证公约》，中国已可以和 42 个国家或地区相互委托调查取证。但东南亚国家中还没有该公约的缔约国或加入国。因此，此公约在中国与东盟民商事司法合作中仍不能发挥其作用。但是，该公约的存在使中国与东盟国家就民事或商事国外取证合作多提供了一种可能的渠道。

2. 签订双边条约的情况

这一时期，也是目前中国与东盟签署在民商事领域司法协助条约数量最多的一个时期，占了四分之三，这与双边日益增多的经济贸易往来的需要相适应。主要包括：《中华人民共和国与老挝人民民主共和国关于民事和刑事司法协助的条约》《中华人民共和国和新加坡共和国关于民事和商事司法协助的条约》《中华人民共和国和越南社会主义共和国关于民事和刑事司法协助的条约》，如表3—6所示。

表3—6　　**1997—2002年中国与东盟国家缔结民商事司法协助条约情况表**

项目 / 国别	司法协助	签订时间	生效时间
新加坡	《关于民事和商事司法协助的条约》	1997年4月28日	1999年6月27日
越南	《关于民事和刑事司法协助条约》	1998年10月19日	1999年12月25日
老挝	《关于民事和刑事司法协助的条约》	1999年1月25日	2001年12月15日

资料来源：司法部相关网页数据，2014年收集。

中国和新加坡签署的《关于民事和商事司法协助的条约》，是继泰国之后中国与东盟国家签订在民商事司法协助领域的第二个条约。其在司法协助的范围上较与泰国签署的民商事司法协助和仲裁合作的协定要广，包括了送达司法文书、承认和执行仲裁裁决、调查取证、相互提供有关民事和商事的法律、提供涉及诉讼中的司法资料等，但也未涉及判决的承认和执行；双方约定司法协助通过各自指定或设立的中央机关进行，新加坡指定了最高法院，中国则指定了司法部。中国和越南《关于民事和刑事司法协助的条约》就协助范围做的约定，除承认与执行仲裁裁决外，还承认和执行法院民事裁决，相比与新加坡的协助条约合作的深度要更进一步。双方约定司法协助通过各自的中央机关进行联系，中国方面中央机关是指司法部和最高人民检察院，越南方面也是指司法部和最高人民检察院，与前面签订的两个关于民事的司法协助条约的指定都不相同。值得一提的是，在与越南签订的司法协助条约中民事司法协助章节，专门提出了对证人和鉴定人的保护问题，这在以前中国与其他东南亚国家的民事司法协助条约都不曾涉及；而且对条约中所指的“民事”一词做了界定，包括商事、婚姻、家庭和劳动事项等，这也是所有中国与东盟国家司法协助条约中独有的，便于更准确地对接协助事宜。中国与老挝签订的《关于民事和刑事司法协助的条约》是迄今中国与东盟国家签订的最近一份专门涉及民事司法协助条约，条约就送达文书、调查取证及法院民事判决、刑事案件中关于民事损害赔偿的裁决、关于诉讼费用的裁决和仲裁裁决的承认和执行达成协助约定，这是所有中国与东盟国家司法协助条约中协助范围最广泛的。该条约就承认与执行法院裁决的10个条件进行了约定，使涉及司法权中核心处置权的内容在协助中的界限更清晰。另外，该条约吸收了之前中国与东盟国家签订的民事司法协助条约的内容，也专门提出了对证人和鉴定人的保护问题，并指定双方的司法部为司法协助联系的中央机关。这些都表现出该条约相对更加成熟。

（二）司法实务

随着中国加入WTO，涉外审判迎来了新机遇，也面临着结构性的冲击。涉外民商事领域的案件在主体上、诉讼程序上、适用的法律上，都与其他案件有着较大的差异。据资料统计，1997—2002年，云南省法院审结涉外、涉港澳台民事案件270件，其中涉外案件131件。在这些涉外案件中，大部分是涉老挝、缅甸、泰国、越南的边境小额贸易纠纷。[①] 1998年至2004年5月，广西壮族自治区各级法院共受理涉外（含涉港澳台）一审案件1226件，其中涉外案件221件占18.03%，涉港案件478件占38.99%，涉澳案件62件占5.06%，涉台案件463件占37.77%。[②] 总体，这一阶段受理的涉外案件数比司法合作萌芽期有大幅上升，同时涉外商事海事的审判领域不断拓

① 田野调查收集数据。

② 《广西高院召开纪念海事法院成立二十周年暨涉外商事海事审判与司法为民座谈会》，2014年12月1日，中国涉外商事海事审判网（http://www.ccmt.org.cn/shownews.php?id=5260）。

宽，当事人国籍、案件类型等均呈现多元化的格局。外方当事人由中国领域内的涉港澳台逐渐扩展到国外；且案件类型也趋于多样化，过去货物买卖合同、对外借款合同、对外担保合同、外贸代理合同、合资合作经营合同、融资租赁合同、承包合同纠纷、加工承揽合同纠纷等为主的涉外商事案件的构成格局已被打破，逐步出现了涉外股权，债券、票据、信用证、提单以及申请承认和执行涉外仲裁裁决等新类型案件。①

1. 涉外证据审查方面的情况

根据2002年最高人民法院《关于民事诉讼证据的若干规定》（以下简称《若干规定》）第11条规定，凡中国领域外形成的证据都要经其所在国公证机关证明后，经中国驻该国使领馆认证或者按中国与该所在国条约约定的程序进行证明，才具有合法证据效力。这种“一刀切”的强制性规定使得司法实践中实施阻碍较大。特别是在中缅边境的涉外民商事案件诉讼中基本做不到。因为缅甸联邦政府与中国紧邻的各特区政府长期各自为政，按照上述法律规定的程序是走不通的。这给涉及域外取证的诉讼带来诸多不便，法院审核证据难，当事人举证难的问题十分突出。《若干规定》第72条对证据效力的认定做了弹性规定，可以看作是对第11条的一个补充，它遵循当事人意思自治的精神，不管证据的来源如何，但只要对方当事人认可其真实性，法院也可以采信。同时，《若干规定》还特别对域外判决在国内诉讼中的作用和地位做了详细规定，对于已得到国内法院承认的判决所认定的事实和结果可以直接采信，对于未得到国内法院承认的判决只具有普通证据的证明效力。

2. 承认和执行域外民事裁判和仲裁裁决的情况

“域外判决”简而言之，就是中国领域之外所做出的判决，包括一切具有承认或执行内容的裁判法律文书。中国法院受理承认与执行域外判决申请的前提条件仍是两个：国际条约或者互惠原则。这和普遍的司法协助法律依据的要求并无不同。但是，除此之外，域外判决

① 张江元：《广西涉外商事纠纷案件增加案件类型趋于多样》，《世界新闻报》2005年10月11日第2版。

要在中国获得承认和执行还须满足以下条件：不违背内地相关法律或司法解释的规定，包括符合案件管辖规定、程序合法；判决涉及的实体权利判定具有终局效力；与国内法院做出的相关判决不相矛盾；不违反公序良俗。新加坡法院对于域外判决有效性的认可条件之一就是做出判决的法院是否具有管辖权，而管辖权又取决于能否把传票送达到可能的被告。因此，其是否承认和执行域外判决还要追溯到其《法院规则》第11号令关于域外送达的19种情形，[①] 主要包括确保法律文书能送达被告、所诉案件无须域外取证、所诉案件标的在国内、被告愿意接受法院裁判这样几个方面的条件。文莱主要依据对等原则来承认和执行域外判决。2000年修订的关于执行外国法院判决实行对等原则的法律是其据以对域外判决自动立案和执行的成文法。[②] 越南民事诉讼法规定对外国法院民事判决、裁定的执行必须经过承认程序，而受理的前提也是签订有国际条约或对等原则。[③] 泰国基本不对外国判决进行承认与执行，而是规定可以就原先的诉因在泰国再次起诉后，由泰国法院做出判决。[④] 在缅甸的域外判决要获得承认与执行是可能的，但被告或争议财产在缅甸特区政府辖区内的除外。

在一些双边司法协定中，对可以被承认和执行的域外判决管辖权的审查做了规定。例如中国与老挝签署的双边司法协助条约在管辖权问题上专门规定了若干管辖权标准作为两国共同遵循的规则，协调了英美法和大陆法的冲突，更易受到请求国与被请求国的共同认可，只要做出裁决的法院符合其中情形之一者，即被视为有管辖权。另外，裁判程序公正性也对司法协助中判决的承认与执行有至关重要的影响。如中国与越南、老挝等国签订的司法协助协定就此问题以列举式的方式做出了明确规定，要求请求国法院或者胜诉方在请求承认和执行外国法院判决时，应提交“证明缺席判决的被告已经合法传唤的

① Michael Pryles, *Dispute Resolution in Asia*, Hague: Kluwer Law International, 1997, p. 210.

② 谭家才:《文莱法律制度》,《东盟业务法律资讯》2014年第1期。

③ 《越南、泰国民事诉讼法典》，米良、安明、罗刚译，云南大学出版社2010年版，第88—89页。

④ 佘延宏、吴涛:《外国法院判决在泰国的承认与执行》,《学术界》2008年第1期。

文件，除非裁决中对此已予说明”“证明无诉讼行为能力人已得到适当代理的文件，除非裁决中对此已予说明”。

三 司法联系与交流向机制化发展

中国与东盟之间的司法交流主要以国家间双边交流为主要方式，在前一阶段司法高官友好互访交流的基础上，向机制化、专业化交流发展。一是高官互访交流继续开展。2002 年 11 月 27 日，中国最高人民法院副院长姜兴长率中国最高法院代表团出访缅甸，受到了缅甸国家和平与发展委员会第一秘书长钦纽上将的会见，双方肯定了两国在打击毒品犯罪等跨国犯罪方面取得的成效，并就加强司法交流与合作进行磋商。二是签订司法交流协议。1997 年 12 月 12 日，中国颁布了《中华人民共和国司法部和越南社会主义共和国司法部司法交流合作协议》，协议就双方努力加强司法方面的合作与交流的具体内容达成共识，主要包括以下几个方面：交换现行法律书籍、资料；互派由司法部的高级管理官员以及专家、学者和实际工作者组成的代表团考察对方国家的司法和法律制度，就某个或几个司法领域的问题进行综合或专门考察和研究；对于双方共同感兴趣的问题，可互派专家、学者及业务人员出席共同组织的研讨会、专题讨论会及其他有利于双方的活动；进行法律信息系统领域内的专家、业务人员的交流与合作。这些务实而具体的交流为司法实践中的合作打下了坚实的基础。三是中国为东南亚国家进行专业司法培训。2002 年 2 月 24 日，云南警官学院受中国国家禁毒委和公安部的委托，举办了首期缅甸联邦禁毒官员培训班，较为系统地介绍了中国禁毒战略、禁毒立法与执法、毒品检验、禁毒情报、案件侦查等实战性很强的课程。2002 年 7 月，缅甸掸邦东部第四特区政法委派员在勐海县人民检察院学习培训。这些司法互访、培训和交流包括了警务、检察、法院等行业，促进了相互间法律知识的了解和经验交流，增进了双方司法机关之间的互信，也积淀了深厚的友谊。

第三节　解读毒枭谭晓林团伙贩毒案

谭晓林贩毒案被列为云南省2001年001号专案。云南省公安厅时任副厅长的孙大虹在接受中央电视台《新闻调查》采访时介绍说，谭晓林是中国公安机关自新中国成立以来（截至2002年）抓捕的贩运次数最多、数量最大、对中国危害最大的毒枭之一，[①] 是中缅合作禁毒史上第一个由缅甸政府移交中方的毒枭，是中国通过国际刑警组织发通缉令被通缉的首名毒枭。大毒枭谭晓林最终被抓捕归案，这是中缅禁毒合作的标志性案例。这种跨地区、跨国界的禁毒合作成为制毒、贩毒者难以逾越的屏障，也给中国与东盟刑事司法合作提供了启示。

一　案情简介

谭晓林（又名谭明林，男，1962年12月出生，四川省乐至县人），1986年在云南边境一带打工时偶然认识了缅甸大毒枭杨国栋，从此走上了贩毒的不归路。谭晓林1993年移居缅甸后控制中缅边境上50%的毒品交易。从1995年开始，谭晓林开始疯狂向中国境内贩卖毒品，引起中国警方的注意，从外围收集了大量犯罪证据，后经法院审判时查明其团伙共计走私、运输、贩卖毒品海洛因2057.361千克。1998年中国公安机关开始部署抓捕谭晓林的工作，但因其在缅甸境内而无法完成。2000年8月1日，云南省人民检察院做出批准逮捕谭晓林的决定，同年10月25日协调国际刑警组织签发了红色通缉令。次年4月20日，缅甸将中国籍大毒枭谭晓林抓获，同月23日在缅甸木姐警察局，缅甸政府向中国警方移交了谭晓林。最终，谭晓林因走私、贩卖、运输毒品罪和非法买卖制毒物品罪被判处死刑。

① 《解密抓捕毒枭谭晓林》，央视《新闻调查》，中央电视台第一套节目2002年2月23日（星期六）23：00—23：40首播。

2004 年 6 月 25 日，大毒枭谭晓林被昆明市中级人民法院依法执行死刑。[①] 谭晓林的最终归案标志着中缅禁毒合作进入实质性阶段。

二 国际司法合作主要内容

在毒枭谭晓林团伙贩毒案办理过程中，最大的困难就是对谭晓林的抓捕。主要体现在：第一，他在境外，中国侦查人员在境内，中方不能跨越国界去抓捕他；第二，他有配备最先进的美式、德式武装的雇佣武装做保镖，而且本人行事谨慎，很少公开露面；第三，他随时有潜逃至其他国家的可能。因此，中国警方在边境地区部署诱捕、抓捕方案都无果而终，抓捕工作陷于被动。中国公安部只有寻求与缅甸方的警务合作。主要内容有三个方面：

（一）向国际刑警组织请求发出红色通缉令

红色通缉令，是由国际刑警组织（ICPO）发布的国际最高级别通缉令。请求发“红色通缉令”要求请求方提供相应材料，如需要明确被通缉人所属国籍、基本身份情况、基本犯罪事实、主要体貌特征、犯罪嫌疑人的照片、社会关系背景等。由于谭晓林一方面防备着被警方抓捕，另一方面害怕其他毒枭的突袭，时刻狡猾地隐藏自己，极少照相留影，很难获取他的近期照片。但是为了防止他在境外逃跑到别的国家去躲藏，云南边防公安的侦查员深入谭晓林密切的关系网中，不但获取了其一张照片，而且掌握了其在缅甸藏身落脚的准确情报。中国云南警方迅速向公安部提出请求，后由国际刑警组织中国国家中心局（International Criminal Police Organization— China National Central Bureau）向国际刑警组织秘书处进行通报，请求 ICPO 向相关国家发出追捕毒犯谭晓林的红色通缉令。2000 年 10 月 25 日，ICPO 就谭晓林案件签发红色通缉令。该通缉令的发布把毒犯谭晓林置于各国警方的严密监控中，彻底断了他潜逃出缅的可能。

（二）缅甸政府协助抓捕谭晓林

针对谭晓林贩毒集团肆无忌惮地向中国境内贩卖毒品的犯罪行

---

① 冯丽萍：《人鬼之间——毒枭谭晓林如何走上不归路》，《人民法院报》2004 年 6 月 8 日第 3 版。

为，云南省公安机关对其进行了艰苦细致的侦查工作，获取了大量犯罪证据，只缺将谭晓林等犯罪分子抓捕归案。但谭晓林长期隐藏在缅甸，中国公安机关无力将其捕获。中国云南警方和缅甸国家肃毒委员会举行多次边境执法会晤，将毒枭谭晓林团伙人员名单向缅方做通报，请求缅方协助中国警方抓捕相关犯罪嫌疑人。按照《中缅禁毒合作谅解备忘录》的相关约定，缅方同意派员在缅甸境内协助中国警方抓捕逃犯谭晓林。2001 年 4 月 12 日，中国公安部原禁毒局局长杨凤瑞致信缅甸中央肃毒委员会，再次请缅方协助抓捕谭晓林等犯罪嫌疑人。中国警方向缅甸政府通报了谭晓林藏身处所。缅甸政府高度重视，由中央肃毒委员会领导亲自督办此案。按照中方提供的情报，缅甸政府迅速制定抓捕谭晓林的方案。2001 年 4 月 20 日，缅甸将大量向中国境内贩毒的大毒枭谭晓林抓获，并将这一消息通知中国警方。

（三）移交犯罪嫌疑人谭晓林

这在国际刑事司法协助中是非常重要的协助内容。根据《中缅禁毒合作谅解备忘录》的协议，2001 年 4 月 23 日 16 时 30 分，缅甸政府向中国警方正式移交中国籍毒犯谭晓林。这里需要注意的有几个因素：一是有《中缅禁毒合作谅解备忘录》为依据。这是双方合作共同意愿的体现，也是对合作的规范。二是涉嫌的罪名是走私贩运毒品。这体现了中缅双方合作的共同利益所在，形成打击毒品犯罪的合力。三是犯罪嫌疑人的国籍是中国。这是很关键的因素，因为在国际司法协助的通行做法是本国公民不引渡。虽然中缅之间这次移交并无引渡条约为据，但是这个谅解备忘录的存在已发挥了类似作用，但是仍不能突破这一本国公民不移交的原则。

三　启示

（一）刑事司法协助相关协议是开展跨境打击毒品犯罪的基本法律保障

2001 年 1 月，中国与缅甸签署的《关于禁毒合作的谅解备忘录》，是当时中缅禁毒合作的重要法律基础。这个协议的签订为中缅两国之间的禁毒合作铺设了道路，也是顺利办理谭晓林团伙贩毒案的关键点。由案件基本情况可见，有证据证实的谭晓林团伙贩毒犯罪是从1995年8月至2001年1月，历时5年，先后8次向中国境内走私、运输、贩卖毒品海洛因共计2057.361千克，其中最少的一次也有60千克，其犯罪频率之高、毒品数量之巨、犯罪网络之广、参与人员之多、社会危害之大都是惊人的。而从1995年中国警方便将其纳入视线，开始了对其犯罪证据的收集，并于1998年开始了对其的抓捕工作，甚至2000年8月1日已批准逮捕谭晓林，但却由于无法抓捕藏身于缅甸的谭晓林而无法结案。无疑抓捕谭晓林是仅凭中国警方之力所不能完成的工作。但是作为开展国际刑事司法合作的条件，要么请求国与被请求国间签署了相关协助的条约或文件，要么双方建立了互惠关系。可是，中国与缅甸之间在此前没有签订刑事司法协助条约、引渡条约或其他相关协定，而中国国内法未对互惠关系予以界定，过于原则性的规定很难成为司法协助的依据。这使得中方请求缅甸政府协助抓捕谭晓林不太可能。但是，在国际禁毒大趋势下，以金三角区域为主的东南亚国家加强了禁毒工作，并与中国建立了共同打击毒品犯罪的共识。这一时期中国与东南亚的泰国、老挝、缅甸、菲律宾、越南等国家签署了禁毒合作谅解备忘录或是边境联络办公室合作行动计划，为联合打击跨国毒品犯罪建立了平台。正是这一平台，使中国警方能根据《中缅禁毒合作谅解备忘录》的协议，向缅甸政府提出协助抓捕谭晓林的请求，并得到缅甸政府的协助。可以说，这一协议的签署，推动中缅警方抓捕谭晓林警务合作顺利开展，也使由于谭晓林不能归案悬而未决5年的跨境毒品犯罪案件得以终结。由此可见，开展国际司法合作的前提是签署必要的司法协助条约或文件，这是司法实践中双方合作的基础，也是打击跨国犯罪的有力“撒手锏”。

（二）打击跨国犯罪要重视借力国际组织或区域组织的平台

一是国际组织具有整合其成员国资源，共同服务于组织目标的功能。在本案中，对首犯谭晓林的成功抓捕离不开中国公安部向国际刑警组织请求向有关国家发出的“红色通缉令”。国际刑警组织于1923年成立，前身是“国际刑事警察委员会”，1956年正式更名为“国际刑事警察组织”。截至2014年9月，国际刑事警察组织共有190个成员。[①] 其拥有一个收集着150余万名国际刑事罪犯信息的档案库和一系列司法鉴定实验室。国际刑警组织发布各种通报要求其成员国协助侦查犯罪，分别为红色、蓝色、绿色、黄色、黑色、橙色和紫色7级，其中红色通报俗称“红色通缉令”，能够阻止犯罪人员跨国出行，可视为一种可以进行临时拘留的国际证书。红色通缉令时效为5年，但可续期至被通缉人员归案为止。各国组织成员中心局接到红色通报后可立即对犯罪人员进行拘捕羁押，并按本国相关法律实施国际引渡。[②] 中国于1984年加入国际刑警组织，同年成立国际刑警组织中国国家中心局，主要负责同国际刑警组织及其成员国之间的合作。二是国际刑警组织具有任何国家所无可比拟的客观性和权威性，能够在地区合作中推动区域内国家建立信任。组建中国国家中心局以来，中国积极开展与各成员国之间的执法合作，与20多个国际组织、100多个国家和地区的警察、内务部门进行了业务交流与合作，在打击国际犯罪方面建成了成熟的警务外事合作平台。这也使中国更加重视与国家、国际组织签订司法合作方面的条约，推进了中国国际司法合作的法制化。据外交部条约法律司的统计数据，截至2005年10月1日，中国已签署73项涉及国际司法合作的双边条约（协定），其中双边民（商）事司法协助条约（协定）13项，双边民（商）事和刑事司法协助条约（协定）19项，双边刑事司法协助条约（协定）16项，双边引渡条约23项，双边被判刑人移管条约2项。另外，中国还加入或者签署了25项包含司法合作条款的国际多边公约。[③] 这些都是中国倚重国际刑警组织外溢的功效，对中国下一步国际司法合作有重要借鉴意义。

（三）解决中国与缅甸之间司法合作法律基础可以采用“集零为整”的路径

缅甸至今没有与任何东南亚国家签订司法协助条约或引渡条约，

---

① 《国际刑事警察组织》，2015年9月12日，中国外交部网（http：//www.fmprc.gov.cn/web/gjhdq_ 676201/gjhdqzz_ 681964/lhg_ 682062/jbqk_ 682064/）。

② 《国际刑事警察组织》，2015年9月12日，新华网（http：//news.xinhuanet.com/ziliao/2003 -07/10/content_ 966304.htm）。

③ 司法部司法协助外事司和司法部司法协助交流中心编：《中华人民共和国国际司法合作条约集》，中国方正出版社2005年版，前言。

其原因与其政治体制不统一、国内政局不稳定和法律体制差异有很大关系。但缅甸在禁毒等专项领域签订了一系列谅解备忘录、联合声明等具有法律性质的文件，虽然这些文件的法律效力不高，对双方也没有实质的法律约束力，但也为司法实践中的合作提供了法律基础。谭晓林案的成功合作就是最好的明证。而且，缅甸与中国在边境地区也长期保持警务执法合作，有很多丰富跨境合作的司法实践经验。因此，在中国与缅甸两国司法协助条约未出台之前可以考虑分领域、分区域地签订司法合作的法律文件。如在边境地区司法机关间建立地方性司法协助备忘录或会议纪要，而合作的范围主要涉及建立涉外被告人或当事人身份查询、简化境外证据核实及认证程序、代为送达、代为取证、代为进行财产保全和监管等基本司法活动。也可以学习《中缅禁毒合作谅解备忘录》的做法，按照“成熟一项签订一项”的原则，在实践中合作较多的反人口贩运、边境地区民商事纠纷司法处置等领域形成相应的专项合作协议或法律文件，为最终国家间司法协助协议的签订奠定基础。

第 四 章

中国—东盟司法合作提升期（2003—2014 年）

从 2003 年中国与东盟建立战略伙伴关系至今的这段时期，被称为中国—东盟关系发展的"黄金十年"。在"睦邻、安邻、富邻"的政策指引下，中国与东盟加强经济合作，增进政治互信，保持安全克制，政治、经济、安全、文化等关系得到了全面发展，并推动中国—东盟司法合作取得了突飞猛进的发展。

第一节　战略伙伴关系推动司法合作

中国—东盟战略伙伴关系的建立，是中国与东盟政治互信增进的实质性一步。在此基础上，中国与东盟的经贸往来急剧增长，建成了中国—东盟自由贸易区这个发展中国家最大的区域自由贸易区。在安全领域中传统安全合作的基础上，在非传统安全合作中也取得了重要成果。其中，无论是在非传统安全合作方面，还是在为中国与东盟经贸往来提供支持保障方面，司法合作都受到高度重视。

一　政治关系上升为战略伙伴关系

"与邻为善，以邻为伴"是中国一直秉持的周边外交方针，继 2003 年提出"睦邻、安邻、富邻"周边外交政策之后，[①] 2011 年又

---

① 王小光：《温家宝出席东盟商业与投资峰会并发表演讲》，《人民日报》2003 年 10 月 8 日第 1 版。

提出了“亲诚惠容”的外交理念，中国的睦邻外交思想日益成熟，在增强与周边国家间政治互信，加强友好合作方面写下了浓墨重彩的篇章。

2003 年 10 月，中国与东盟在第七次中国—东盟领导人会议期间，签署了《面向和平与繁荣的战略伙伴关系联合宣言》，并正式加入着力“促进地区各国人民之间永久和平、友好和合作，以加强他们的实力、团结和密切关系”的《东南亚友好合作条约》及其两个修改议定书。[①] 同期，中国与东盟还制订了《落实中国—东盟面向和平与繁荣的战略伙伴关系联合宣言的行动计划》，对今后 5 年（2005—2010 年）的双边关系提出“总体计划”，全面深化和拓展双方关系与互利合作。至此，中国—东盟的政治关系提升到战略伙伴层次，政治互信快速提升。双方建立或完善了相应的对话合作机制，包括东盟—中国（10 +1）领导人会议、东盟外长会议、东盟—中日韩（10 +3）外长会议、东盟地区论坛、东盟与对话伙伴国会议、东盟与中国（10 +1）对话会、经济部长会议、农业与林业部长级会议、交通部长会议、“10 +3”财长会议 10 个部长级会议机制；中国—东盟高官磋商、中国—东盟联合合作委员会、中国—东盟经济贸易合作联合委员会、东盟—中国科学技术合作联合委员会、东盟—北京委员会、中国—东盟商务理事会 6 个工作层对话合作机制。

中国以实际行动积极消除东盟各国对中国崛起的顾虑。2011 年 8 月，中国以主动的姿态对东盟共同体建设表示政治支持，对欧盟加入该条约表示友好，批准了《东南亚友好合作条约第三修改议定书》[②]。2010 年 1 月 21 日中国政府和印度尼西亚政府在雅加达签署了《关于落实战略伙伴关系联合宣言的行动计划》；2011 年 11 月，在第十四届中国—东盟领导人会议上通过了《落实中国—东盟面向和平与繁荣的战略伙伴关系联合宣言的行动计划（2011—2015 年）》。按照该行动计划，中国将与东盟在政治、经济、安全、社会、人文、国际与

① 《东南亚友好合作条约》，1976 年 2 月 24 日颁布。

② 《东南亚友好合作条约第三修改议定书》，于 2010 年 7 月 23 日由外交部部长杨洁篪代表中华人民共和国在河内签署的，第十一届全国人大常委第二十二次会议 2011 年 8 月 26 日表决通过了全国人大常委会批准该议定书的决定。

地区事务等方面展开全面的交流与合作，该行动计划特别对南海问题、非传统安全、环境保护以及人权等问题的合作提出安排。① 中国同东盟国家保持密切高层交往。柬埔寨的洪森首相、老挝的波松总理、越南的阮晋勇总理、泰国的阿披实总理、新加坡的李显龙总理、马来西亚的纳吉布总理访问了中国。2012 年，年内双方副总理级以上高层互访达 50 余次，进一步加强了双方的战略互信和沟通协调。② 2013 年仅半年时间，中国国家主席习近平、中国国务院总理李克强与东盟各国领导人进行直接会面或互动就达到 20 次。③ 2013 年 10 月，中国国家主席习近平在 APEC 第 21 次领导人非正式会议上以“携手建设中国—东盟命运共同体”为主题发表演讲，对跨太平洋两岸构建亚太互联互通格局提出构想。2013 年 10 月，中国总理李克强出席东亚领导人系列会议，并访问越南时强调双方要抓住合作机遇，开创务实合作新局面。从条约的缔结到高层互访的加强，再到各个层次合作机制的建立，中国与东盟在政治外交方面取得了全方位的突破。这也为法律外交的推进奠定了更坚实的基础。

二　经济贸易进入历史新阶段

伴随着政治外交的新突破，中国与东盟国家双边经济贸易合作继续保持高速增长，不但签署了大量法律文件，而且建成了中国—东盟自由贸易区。经济贸易的日益增加对法律制度和司法保障提出了新要求。

（一）签署大量经贸法律文件

在政治关系日益密切的同时，围绕全面经济合作签署的大量经济贸易法律协议，为中国—东盟自贸区建设夯实了法律基础，搭建了基本架构。在 2004 年第 8 次中国—东盟领导人会议上，中国—东盟签署了《全面经济合作框架协议货物贸易协议》《争端解决机制协议》

---

① 中国—东盟中心：《落实中国—东盟面向和平与繁荣的战略伙伴关系联合宣言的行动计划（2011—2015 年）》，2012 年 2 月 27 日。

② 广西社会科学院东南亚研究所、中华人民共和国公安部东南研究所课题组：《中国与东盟关系 2012—2013 年回顾与展望》，《东南亚纵横》2013 年第 1 期。

③ 张淑玫：《习李半年内与东盟国家互动 20 次唯菲律宾未互访》，《南方都市报》2013 年 10 月 5 日第 1 版。

等一系列文件，中国—东盟自由贸易区顺利推进。《全面经济合作框架协议货物贸易协议》2005 年 7 月开始实施之后，中国与东盟的贸易额持续增长。2007 年 1 月 14 日，双方签署了《服务贸易协议》，中国—东盟自贸区的轮廓依稀可见。2009 年 8 月 15 日，双方又签署了《投资协议》，完成了自贸区建设的主要谈判，标志着中国—东盟自贸区将在 2010 年建成。2010 年双方签订的《〈中国—东盟全面经济合作框架协议货物贸易协定〉第二议定书》，对原文件中附录的"签证操作程序""原产地证书"进行了修正，并在 2011 年正式实施。这些法律文件为中国与东盟经贸往来提供了全面便捷的平台，更彰显出中国与东盟合作的力量，提升了在国际事务中的影响力。

（二）建成中国—东盟自由贸易区

在 2003 年 10 月第 7 次中国—东盟领导人会议上，中国与东盟双方就每年在中国广西南宁举办一届中国—东盟博览会达成共识。博览会在推进中国—东盟自贸区建设进程方面发挥了重要作用，为双方实现互利双赢，增进互信提供了平台。2010 年，自由贸易区先在中国与东盟的老成员国间建成，中国与东盟经贸合作进入历史的新阶段。2015 年，中国与东盟的越南、老挝、柬埔寨和缅甸 4 个新成员国也建成自由贸易区，并在同年 1 月 1 日实行零关税。该自贸区是中国对外商谈的首个自贸区，也是东盟组织对外商谈的首个自贸区。该自贸区建成后，中国与东盟十国正式步入零关税时代，双方经贸联系更加紧密，2011 年度双边贸易额年均增长率达 24.9%，实现了自贸区互利共赢、共同发展的目标。在 2013 年 9 月广西南宁召开的第十届中国—东盟博览会及商务与投资峰会上，中国总理李克强提议打造中国—东盟自贸区升级版。中国将进一步向东盟开放市场，就进一步降低关税、削减非关税、签订新的服务贸易承诺与东盟进行谈判，逐步放宽准入条件，增加人员往来，推动投资领域的实质性开放，力争双边贸易额到 2020 年达 1 万亿美元。

（三）中国—东盟经贸合作快速增长

中国与东盟的经济贸易往来更为密切，双向投资合作的力度也更大，双方经济的依赖度进一步上升。一是双边贸易大幅提高。2003 年中国与东盟双边贸易额为 782 亿美元；2007 年，达 2025.5 亿美元，提前3年实现贸易额2000亿美元的目标。[①] 2008年达2311.2亿美元，中国上升为东盟第一大贸易伙伴。2010年中国—东盟自由贸易区（CAFTA）建成后，双边经贸往来更加密切。“2011年，中国继续保持东盟头号贸易伙伴的地位，东盟则取代日本成为中国的第三大贸易伙伴。这一年度双边贸易额达3628亿美元，同比增长23.9%。”[②] 到2013年，双边贸易额已达4436.5亿美元，同比增长10.9%。[③] 在这十年期间，中国与东盟双边贸易额年均增长23.6%。二是双向投资合作成效明显。2002年，中国与东盟双向投资额达301亿美元。2002—2012年，中国与东盟双向投资额增加700多亿美元，累计达1007亿美元，其中东盟企业来华投资771亿美元，中国到东盟投资236亿美元。2013年，中国向东盟国家的直接投资已近600亿美元，约占中国对外直接投资的5.1%。东盟已经超过美国、俄罗斯、澳大利亚等国家，成为中国对外直接投资的第四大经济体。[④] 三是双边经贸互补性较强。从中国对东盟出口商品结构看，电子产品、机械设备、纺织服装、钢铁、光学医疗设备位居前五位。从中国对东盟出口国别看，新加坡、马来西亚、泰国、缅甸、菲律宾、印度尼西亚和越南是中国商品主要进口国。从中国与东盟进口商品结构看，机电产品一直是中国与东盟贸易的最主要商品，约占中国与东盟进出口贸易额的一半左右，其次是矿产品，再次是橡胶和塑料制品。从中国对东盟进口国别看，泰国、马来西亚和新加坡是主要的橡胶及塑料制品货源地，越南、马来西亚、新加坡、印度尼西亚是中国进口矿产品的主要东盟国家。

（四）湄公河次区域经济合作面向整个流域

2005年7月4—5日，以“加强伙伴关系，实现共同繁荣”为主题的大湄公河次区域经济合作第二次领导人会议通过了《昆明宣

① 《中国与东盟双边贸易额十年增长7.3倍》，2014年11月22日，中华人民共和国中央人民政府网（http：//www.gov.cn/wszb/zhibo575/wzsl.htm）。

② 郑玲：《2011年中国—东盟关系：成效与挑战》，《东南亚纵横》2012年第5期。

③ 中国商务部：《2013年中国对欧美东盟贸易增长，中日贸易额降5.1%》，2014年11月27日，中国新闻网（http：//politics.people.com.cn/n/2014/0116/c70731-24137911.html）。

④ 高燕：《东盟自贸区全面建成　九成产品零关税》，2014年11月27日，新浪财经网（http：//finance.sina.com.cn/china/20130723/101816212928.shtml）。

言》，与会六国就便利客货运输、信息高速公路建设、动物疫病防控、电力贸易等方面合作签署了多项文件，批准了生物多样性保护走廊建设、GMS 贸易投资便利化行动框架等多项合作倡议。次区域合作迈上新台阶。在合作中，中国充分考虑 GMS 国家的愿望，为泛亚铁路境外段的建设提供很多协助。从 2004 年起，中国向老挝、缅甸、柬埔寨大部分出口到中国的商品给予零关税待遇，为支持泛亚铁路贯通，中国投资修建境内昆明至河口的铁路线，出资 3000 万美元帮助修建昆曼公路老挝境内部分路段；[①] 2010 年以来，先后出资做了柬埔寨境内巴登—斯诺尔缺失段、老挝境内万象—磨憨缺失段、缅甸境内木姐—腊戍缺失段等路段的可行性研究工作。2014 年 12 月 19 日至 20 日中国与泰国签署了《中泰铁路合作谅解备忘录》和《中泰农产品贸易合作谅解备忘录》，将为今后中南半岛建成区域铁路联盟奠定基础。[②] 中国在 GMS 经济发展中发挥着地区大国的作用，以实际行动让一河相连的邻邦分享到了中国改革开放的红利。

随着经济往来的密切，尤其是中国—东盟自由贸易区的建成，中国与东盟之间的民商事纠纷逐渐增多，有效解决跨国（境）民商事纠纷的问题不容回避，但因各国之间法律制度存在差异，各国对涉外案件都采取不受理或有选择的受理的政策，一定程度上阻碍了区域内经贸往来。在区域经济一体化的大背景下，中国—东盟自由贸易区的全面发展离不开各国在司法领域的国际合作。

三　安全合作实现地区和平稳定

2003 年以来，中国与东盟关系经过了“黄金十年”。这期间，中国与东盟不仅在军事防务等传统安全领域上建立起较为稳定的双边和多边交流机制，更在非传统安全领域进行了大量卓有成效的合作。

（一）传统安全领域

这一时期中国与东盟的传统安全合作是冷战后最密切和频繁的。

---

① 《中国—东盟关系》，2012 年 3 月 22 日，新华网（http：//news. Xinhuanet. Com/ziliao/2006 -07/20/content_ 4861242. htm）。

② 黄婧：《大湄公河次区域国家合作推动中泰双边贸易迈上新台阶》，《中国联合商报》2013 年 10 月 25 日第 3 版。

中国与东盟不仅建立了长效机制、论坛，还开展了多种形式的互访和交流。一是中国与东盟建立了安全政策高官会议、东盟地区论坛外长会议、防长会议等系列会议机制。2003 年 6 月 18 日，第 10 届东盟地区论坛外长会议在柬埔寨首都金边举行，来自该组织 23 个成员的外长或代表参加了此次会议。2004 年 7 月 2 日，第 11 届东盟地区论坛外长会议在雅加达国际会议中心举行，会议一致同意接纳巴基斯坦为论坛新成员，并就地区和国际安全形势、论坛建设和未来发展等问题进行了讨论。2004 年 11 月 4 日，东盟地区论坛 24 个成员国防务和安全部门高官参加了首届东盟地区论坛安全政策会议，讨论了各国国防和安全政策、国际和地区的安全形势等问题。2005 年 5 月 20 日第 12 届东盟地区论坛高官会在老挝首都万象举行，重点议题是国际与地区安全形势。2007 年 5 月 24 日，东盟地区论坛第四次安全政策高官会议在马尼拉举行，东盟 10 国和中国等 14 个东盟对话伙伴的代表参加了会议。在 2008 年 7 月 31 日东盟地区论坛外长会议期间，中国提交了中方关于新安全观的立场文件，全面阐述了新形势下的中国安全观念和政策。这些会议机制促进了地区安全观念的构建。二是中国与东盟国家开展了军舰互访、军事人员的相互交流和培训等形式多样的交流。2004 年 9 月 25 日，来自东盟 9 个成员国、上海合作组织 4 个成员国以及孟加拉国、印度、巴基斯坦等 16 国的 60 余名军队领导、军事观察员和驻华武官观摩了中国人民解放军济南军区某部在位于河南确山的训练基地进行了代号为“铁拳—2004”的加强机械化步兵师级实兵实弹演习。2006 年 7 月 18 日，由中国国防部举办的“中国—东盟亚太地区安全问题研讨班”开幕，来自中国和东盟 10 国国防部和部队的 30 余位高级防务人士参加此次研讨班，这是中国和东盟 10 国防务部门首次以研讨班形式探讨地区安全。2007 年 11 月 19 日，中国—东盟在北京举行主题为“维和行动面临的挑战：区域性合作与交流”的维和研讨会。2008 年 3 月 12 日，中国—东盟高级防务学者围绕“军队现代化和地区互信”首次开启主题对话，深入探讨中国与东盟各国军队现代化的动因、措施和发展趋势，讨论各国在推动军队现代化的同时，增进地区安全互信的措施办法，并在中国人民解放军某步兵旅观看了反恐演习。2007 年 5 月 8 日，中国派出观察员观摩了东南亚地区规模最大的联合军事演习“金色眼镜蛇”。2008 年 11 月 18 日，中国海军“郑和号”训练舰抵达越南中部的岘港市仙沙港，开始对越南进行为期 5 天的访问。2005 年 9 月 1 日，中国政府无偿援助柬埔寨 6 艘海上巡逻艇。2008 年 10 月 22 日，中国高层军事代表团访问柬埔寨。这些在传统安全领域的互访、交流与协商，增进了地区安全透明度，进一步提升了彼此政治互信。

（二）非传统安全合作

非传统安全作为 21 世纪的热点问题，在中国与东盟关系中也显现出特殊的地位。从第 7 届中国—东盟峰会上中国—东盟签署了《面向和平与繁荣的战略伙伴关系联合宣言》以来，中国与东盟及其成员国在反恐合作、疾病防治、生物多样性保护、海洋政策、海洋与气候变化、海洋安全、海洋防灾与减灾等领域开展了富有成效的合作，如表 4—1 所示。

表 4—1　**中国—东盟非传统安全主要合作内容**（2003—2013）

时间	内容
2003 年	中国加入《东南亚友好合作条约》（TAC）
	签署《面向和平与繁荣的战略伙伴关系联合宣言》
2004 年	签署《为实施战略伙伴关系的联合宣言的 5 年行动计划（2005—2010 年）》
	签署《关于非传统安全领域合作谅解备忘录》
	关于非传统安全合作的东盟区域论坛特别会议
	中国和东盟 10 国反恐怖领域的专家在江苏苏州召开研讨会
	中国—东盟防治禽流感特别会议
	签署《和平、自由和中立区宣言》
	开展关于海南岛环境合作政策对话
	关于实行《南海各方行动宣言》的高级官员会议

续表

时间	内容
2005 年	关于海南岛非传统安全的东盟区域论坛特别研讨会
	在北京举行首次加强合作的法律研讨会
	首次东盟—中国海事磋商机制会议
	签署了《建立地震海啸预警系统技术平台的行动计划》
	关于打击跨国犯罪的中国—东盟部长磋商
	禽流感防控国际筹资大会
2006 年	中国—东盟建立对话关系 15 周年纪念峰会
	首届东盟—中国卫生部长会议
	中国与东盟海上执法合作研讨会
	首届“中国—东盟出入境检验检疫合作论坛”在南宁举行
	第一届中国—东盟质检部长会议在广西南宁正式开幕
2007 年	中国—东盟海事磋商机制第三次会议在青岛开幕
	东盟 10 + 1 峰会上签订非传统安全领域的军事合作协议
	监控马六甲海峡的合作协议
	共同通过了《2007 年 MOU 北京宣言》
	中国参加东盟地区论坛海上安全演习
	“东盟 10 + 3 核能源安全利用研讨会”
2008 年	第三届中国—东盟电信周在南宁举行
	开展“突击—2008”中泰反恐联合训练
	中国出席“东盟与中日韩（10 + 3）武装部队国际救灾研讨会”
	关于打击跨国犯罪的首届正式东盟—中国部长会议
2009 年	新加坡武装部队和中国人民解放军在中国广西桂林举行了反恐演习
	关于地区安全的首次中国—东盟高级军官研讨会
	有关非传统安全领域合作的中国—东盟谅解备忘录
	签署关于中越打击拐卖人口合作的协定
2010 年	创建中国—印尼海洋与气候联合研究中心
	签署《中国—东盟领导人关于可持续发展的联合声明》
	签署《落实〈南海各方行为宣言〉指导方针》

续表

时间	内容
2011 年	签署《落实面向和平与繁荣的战略伙伴关系联合宣言的行动计划（2011—2015)）》
	签署《关于〈落实非传统安全领域合作谅解备忘录〉的行动计划》
	中国设立“海洋奖学金”资助东南亚等地区青年来华学习海洋治理相关知识
2012 年	中国和印度尼西亚特种部队举行代号为“利刃—2012”反恐联合训练
	中泰气候与海洋生态联合实验室正式启用
2013 年	中国和平号海军医院船在印尼参加中国、印尼、新加坡三国海军联合医疗巡诊
	东盟防长扩大会首届反恐演练在印尼举行

资料来源：新华网相关数据，2013 年收集。

这些合作使中国与各东盟国家依赖度加深，在各领域的协作中形成“你中有我，我中有你”共同利益体，尤其是在面对打击跨国犯罪的问题，合作的意愿有所加强，合作的领域进一步拓展。

（三）南海争端的管控

近年来，随着中国快速崛起和南海重要的战略地位和丰富的海洋资源被世界各国所认识，围绕南海岛礁领土主权及部分海域划界的争端产生，并持续升温。2010 年以来，“南海问题”呈现出更加复杂化和敏感化的态势。中国为实现在区域内解决问题的目标，与越南、马来西亚、菲律宾、印尼等国相继开展了双边高层会谈，重申中国在南海问题上“三个不变”的立场，即维护南海和平与稳定的基本方向不变，全面有效落实《南海各方行为宣言》的政治意愿不变，同直接当事国通过友好协商谈判和平解决有关争议的政策主张不变。2011 年 7 月中国—东盟签署《落实〈南海各方行为宣言〉指导方针》，同年 10 月便与越南签署了《关于指导解决中越海上问题基本原则协议》，对中国与东盟国家间妥善处理和解决海上问题具有指导和示范的重要作用。[①] 2012 年，中国和东盟发表了《纪念〈南海各方行为宣言〉签署 10 周年联合声明》，次年中国为维护南海和平稳定推出系列举措。2013 年 11 月 13 日，中国总理李克强在内比都东

① 《中越联合声明》，《人民日报》2011 年 10 月 16 日第 3 版。

亚峰会上强调“双轨模式”作为解决南海争议的中方政治立场，并阐述如何推进“双轨思路”，即南海主权争议等问题留给争议当事国双边谈判解决，南海争议的管控和治理机制的建设留给中国和东盟多边组织解决。2013年，中国在“搁置争议、共同开发”的指导下与东盟地区和中国存在南海领土及海域划界争端的部分国家开展了开采油气资源的合作。中国海洋石油总公司与文莱国家石油公司签署成立合营公司的协议；中国与越南就加强海上合作达成共识，对北部湾湾口外海域划界及该海域共同开发等问题进行谈判。中国国家主席习近平在印尼国会发表演讲时表达了中国愿同东盟国家发展好海洋合作伙伴关系，共建21世纪海上丝绸之路的愿景，并设立中国—东盟海上合作基金，保障双方务实的海洋合作，并愿为海上丝绸之路沿线东盟国家提供海上公共服务和产品，共同应对非传统安全的威胁。

四　文化交流日益丰富

近年来，中国与东盟的文化交流形式丰富多彩，这为中国与东盟第三轨道外交发挥重要作用提供了广阔的平台。一是经贸网络提高中国文化对东盟的辐射力。从2004年起，一年一度的中国—东盟博览会在中国广西南宁举办，目前已举办了11届，博览会涉及商品贸易、投资合作和服务贸易等领域的合作，还带动了中国与东盟国家间的旅游热潮，实现了其“促进中国—东盟自由贸易区建设、共享合作与发展机遇”的目标。同期举办中国—东盟商务与投资峰会，共举办了200多个高层次会议和论坛及相关活动，迎来中国和东盟领导人42位、部长级贵宾1500多位、客商31.6万名，贸易成交额达116.9亿美元，签约跨境投资额491.72亿美元，签约国内投资额4759.02亿元人民币。[③]而中国—东盟自贸区的建成更加快了中国文化在东南亚国家的传播速度，大量的“中国制造”商品涌入东盟，将中国文化的元素远播到东南亚的整个区域。二是通过传媒开展文化交流更加常态化。2009年，“北部湾之音”广播电台（BRR）由中国国际广播电台、广西对外广播电台共同组建，开始制作并播送主要面向东南亚地区的节目，其把泰语和越南语与中国普通话一起作为播报语言。在东南亚国家中，越南国家电视一台、二台，马来西亚第二电视

(TV2)、第三电视（TV3）每天都会播报华语新闻，有的还配有中文字幕，东盟各国基本都可以收看到中国的CCTV—9、CCTV—4的电视节目。“据2011年的统计，越南15个省级电视台一共播放了369部中国电视剧；2012年初四个月越南各电视台一共播放了200部中国电视剧。传媒的力量让中国在文化交流、形象推广等领域远远超过了东盟，强有力地推动了中国文化融入东南亚各国文化的进程。”[①]在平面媒体中，华文报纸也发展迅速。其中，东南亚国家中华文报刊发展最为兴盛的是马来西亚和新加坡。马来西亚是海外拥有华文报最多的国家，现有华文期刊63种，华文报18家，其中朝日报业集团的《光华日报》《星洲日报》和南洋报业集团属下的《南洋商报》是主要的华文报。马来西亚华人约占其国内总人口的28%，但18家华文报日销量却远超马来文报和英文报。[②] 在其他东盟国家中华文报纸也发展迅速。三是中国与东盟不断搭建文化交流的平台。中国充分尊重各国文明的多样性，积极与东盟国家进行交流，在互动中给东盟国家了解中国文化打开大门。2005年，中国与东盟共同签署了《文化合作谅解备忘录》，把文化交流正式上升国家合作的层面。到2005年在缅甸举行了“中国文化月”活动，2010年分别与越南、缅甸、印尼开展了“友好年”活动。一系列文化节庆活动的开展增进了双方的了解和共融。双方文教科技交流合作活跃。语言的学习促进了文化教育、科技等领域的交流和合作。通过与许多大学合作，在东盟国家开办大量孔子学院，把传统的汉文化精神和中国“和而不同”“中国梦”的发展理念推广到东盟国家的普通民众中。目前，中国已在东盟国家建立了48所孔子学院与孔子课堂，其中在泰国的最多，有23所，其余的零星分布在其他东南亚国家：印尼有6所、越南有3所、马来西亚有2所、新加坡有3所、菲律宾有4所、缅甸2所、柬埔寨4所、老挝有1所。[③] 另外，在汉语教学中，东南亚国家先后邀请约

① ［越］阮秋芳：《试论东盟国家文化与中华文化的共生包容性发展》，《琼州学院学报》2013年第6期。

② 吴妮：《东南亚华文报刊面对的挑战与机遇》，《传媒》2005年第9期。

③ 2015年9月11日，网络孔子学院：亚洲（http：//www. chinesecio. com/m/cio_wci)。

4000名中国的汉教志愿者到各国教授汉语，至2014年仍有1200名汉教志愿者在岗，在孔子课堂及学院学习汉语的学生有52400多人。[1] 孔子学院与孔子课堂已成为中国“软实力”的名片。

这些文化交流也包括了对中国法律文化背景和渊源的传播，为中国与东盟司法合作营造了有利于沟通和建立信任的环境。

第二节　中国—东盟司法合作取得突破

2002年以来，司法部办理了大量涉及产品质量责任、贸易纠纷、生产假药、保险、海事运输、侵犯知识产权、经济犯罪、洗钱、走私、网络犯罪等诸多领域的司法协助请求，其中不少案件具有敏感性强、复杂程度高、涉案金额高、办理时间跨度大等特点；犯罪资产查封、冻结、扣押、没收、返还和分享、刑事诉讼移转和被判刑人移管及民商事裁决承认和执行、调查取证、司法文书送达等工作逐年增加，司法协助业务向高层次、多领域发展。中国—东盟司法合作的发展趋势也不例外。2003年，中国与东盟建立战略伙伴关系。政治互信的加强，推动了双边经济贸易合作继续保持高速增长。中国与东盟之间司法合作的意愿前所未有地增强，无论是刑事司法领域还是民商事司法领域，都取得了一系列突破性进展。

一　刑事司法合作树立新的里程碑

2003年以来，刑事司法合作在中国与东盟之间有序开展，不仅在法律基础上不断夯实，还在司法实务的合作上进行了很多探索。“湄公河13名中国船员遇袭案”办理过程中开展的司法合作是中国与东盟司法合作特点的浓缩，是中国与东盟国家间司法合作的典范，更开创了维护地区和平与安全的新模式。

（一）法律基础

中国与东盟刑事司法合作的法律基础在三个层次上都有加强，为

[1] 《年终盘点：前驻泰国大使张九桓谈中国和东南亚国家关系》，2015年9月11日，人民网（http：//world. people. com. cn/GB/57507/10643283. html）。

全面开展司法合作奠定了有力基石。

1. 中国与东盟国家共同参加的关于打击跨国犯罪的国际公约

在《联合国打击跨国有组织犯罪公约》诞生不久，中国与东盟国家陆续加入了这个目前首个针对跨国有组织犯罪的全球性公约。该条约在2000年11月15日召开的联合国大会第55届会议上通过，2003年9月29日生效，截至2011年11月21日共有164个参加国；中国于2000年12月12日签署该公约，在2003年8月27日批准。该公约对“司法协助”条款的规定较为详细，达5000多字30多条。2003年，文莱、印尼、老挝、越南、马来西亚、菲律宾、泰国、中国8个国家签署了《联合国打击跨国有组织犯罪公约》，在2005年柬埔寨、新加坡、缅甸等国也先后签署或加入了该公约，如表4—2所示。

表4—2　**中国和东盟国家参加《联合国打击跨国有组织犯罪公约》的情况**

项目 国别	签署时间	加入、批准时间	是否作引渡依据
中国	2000年12月12日	2003年8月27日	是
泰国	2003年12月9日	2011年3月1日	—
菲律宾	2003年12月9日	2006年11月8日	—
马来西亚	2003年12月9日	2008年9月24日	否
越南	2003年12月10日	2009年8月19日	—
老挝	2003年12月10日	2009年9月25日	否
文莱	2003年12月11日	2008年12月2日	—
印尼	2003年12月18日	2006年9月19日	—
柬埔寨	—	2007年9月5日	—
新加坡	2005年11月11日	2009年11月6日	否
缅甸	2005年12月2日	—	否

资料来源：根据《中华人民共和国国际司法合作条约集》及司法部网页相关数据整理，2014年收集。

这个公约是联合国专门制定的为促进合作，更有效地预防和打击跨国有组织犯罪的国际公约。虽然在本公约中除了中国外，其他东盟国家都未明确或不接受将该公约作为引渡合作的法律依据，但是在打击有组织犯罪集团、洗钱犯罪、腐败行为、妨害司法等犯罪，以及相关司法协助、执法合作的内容方面达成共识，大大增强了对跨国犯罪的打击力度。

2. 中国与东盟国家签订的关于打击跨国犯罪的双边协议

在这一阶段长达10年的时间里，中国仅与泰国签订了《中华人民共和国和泰王国关于刑事司法协助的条约》，与老挝、印尼签订了《引渡条约》，如表4—3所示。

表4—3　**2003—2013年中国与东盟国家签订刑事司法协助条约情况**

项目 国别	刑事司法协助条约	引渡条约
泰国	2003年6月21日	1993年8月26日
老挝	1999年1月25日	2003年4月13日
印尼	2000年7月24日	2009年7月1日

资料来源：根据《中华人民共和国国际司法合作条约集》及司法部网页相关数据整理，2014年收集。

相对于中国—东盟司法合作成长期双边条约的签订，速度放缓，数量有所减少。而且《中华人民共和国和泰王国关于刑事司法协助的条约》较之前中国与其他东盟国家签订的条约规定，对条约不适用情况明确限制范围最多，包括了对人员的引渡，对刑事判决、裁定或决定的承认和执行、移交被判刑人、刑事诉讼的转移、逮捕令的执行等。与老挝、印尼签订的《引渡条约》都坚持了不符合人道主义精神不引渡、政治犯不引渡等原则。

3. 中国与东盟缔结涉及打击跨国犯罪的协议

2009年11月17—18日，在首届东盟与中国（10+1）打击跨国犯罪部长级会议上，双方签署了新修订的《中国与东盟非传统安全领域合作谅解备忘录》，确定了如下合作领域：一是合作机构设置。东盟成员国有关国家机构和中国外交部作为贯彻落实谅解备忘录的机构；东盟秘书处通过协商细节、计划和安排来落实备忘录中的合作。二是统一法律标准。中国与东盟各国将与备忘录所列的恐怖主义、贩运毒品犯罪、偷运移民、贩运人口，尤其是贩运妇女和儿童、海盗、洗钱、跨境经济犯罪和网络犯罪以及其他非传统安全问题所涉及的国内法律进行编辑；对本国参加的涉及上述非传统安全问题的国际条约进行编辑；对双方签署的有关的双边条约进行编辑。三是信息交流。各国应当根据各自国内法和政策就备忘录涉及的非传统安全的信息进行交流；各方应当根据国内法和政策就专门处理非传统安全问题的设备和技巧方面的信息进行交流。四是人员交流和培训。各国推进执法或与之有关的官员和专家间的交流和合作；中国应当组织研讨会来促进各方在打击恐怖主义、贩运毒品、偷运移民、贩运人口、国际经济犯罪和武装走私执法等方面的交流；中国举办培训帮助提高其他各国和地区整体能力，重点是打击毒品、法庭审判，移民管理、反洗钱、打击恐怖主义、道路交通管理控制、金融犯罪调查等能力。五是执法合作。中国—东盟各国在相互尊重主权、平等互利基础上开展最充分执法合作；各方应当根据各自国内法促进合作；鼓励各方就证据收集、犯罪收益追缴、逃犯缉捕和遣返、返还犯罪收益方面彼此做出双边法律安排。六是共同研究。双边各国支持该领域专家和学者共同研究，共同分享研究成果，组织相关领域专家访问交流。

4. 中国与大湄公河次区域国家签订的刑事司法合作协议

2011 年 10 月 31 日，在北京召开的中老缅泰四国湄公河执法安全合作会议上，与会方在平等互利、互相尊重主权的基础上，通过了《湄公河流域执法安全合作会议纪要》，发表了《中华人民共和国、老挝人民民主共和国、缅甸联邦共和国、泰王国关于湄公河执法安全合作的联合声明》，就加大联合办案力度，尽快查清“10・5”案件案情，建立中老缅泰湄公河流域执法安全合作机制，建立信息交流、联合整治治安突出问题、共同应对突发事件、联合巡逻执法、联合打击跨国犯罪合作机制，尽快商签中老缅泰《湄公河流域执法安全合作协议》等内容达成了共识。这两份文件虽然法律效力不及协议级别高，但丰富了中国与大湄公河次区域司法合作，而且随着“10·5”案件的成功办理，中老缅泰湄公河流域执法安全合作机制的建立和推进，为中国与东盟层面的司法合作树立了里程碑，探索了新路径。

（二）主要合作项目

1. 中国—东盟反洗钱合作不断加强

洗钱是指通过各种方式隐瞒、掩饰破坏金融管理秩序犯罪、贪污贿赂犯罪、金融诈骗犯罪、毒品犯罪、走私犯罪、恐怖活动犯罪、黑社会性质的组织犯罪等犯罪所得及其性质和来源的洗钱活动。[①] 根据国际货币基金组织统计数据，每年全世界清洗黑钱的数额在6000亿至1.8万亿美元之间，且呈大幅增长之势。中国境内每年清洗黑钱的数额在3000亿—4000亿元之间。[②] 根据2005年中国人民银行的统计数据，这年违反了反洗钱的相关法规、有违规洗钱嫌疑而受处罚的金融机构达600家，收取的罚款达5629万元。[③] 2006年10月31日中国通过了《中华人民共和国反洗钱法》（以下简称《反洗钱法》），对与其他国家或组织开展反洗钱国际合作做了专章规定，结束了反洗钱国际合作无专门法律依据的状态。2007年6月28日，中国在金融行动特别工作组（FATF）第十八届三次全体会议上正式成为FATF成员。[④] 至此，中国反洗钱工作正式被纳入国际反洗钱行动中。为了加强与其他国家的金融情报交流，中国设立了“中国反洗钱监测分析中心”，并在国务院设立了专门负责与有关国家、国际组织开展反洗钱合作的反洗钱行政主管部门，与泰国、马来西亚、印度尼西亚等东盟国家签订了《关于反洗钱和反恐怖融资金融情报交流谅解备忘录》。借助这一合作平台，中国与东盟各国加强了关于贩毒、恐怖主义、国际经济犯罪、洗钱等跨国经济犯罪的信息交流，为及时打击犯

① 参见《中华人民共和国反洗钱法》第二条。

② 张靖：《中国的反洗钱问题及对策》，《时代经贸》（学术版）2007年第5卷第1期，第46页。

③ 彭贤鸿、毛端作：《论中国反洗钱立法的现实基础》，《西安金融职工大学学报》2006年第12期。

④ 王燕之：《中国反洗钱国际合作进入一个新的历史发展时期》，《中国金融》2007年第15期。

罪，维护地区和平稳定提供了有力支撑。与此同时，打击跨国犯罪的合作也得到加强，特别是居于洗钱犯罪涉及众多的上游犯罪，打击洗钱犯罪的合作促进了中国与东盟在打击跨境毒品、恐怖主义、黑社会性质的组织、贪污贿赂、走私、金融诈骗等领域的司法合作。

2. 中国—东盟禁毒合作深入

近年来，大量来自“金新月”“金三角”的海洛因等毒品从越南流入中国，使广西段中越边境成为第二大毒品走私路径。而中缅边境的毒品犯罪则更胜一筹。[①] 由于毒品犯罪在这一区域呈现出猖獗的态势，使得区域各国都深受其害。面对如此猖獗的毒品犯罪，中国与接壤的东盟国家开展禁毒合作更加普遍、深入。2003 年 7 月，中国、缅甸、老挝、泰国、印度五国召开部长级多边禁毒会议，就加强禁毒合作进行磋商；同时，中国、老挝、缅甸、泰国禁毒主管部门在分析湄公河流域禁毒形势后，制订了联合打击跨国贩毒的行动计划。2012 年 10 月中越双方的公安部签署《第三次合作打击犯罪会议纪要》，就打击制贩毒品、偷越国（边）境、恐怖主义、拐卖妇女儿童、电信诈骗等犯罪达成共识。这些合作机制发挥了打击跨境毒品犯罪的重要平台作用，禁毒成果显著，大量特大跨国涉毒犯罪被侦破。2004 年大毒枭谭晓林被缅方移交中方后被昆明市中级人民法院依法判处死刑；[②] 中菲首次联手破获了涉案金额 1 亿多元、涉毒 296 千克的走私新型毒品案件，菲方根据引渡条约向中国移交了主犯陈天福。[③] 2013 年老挝向中国移交了“3・19”湄公河特大跨国贩毒案的 5 名犯罪嫌疑人；[④] 2014 年上半年，中越边境第一届联合扫毒行动破获涉及两国的毒品犯罪案件 3180 起，抓获毒犯 3820 名，900 余千克

---

① 张年亮、刘文杰：《中越开展第二届边境联合扫毒行动》，《人民公安报》2015 年 9 月 9 日第 3 版。

② 魏武、王勉、李忠发：《中国与东盟联手打击跨国犯罪》，《人民公安报》2006 年 10 月 24 日第 1 版。

③ 陈淑华、陈毅香、陈雷：《贩毒要犯陈天福引渡回泉》，《泉州晚报》2004 年 4 月 24 日第 3 版。

④ 李怀岩：《联合执法肃毒　打造湄公河“安全航道”——湄公河“3・19”特大跨国贩毒案侦破纪实》，《参考消息》2013 年 5 月 20 日第 4 版。

毒品被缴获;[①] 2015 年在云南省德宏傣族景颇族自治州边境与缅甸联合开展了“夏季风暴”“边境狩猎”等专项扫毒行动，仅上半年就缴获毒品 1.61 吨。[②]

3. 中国—东盟打击拐卖妇女、儿童犯罪合作增多

随着中国西南边疆的对外开放，在云南、广西等边境地区发生的跨国拐卖妇女案件态势严峻。正如“中国日报网消息：英文《中国日报》（2011 年 12 月 3 日）报道：近日，中国公安部打拐办陈士渠主任表示跨国拐卖妇女犯罪呈上升趋势”[③]。自 2004 年以来，被拐卖到中国的缅籍妇女达 90 余人。[④] 据统计，2007 年至 2012 年云南立案办理的跨国拐卖人口案件有 395 件，其中涉及缅甸的有 334 件，涉及越南的有 56 件，涉及老挝的有 5 件。[⑤] 这一犯罪趋势引起了中国与东盟国家，尤其是大湄公河次区域国家的高度重视，以及不断加强合作的意识和行动。一是完善中国与东盟国家合作打击拐卖人口犯罪的法律依据。在以 2003 年 9 月 29 日正式生效的《联合国打击跨国有组织犯罪公约》和 2003 年 12 月 25 日签署的《关于预防、禁止和惩治贩运人口特别是妇女和儿童行为的补充议定书》作为国际反拐合作基本法律框架的基础上，大湄公河流域的 6 个国家于 2004 年 10 月签署了《湄公河次区域合作反对拐卖人口谅解备忘录》，启动了次区域合作反拐进程。同时，一系列双边警务合作协议在中国与柬埔寨、印度尼西亚、菲律宾、越南、老挝、缅甸、泰国等国警务部门间签订，拐卖妇女儿童犯罪被列为打击重点。[⑥] 二是形成打拐联络官办公室制度。2006 年 12 月 28 日，在云南红河河口县成立了“中国河口县打击跨国拐卖妇女儿童犯罪执法合作联络办公室”；2007 年，中国公安

---

① 王茜：《中越开展第二届边境联合扫毒行动》，《法制日报》2015 年 9 月 9 日第 3 版。

② 王艳龙、何冬华：《中缅边境半年缴毒 1.61 吨　境外毒品多头入境》，中国新闻网（http：//news. cnr. cn/native/gd/20150626/t20150626_ 518972728. shtml）。

③ 张琰、金慧喻：《公安部：被拐“外籍新娘”呈上升趋势》，《中国日报》（英文版）2011 年 12 月 3 日第 4 版。

④ 魏武、王勉、李忠发：《中国与东盟联手打击跨国犯罪》，《人民公安报》2006 年 10 月 24 日第 1 版。

⑤ 数据来源于云南省公安厅。

⑥ 宋识径：《打击拐卖妇女儿童，中国与世界联手》，《方圆法治》2010 年第 1 期。

部和缅甸内政部在云南瑞丽成立了第一个中缅打击拐卖人口犯罪联络官办公室；2008 年，第二个中缅打击拐卖人口犯罪联络官办公室在云南德宏陇川挂牌成立；2013 年 5 月 20 日，第三个中缅打击拐卖人口犯罪联络官办公室在南伞—老街口岸挂牌成立。[①] 2009 年 10 月 16 日，在与老挝接壤的云南西双版纳勐腊县磨憨边贸区建立了“中老打击跨国拐卖妇女儿童执法合作联络官办公室”。目前，已有 8 个打击拐卖人口犯罪联络官办公室在中越、中缅、中老边境地区建立。双方在打击跨国拐卖人口犯罪国际合作中取得了良好的效果。三是建立双边警务会晤制度。中国与越南、老挝和缅甸接壤的边境地区公安机关与对方国家边境地区的警务部门长期存在多种形式的执法合作情报交流、行动策划等合作制度，这些互通有无的会晤不但增进了相互了解，也提高了联合执法的能力，增强了打击犯罪的力度。

4. 参与国际反腐追逃方面的合作

世界各国国家领导人就反腐工作的重要性达成共识，并落实到具体的法律文件和工作机制上，是开启合作新篇章的关键。2014 年 11 月 14—23 日，中国国家主席习近平在布里斯班出席二十国集团（G20）领导人第九次峰会时就二十国集团成员在反腐追逃等方面加强合作，拓展双边性和地区性国际合作的广度和深度提出吁请。2014 年 11 月，《北京反腐宣言》作为首个由中国主导起草的国际反腐败宣言，在亚太经合组织第 26 届部长会议上通过。会议还建立了 APEC 反腐执法合作网络（ACT - NET），携手加强亚太地区国际反腐追逃追赃等合作。[②]

据 2012 年 11 月 5 日的《中国纪检监察报》报道，“2007 年以来，76 名外逃的职务犯罪嫌疑人被中国检察机关抓获，500 余名外逃经济犯罪嫌疑人被中国公安机关抓获。在这些被追逃的人员中，很多是从东盟国家引渡回国的”。这是由于东南亚与中国山水相连的特殊地理位置使中国西南边境成为贪官外逃的重要路径。但是近年来中

---

① 李跃华、段绍东：《第三个中缅打拐联络官办公室在云南成立》，《中国日报》2013 年 5 月 15 日第 4 版。

② 李警锐：《国内“打虎”国外“猎狐”中国反腐“内外并举”》，《人民日报》2014 年 12 月 4 日第 8 版。

国与东盟在追逃追赃等国际反腐方面合作的力度不断加大，使得归案的贪官日益增多。如 2003 年 10 月，中国成功将涉嫌贪污、挪用公款 13 亿港币的广东省国际投资公司香港分公司原副总经理黄清洲，从泰国引渡回国。2004 年 5 月 15 日，上海市检警联手不懈努力 7 年，将涉嫌贪污公款潜逃的上海市核电办原主任杨万忠在柬埔寨缉捕归案。2008 年 8 月，贪污公款 4.2 亿元、潜逃至泰国的犯罪嫌疑人陈满雄、陈秋圆夫妇被泰国最终引渡移交中国。继中国“猎狐 2014”抓获外逃经济犯罪人员 680 名后，2015 年 3 月 28 日中国反腐国际追逃追赃“天网”行动又首战告捷。藏匿于老挝的天津市国税局直属分局原局长庞顺喜、天津港保税区瀚通国际贸易有限公司原总经理安慧民被中老联合缉捕工作组押解回国。[①] 在中国与东盟成员国的共同合作下，中国反腐工作取得了前所未有的硕果。

5. 中国和东盟各国海上执法合作机制建立

海上执法合作主要是针对海上犯罪高发的现状开展的。按照《海洋法公约》对海域的定义，“海上犯罪是指在一国内水、领海、群岛水域、毗连区、专属经济区、大陆架、国际海底区域和公海上发生的犯罪”。中国和除老挝外的东盟国家都存在大面积海域相连的情况，而这些海域一直是全球海上犯罪高发区域。中国与东盟国家就合作打击海上犯罪开展了大量合作。一是达成合作共识。在 2002 年 11 月签署《南海各方行为宣言》（以下简称《宣言》）基础上，在 2004 年 12 月确立了关于落实《宣言》联合工作职责、主要任务、具体合作措施等，将打击海上跨国犯罪作为合作的具体项目。2006 年 8 月中国与马来西亚签署了《中马海上合作谅解备忘录》，在相关海域就包括海上执法等内容进行合作达成共识。二是建立磋商机制。2003 年 10 月建立中国—东盟海事磋商机制，双边海事机构在维护海上安全和保护海洋环境方面进行合作。三是进行广泛的交流研讨。中国与东盟海上执法合作研讨会于 2006 年 8 月 29 日至 30 日在中国大连召开，中国和东盟各国海上执法机构将就

① 刘少华、闫梦醒：《中国撒网猎狐大阵仗世界罕见，贪官排队自首》，《人民日报》（海外版）2015 年 4 月 4 日第 8 版。

高发的海域海上抢劫、走私、偷渡、毒品贩运等违法犯罪活动建立有效的合作机制，强化打击海上跨国犯罪的力度。

6. 打击恐怖主义犯罪的合作加强

从2003年至2013年，在中国和东盟地区恐怖主义事件呈现愈演愈烈的态势。泰国平均每年要发生200多件恐怖袭击事件，其数量居于地区首位，其次是菲律宾、印度尼西亚、缅甸，中国平均每年要发生4.6起恐怖袭击事件，居于地区第四位。[①] 而从2008年的拉萨“3·14”事件、2009年新疆乌鲁木齐“7·5”事件，到2013年北京天安门金水桥“10·28”案件、2014年云南昆明火车站“3·1”案件，可以看出发生在中国的恐怖主义犯罪的破坏性之大。2014年以来，东南亚各国的疑似中国西北少数民族偷渡事件频频发生，“其通道设计先借助正常的新疆人口流动与迁徙路线（京沪粤）作为掩护，随主流线路从新疆—兰州—西安—河南南阳，再以南阳为分化点，从黑龙江、广西或云南出境”[②]。这些偷渡者大部分受宗教极端“迁徙”“圣战”思想蛊惑，选择中越、中缅边境作为偷渡路径。因此，中国在反恐战线中的位置被凸显出来，尤其是与东南亚接壤的西南边境地区暴露在了反恐的前沿。中国与东盟开展了一系列反恐执法合作，并取得了一定成效。一是达成了合作共识。在《中国与东盟关于非传统安全领域合作联合宣言》《中国与东盟非传统安全领域合作谅解备忘录》的基础上，中国与东盟于2009年重新修订了《非传统安全领域合作谅解备忘录》，将防范和打击恐怖主义犯罪列为双方打击非传统安全合作的首位。二是加强交流。2004年9月中国和东盟10国反恐专家在中国苏州举行反恐合作研讨会，2006年4月召开第四届东盟地区论坛反恐与打击跨国犯罪会间会，都是旨在加强各方应对恐怖犯罪的能力，加强相关国际和地区合作。[③] 三是共建合作试点。2013年10月30日，在

① 根据“http：//www. start. urnd. edu/gtd/”公布的数据。

② 张少英：《境内人员出境“圣战”通道披露：河南南阳为节点》，《环球时报》2015年6月4日第4版。

③ 《中国聚焦：中国依法重拳打击宗教极端分子恐怖犯罪活动》，2015年1月20日，新华网（http：//news. xinhuanet. com/legal/2015－01/18/c_ 1114036722. htm）。

越南谅山省友谊国际口岸，广西公安边防总队和越南边防部队举行“共建友好站（队）屯、共创平安边境”签字仪式，标志着中越两国边防部门“共建”试点活动全面铺开。2011 年以来针对中越边境安全的严峻形势，双方举行会晤 200 余次，中方接受被遣返非法入境人员 6100 余人次，遣返越方非法入境人员 2200 余人次，查获涉外案件 200 余起。但是对于中国西北维吾尔族偷渡东南亚问题的处置，目前涉事双方政府高层仍没有取得共识，一定程度影响了现实中的司法合作。笔者将这个问题放到合作存在问题的章节中专门进行了剖析。

（三）打击跨国犯罪合作机制

2003年以来，在打击跨国犯罪领域中国与东盟建立了大量不同层次的合作机制，其中包括高级别会议机制和执法机制。主要有：东盟与中日韩(10+3)打击跨国犯罪部长级会议机制、东盟与中国(10+1)打击跨国犯罪部长非正式会议机制、东盟与中国(10+1)打击跨国犯罪部长级会议、中国—东盟成员国总检察长会议等。

1. 东盟与中日韩（10+3）打击跨国犯罪部长级会议机制运行情况

东盟与中日韩（10+3）打击跨国犯罪部长级会议旨在通过加强打击跨国犯罪活动的地区合作，维护稳定安全的国际秩序，营造和平与发展的地区及国际环境。该机制是2002 年11 月在中国率先倡议下形成的“10+3”框架的部长级会议机制。自首届东盟与中日韩（10+3）打击跨国犯罪部长级会议于2004 年1 月10 日在泰国曼谷召开，至今已有6 届。该会议机制确立了“平等、开放、合作、共赢”的方针，在制订合作计划、建立和完善打击跨国的区域合作机制、互派遣警务联络官、建立热线联系制度等方面取得了成效，签署了《非传统安全领域合作谅解备忘录》，致力于联合打击毒品、恐怖主义、国际经济犯罪等跨国犯罪,[①] 如表 4—4 所示。

① 新华社：《东盟与中日韩打击跨国犯罪部长级会议在河内召开》，《人民公安报》2005 年12 月1 日第1 版。

表4—4 **东盟与中日韩（10+3）打击跨国犯罪部长级会议机制**

届数	时间	地点	中国提出议题	达成的共识
第一届	2004 年 1 月 10 日	曼谷	1. 打击跨国犯罪地区合作四项原则，即平等协商、相互尊重、循序渐进、灵活务实 2. 打击跨国犯罪地区合作五项倡议：建立和完善打击跨国犯罪的地区合作机制、确定重点合作领域和牵头国、建立热线联系、制订行动计划、互派警务联络官	签署了《非传统安全领域合作谅解备忘录》
第二届	2005 年 11 月 30 日	河内	阐述了平等、开放、合作、共赢的合作政策主张	通过了“10+3”打击跨国犯罪工作计划
第三届	2007 年 11 月 7 日	斯里巴加湾	实现“平安奥运”安全保卫合作	就落实“10+3”打击跨国犯罪工作计划达成共识
第四届	2009 年 11 月 18 日	暹粒	1. 支持东盟发挥主导作用推进东亚共同体建设 2. 提高区域整体执法能力建设的合作倡议 3. 加强执法合作和人员培训的建议	发布了《会议联合公报》
第五届	2011 年 10 月 12 日	巴厘岛	1. 推动“10+3”打击跨国犯罪合作机制建设 2. 开展联合行动、缉捕和遣返犯罪嫌疑人、案件协查等务实执法合作	发表了《联合声明》
第六届	2013 年 9 月 16 日至 18 日	万象	探索创新合作模式	肯定了“10+3”合作在增进相互信任、密切经贸联系、促进地区和平、稳定与繁荣方面发挥的重要作用

资料来源：新华网相关数据，2014 年收集。

2. 东盟与中国（10+1）打击跨国犯罪部长级非正式及正式会议机制运行情况

这两个会议机制都是从属于东盟峰会系列的多个（10+1）会议机制的有机组成部分。2005 年，为加强东盟与中国在打击跨国犯罪方面的需要，在（10+3）打击跨国犯罪部长级会议召开的同期，东盟与中国召开（10+1）打击跨国犯罪部长级非正式会议，建立专门研究商讨“10+1”框架下合作机制。这一会议经双方达成共识，从 2005 年 11 月 30 日首届会议后，确立了每两年召开一次的制度，至今已召开两届。这一机制是作为东盟与中国（10+1）打击跨国犯罪部长级正式会议的试运行合作形式存在，其务实的合作项目显示了“10+1”框架下专门就打击跨国犯罪进行合作的优势和地位，如表 4—5 所示。

表 4—5　**东盟与中国（10+1）打击跨国犯罪部长级非正式会议**

届数	时间	地点	中国提出议题	达成的共识
第一届	2005 年 11 月 30 日	河内	5 年内培训 900 名东盟国家执法人员	发表联合新闻声明
第二届	2007 年 11 月 7 日	斯里巴加湾	落实双方执法合作项目	决定续签《中国与东盟非传统安全领域合作谅解备忘录》

资料来源：新华网相关数据，2014 年收集。

东盟与中国（10+1）打击跨国犯罪部长级会议可以视为前期非正式部长级会议的升级，这不仅是会议形式的升级，更重要的是“10+1”框架下中国与东盟在打击跨国犯罪领域合作的升级。这一会议机制保持了在每届（10+3）打击跨国犯罪部长级会议召开的同期召开的惯例，是磋商中国与东盟合作问题的专属合作平台。自 2009 年 11 月首届东盟与中国（10+1）打击跨国犯罪部长级会议召开，至今已有 3 届。这个会议机制在增强中国与东盟互知互信，深化睦邻友好关系，促进务实合作，共谋发展方面发挥着积极的作用，如表 4—6 所示。

表 4—6　　东盟与中国（10 + 1）打击跨国犯罪部长级正式会议机制

届数	时间	地点	中国提出议题	达成的共识
第一届	2009 年 11 月 17—18 日	暹粒	5 年内培训 1000 名东盟国家执法人员	1. 签署修订后《中华人民共和国政府和东南亚国家联盟非传统安全领域合作谅解备忘录》 2. 发表《会议联合声明》
第二届	2011 年 10 月 12 日	巴厘岛	1. 增进人员往来和业务团组互访 2. 推进执法能力建设领域合作 3. 加强打击电信诈骗等跨国犯罪的务实合作	1. 通过《关于落实〈中华人民共和国政府与东南亚国家联盟非传统安全领域合作谅解备忘录〉的行动计划》 2. 发表了《联合声明》
第三届	2013 年 9 月 16—18 日	万象	1. 坚持完善打击跨国犯罪合作机制建设 2. 不断深化执法能力建设合作 3. 推动建立更加全面、务实、高效、便捷的执法安全合作网络	发表了《第三届东盟与中国打击跨国犯罪部长级会议暨纪念东盟与中国建立部长级执法合作关系 10 周年的联合声明》

资料来源：新华网相关数据，2014 年收集。

3. 中国—东盟总检察长会议运行情况

2004 年，在中国倡议下，中国与东盟成员国建立了总检察长会议机制，搭建了中国与东盟各国检察机关高层领导会晤、共同协商合作、商讨合作策略、边境基层合作的平台，整合了检察机关跨境打击犯罪的资源。中国—东盟总检察长会议机制作为中国与东盟双方司法机关间建立的唯一会议机制，对双方在专门行业开展合作起了标杆示范作用。经过中国和东盟成员国检察机关的共同努力，该会议机制已取得丰硕的合作成果，对地区合作的影响力不断增强，是一个前景广阔的重要司法合作机制，如表 4—7 所示。①

① 赵奕：《加强区际合作打击跨国有组织犯罪——第四次中国—东盟总检察长会议述要》，《人民检察》2007 年第 12 期。

表4—7 **中国—东盟总检察长会议**

届数	时间	地点	主题	重点议题	达成的共识
第一届	2004年7月7—9日	昆明	维护地区稳定打击跨国犯罪	区域司法合作及机制建设	1. 涉案款物追缴返还、互涉案件的调查取证、在缉捕和引渡罪犯等领域进行合作，相互依法提供最大限度的协助 2. 建立中国与东盟部分成员国边境地区检察机关的直接合作机制 3. 建立司法信息交换机制和加强检察机关之间的交流 4. 愿意在有关国际条约和协议的框架内开展合作
第二届	2005年9月16—18日	曼谷	加强地区检察合作保护人权	保护人权	1. 完善经常性的会晤机制 2. 构建司法信息交换机制、司法信息情报网络 3. 扩大检察学术交流与检察官交流培训机制
第三届	2006年7月31日—8月3日	雅加达	促进打击跨国犯罪	打击跨境犯罪	1. 签署《联合声明》 2. 继续保持高层互访 3. 积极落实互派检察官交流访问机制 4. 完善边境检察机关直接合作机制
第四届	2007年4月11日—12日	澳门	直接合作打击跨国跨地区犯罪	1. 检察机关的机构建设 2. 执法合作打击跨境犯罪	1. 建立健全国内法律体系，为直接合作打击跨国犯罪提供法律依据 2. 完善检察机关组织框架，设置开展直接合作的部门 3. 为国家间执法人员交流学习提供培训 4. 强化国内相关打击跨国犯罪部门机构间执法合作 5. 简化刑事司法协助请求内容，采取快捷手续办理请求 6. 《联合国反腐败公约》《联合国打击跨国有组织犯罪公约》等国际公约作为合作基础取得初步共识

续表

届数	时间	地点	主题	重点议题	达成的共识
第五届	2008 年 11 月 11—13 日	马尼拉	有效合作打击跨国犯罪	深化反腐败和反洗钱的国际合作	1. 同意建立全面的刑事司法互助机制，加强直接合作 2. 中国与东盟各成员国建立与国际标准一致的国内法律框架 3. 加强各国检察、执法机关之间的直接合作 4. 互派检察官 5. 相互提供业务培训与技术支持 6. 通过签署多边或双边法律协助简化目前跨国刑事司法协助和引渡的程序
第六届	2009 年 11 月 24—25 日	河内	加强刑事司法协助合作有效打击跨国有组织犯罪	加强刑事司法合作应对国际金融危机	发表《联合声明》形成以下共识： 1. 完善刑事诉讼法以推动本地区刑事司法协助 2. 改进刑事司法协助的机制 3. 加强检察机关高层领导定期双边或多边培训合作项目 4. 加强区域内专家培训和检察官培训的合作 5. 推动建立犯罪情报和打击犯罪经验的交流平台
第七届	2011 年 5 月 5—7 日	新加坡	检察官在维护司法公信力中的作用	交流、分享和借鉴各国检察官维护刑事司法公信力的有益做法和经验	发表《联合声明》： 1. 更有效发挥检察官维护刑事司法公信力的积极作用 2. 加强当前总检察长会议机制建设

资料来源：新华网相关数据，2014 年。

二　民商事司法合作发展缓慢

在中国与东盟建立面向和平与繁荣的战略伙伴关系后，中国与东盟的民商事司法合作也呈现出逐年增加的态势。但由于政治互信不足、法律体系差异、法律规定缺位等原因，仍停留在起步阶段。

(一) 法律基础

1999 年以后，中国与东盟各成员国间再没有签订过任何民商事司法领域的条约，目前尚未与中国签订民商事司法协助条约的东盟国家有柬埔寨、菲律宾、印度尼西亚、缅甸、马来西亚、文莱，占了东盟国家的五分之三。在与东盟国家签订的民商事司法协助协定中，也存在宏观性规定没有进一步细化，导致在司法实践中缺乏操作性的问题，如中国与老挝、越南等国之间的司法实践在有司法协助条约的基础上也多年近乎中断，这在后面司法实践部分会详细陈述。这一阶段，中国与东盟成员国也没有共同加入过任何该领域的公约。

在 2010 年中国—东盟自由贸易区建成后，中国—东盟出台了《全面经济合作框架协议争端解决机制协议》（以下简称《争端解决机制协议》），这个拥有 11 个缔约方的多边协议“是一个在内容上比较完备的法律文件，所规定的内容对于解决中国和东盟成员之间可能出现的贸易争端具有决定性意义，对于中国—东盟贸易体制在稳定性及可预见性方面起着核心作用，也使争端解决具有很强的可操作性。协议的目的在于保证争议得到积极解决，为争端解决提供了一种有效、可靠和规则取向的制度性安排”①。但是至今为止，这一制度性安排仍仅止于宏观方面，而且在争端解决方式上最注重仲裁，对于具体操作所必需的中国—东盟贸易争端解决机构、解决争端的专家组都没有组建，对于通过诉讼解决争端的具体程序和路径都没有具体提出。

(二) 司法实践中的合作

与中国—东盟民商事司法合作法律基础薄弱相对应的是在民商事司法领域的合作实务相对滞后。在司法合作整体提升的时期虽然有所改善，但也经历了基本停滞到复苏的过程。

1. 民商事司法合作基本情况

“据统计，至 2010 年，中国法院和外国法院相互委托送达民商事案件司法文书的数量，已从最初的每年不足十件上升到每年三千余

① 沈四宝：《论〈中国—东盟全面经济合作框架协议争端解决机制协议〉》，《上海财经大学学报》2006 年第 1 期。

件，调查取证也已达到每年数十件。案件类型也由简单的经济纠纷、婚姻家庭纠纷扩展到知识产权纠纷、股权纠纷等多领域的纠纷。”[①] 在这样一个民商事司法协助工作加强的大背景下，与东盟国家间的民商事司法协助也有所发展，但相对更为滞后。据资料统计，2003—2008 年，云南省法院审结涉外、涉港澳台民事案件 387 件，其中涉外案件 198 件。在这些涉外案件中，100 万元以下的边境小额贸易纠纷占绝大部分。[②] 以云南省昆明市中级人民法院受理的涉外（含涉港澳台）商事案件来看，2002 年以来每年大约 30 多件，其中近三分之二是涉港澳台的，涉东盟的案件平均每年四五件。纠纷当事人所在国涉及老挝、缅甸、新加坡、泰国、马来西亚、越南六国，但以涉老挝的商事案件最多，其次是涉缅甸、新加坡、泰国的商事案件；而且基本上都是在司法诉讼中不需要跨国送达或取证的案件，占到了近 90%；案件类型以建设工程合同纠纷最多，约占了三分之一，其次是矿山转让合同纠纷、开采承包合同纠纷、合伙协议纠纷等，到 2012 年以后，出现了股权转让纠纷。勐腊县人民法院 2010 年至 2011 年 9 月，受理的涉外民商事案件共有 8 件，涉外因素均为合同履行地或侵害行为发生在老挝或缅甸，其中，涉老挝 7 件，缅甸 1 件；涉外当事人都是中国籍公民或法人，并未给法院在选择适用哪个国家的法律上带来查证的困难。这些案件均根据实际情况，确认适用中国法律裁决。[③] 以广西南宁市中级人民法院管辖的涉外民商案件来看，2003—2010 年，共受理涉外东盟民商事案件 59 件，其中仲裁 12 件，审理 47 件。这些案件的当事人所在国主要有柬埔寨、缅甸、泰国、马来西亚、新加坡、越南 6 个国家，但以涉及越南、新加坡、马来西亚的商事纠纷最多，占总受案数的 92% 以上。案件类型涉及货物买卖合同、股权争议、旅游合同等十多种类型，以服务贸易、货物贸易方面和利用外资等类型的纠纷居多。案件标的数额多为几万元至几十万元。被告为中国籍的案件有 66.7%，其余的属于被告为东南亚国

---

① 王明新：《加强国际司法交流与合作——15 年人民法院外事工作成绩斐然》，《人民法院报》2009 年 10 月 30 日第 3 版。

② 数据来自云南省高级人民法院。

③ 数据来自云南省昆明市中级人民法院。

籍或争议标的在中国领域之外的。[①]

2. 民商事司法合作滞后的原因

从云南、广西部分法院的司法经验来看，在中国—东盟建立战略伙伴关系后双方在民商事司法合作领域仍然滞后的原因不外乎也与前面阶段滞后原因大同小异，包括法律依据的缺位、边境各国司法制度不对等、诉讼程序繁杂等，但最关键的还是政治互信的不足。从中国国内来看，在法律基础方面，除了与部分东盟国家签订了民商事司法协助条约外，没有伴随中国—东盟自由贸易区的建成而签订中国—东盟司法协助条约，仅依靠《争端解决机制协议》的一些宏观规定，很难适应贸易量增长、贸易纠纷增多的现实需要；在诉讼程序方面，没有关于落实民商事司法协助条约条款的国内立法细化，使得在具体案件处理中，适用起来较难操作。比如在萌芽期就存在的诉讼中送达程序繁复的问题，到了提升期依然存在，导致很多案件无法受理。在瑞丽，中国法院受理缅甸公民告中国公民提起的诉讼，公正判决、认真执行，但是缅甸法院却不受理中国公民提起的诉讼，如果中国公民选择在中国起诉缅甸公民，送达、取证、执行都有很大的问题。在河口也存在同样的情况，因此中国也不受理越南公民提起的诉讼，诉讼往来一度中断。在磨憨，勐腊法院受理的涉边贸案件都只是中国人起诉中国人的（侵害行为发生在老挝）。另外，中国国内指导办理涉外民商事案件的相关文件存在阐述不明确的问题。如最高人民法院《关于涉外民商事案件诉讼管辖若干问题的规定》第 4 条规定，发生在与外国接壤的边境省份的边境贸易纠纷案件不适用集中管辖的规定，但由于最高法院对边境贸易纠纷是否属于涉外民商事纠纷未予以明确，因此云南省边境地区的基层法院受理了边境贸易纠纷案件，其中包括了部分带有涉外因素的商事案件及涉外侵权案件。[②]

3. 关于证据审查的问题

2005 年 11 月第二次全国涉外商事海事审判工作会议形成的《会议纪要》第 39 条专门对当事人提供的域外证据的审查程序规定了双

① 李莉：《论中国—东盟经济贸易争端解决的对策》，《中国商贸》2011 年第 29 期。

② 数据来源于云南省高级人民法院。

轨制审查原则，执行对涉及诉讼主体资格的证据实行强制公证、认证及其他证明的制度，对域外证据一律要经当事人质证的制度。相对于2002 年之前《关于民事诉讼证据的若干规定》对涉外证据强制性的公证认证有较大的灵活性，更有利于涉外民商事诉讼的处理，也利于对等原则的适用。在司法实践中，云南、广西等法院对于境外证据也是按双轨制进行审查的，即对于有关证明诉讼当事人身份的证据，采取强制公证认证原则；对于其他证据由当事人自行选择是否办理公证认证。一是境外当事人为自然人的，当着法官出示身份证明、入境证明并提交证明复印件，法官核对无误后，应当将核对情况做书面记录，并要求该当事人在复印件和书面记录上签名、按手印，可以不再要求其办理公证、认证手续。缅甸边境地区当事人提交的身份证明包括缅甸政府颁发的身份证、其居住地区有关当局颁发的身份证明、其居住地华侨组织出具的身份证明、缅甸边民证。二是境外当事人为法人或者其他组织的，其注册文件和法定代表人证明文件应当公证、认证。三是就域外当事人签署的授权委托书分了四种情况：对产生于域外的授权委托书实行强制域外认证公证证明的审查规则；对于域外自然人在国内签署的授权委托书除当法院办案人员签署的外，其余均须经过域内公证；域外法人或其他组织的代表人除当人民法院办案人员面签署的授权委托书外，其余均要办理域内的公证；域外法人或其他组织的代表人提交其签署的授权委托书时一律要出示经过域外公证认证的能够证明其有权签署授权委托书的证明文件。

（三）民商事司法实践合作开始改善

中国—东盟自由贸易区建成后，创造一个公平、自由、诚实守信的法制环境是区域合作不断深化的需要。在属于中华法系的中国，最高司法机关享有法律的创制权。这一变化首先体现在对司法所依据的成文法的修订，主要体现为以司法解释的形式对涉外民商事案件的审判工作做出补充规定，加强对这项工作的规范和指导。2010 年，最高人民法院发布了《关于进一步做好边境地区涉外民商事案件审判工作的指导意见》（以下简称《意见》），该《意见》第 2 条首次对1995 年最高人民法院下发的《关于终止地方法院与国外地方法院部门司法协助司法协议的通知》的司法解释做出限制解释，从提高司法效率，保护当事人诉讼权利的角度，把边境地区司法文书送达这一司法职权授予该地区的人民法院，“人民法院可以根据边境地区的特点，进一步探索行之有效的送达方式”。据此，2011 年云南省高级人民法院结合云南省边境地区涉外民商事案件的特点，制定下发了《云南省高级人民法院关于进一步做好边境地区涉外民商事案件审判工作的实施办法》，对云南省边境地区涉外民商事案件的范围、送达司法文书和与诉讼相关的材料的方式、诉讼主体身份公证认证、证据认证等具体问题进行了明确，为规范边境地区涉外民商事案件提供了有力的支持。2013 年，中国最高人民法院发布了《关于依据国际公约和双边司法协助条约办理民商事案件司法文书送达和调查取证司法协助请求的规定》（以下简称《规定》），该《规定》专门就民商事案件司法文书送达及调查取证方面的国内法如何与国际法对接做了规定，明确了依据海牙送达公约、海牙取证公约对外司法行为的合法性，并将这一权限下放到“经最高人民法院授权的高级人民法院”，使跨境司法文书送达及证据的调取较之前便捷不少，为缓解送达难、取证难的问题提供了解决的法律依据。另外，《规定》还明确了便捷高效原则、对等原则、依法审查原则等作为对适用解释的指导精神，其中不难看出中国司法机关对中国与东盟进一步深化战略合作伙伴关系政策精神的认识和落实。在司法实践方面，2008 年以来，云南省除省高院外，全省确立了昆明市中级人民法院及 8 个边境地区州、市中级人民法院有涉东盟商事案件一审的管辖权。2009 年以来，广西壮族自治区除区高院外，全区法院确立了 8 个中院管辖一审涉东盟案件，至 2010 年全区 14 个中级人民法院都享有了对本辖区涉东盟案件的管辖权；[①] 其中 2010 年 3 月，北海海事法院设立了涉东盟国家海事海商案件专项合议庭，目前受理的涉东盟国家海事海商案件都以调解结案。

在提高跨境民商事诉讼效率方面，中国法院在司法实践中首先进行了改进。如云南省德宏、保山、版纳、红河、怒江等中级人民法院

① 《为自贸区发展提供强有力的法律支持——广西法院涉外、涉东盟商事海事审判工作侧记》，《广西法治日报》2014 年 9 月 19 日第 3 版。

在审理涉外、边境贸易纠纷时，针对境外当事人到庭应诉率低、送达法律文书难、审理周期长的问题，采取由外事部门协助送达、公告送达、由境外当事人委托其亲属或中国律师代为签收法律文书并电话通知当事人到庭等多种方式进行送达，以缩短案件审理周期。

（四）边境地区工作机制

与不是十分便捷的民商事司法协助途径相伴生的，是为解决边境地区事实存在的民商事纠纷而创新的工作机制。一是边境民商事纠纷调解机制。调解是被西方国家称为来自于中国的东方经验，是在中外双方当事人自愿的基础上，申请法院主持，由当事人双方通过沟通协商，互让互谅，解决纠纷的方式。涉外民商事审判不仅是裁断当事人的纷争，保护当事人的合法权益，更重要的是通过涉外民商事的审判促进中国和东盟各国的经济和谐发展。因此，中国法院在涉外民商事审判中特别强调调解工作。如广西涉外商事海事审判工作就将“调解优先、调判结合”原则贯穿于司法工作中，以高效平和的调解结案方式，不但解决了纠纷的实体问题，也缓和了纠纷当事人的矛盾，受到了广泛赞誉。又如广西崇左市两级法院根据其下辖的四县（市）凭祥、宁明、大新、龙州与越南接壤，在533公里边境线沿边地区存在着很多小额贸易、边民互市的特点，民商事纠纷较为频繁，但鉴于跨境司法程序的烦琐，当事人不愿意走诉讼的路径解决纠纷。为了适应构筑中国与东盟商贸黄金通道的“陆路东盟”构想，探索了边境贸易纠纷民间调解组织这一化解边境贸易纠纷的新路径，体现了司法定分止争，维护公平正义，服务经济社会发展的本质。[①] 二是边民商事纠纷特别巡回法庭。在中国与东盟国家边境司法协助机制未建立之前，中国在边境地区法院以特别巡回法庭的方式加强跨境民商事纠纷的受理和处理，为下一步规范边境司法合作进行有益的探索。2014年3月19日，广西东兴市人民法院驻边民互市贸易区设立了中越商事纠纷特别巡回法庭化解边民纠纷。至同年9月，该法庭已成功调解了中越边贸案件153件，中越劳务纠纷13件，涉案标的额达930余

① 数据来源于田野调查。

万元。①

第三节　中国—东盟“三轨”法律外交

随着中国与东盟战略伙伴关系的建立，中国以“合作、发展、共赢、和谐”的理念，积极推动与东盟各国的法律外交新战略，一个三轨道的宽领域、多层次、全方位的对外法学交流格局基本形成。

一　“三轨道”法律外交的概念

法律外交是指善于将某些外交问题转化为法律问题，将涉外矛盾纠纷转化为司法个案，以法律的规则和程序处理外交事务。② 法律外交是国家外交的重要内容之一，而且在国际法治化的大背景下日益受到各国重视。法律特有的平等性、规范性、公正性等性质使其在国际社会中扮演着越来越重要的角色，如创立国际规则、解决国际争端、维护国际秩序等。因此，法律外交除了传统国际司法协助外，还有通过法律途径或司法手段规范合作、国际社会秩序、捍卫国家利益、促进共同发展等对外交流活动。但本书主要从司法的角度来研究法律外交，也可理解为是相对狭义的法律外交。

“三轨道”法律外交是与中国总体外交格局相对应而言的。多轨道进程是当前国际关系学界普遍认同的现象，只是在“多”的程度上国内外学者存在着较大分歧，除了对“第一轨道外交”即由政府主导的外交形成共识外，对其他轨道外交的界定还没有形成统一的认识，有“两轨论”“三轨论”，甚至“九轨论”。③ “两轨论”产生于20世纪初期，其提出的代表是“太平洋研究院”（Institute of Pacific Research）和“泛太平洋联盟”（Pan - Pacific Union）。“第二轨道外

① 《“中越商事纠纷特别巡回法庭”解决边民纠纷成效显著》，2015年9月1日，广西壮族自治区高级人民法院网（http：//www. gxcourt. gov. cn/info/1110/143652. htm）。

② 张文显：《法律外交：处理对外关系的新维度》，《中国社会科学报》2013年1月23日第3版。

③ 刘勇为：《“第二轨道”外交属性与影响辨析》，《兰州学刊》2008年第12期。

交”是约瑟夫·蒙特维尔（Joseph Montville）针对20世纪冷战结束后亚太地区非官方多边对话迅猛发展的现象提出的理论。1989年亚太地区非官方多边对话机制只有3到4个，1994年达到30多个；[①]“九轨论”则是路易斯·戴蒙德、约翰·麦克唐纳等人认为，蒙特维尔的二分法过于笼统，外交应由多个“轨道”组成，总结出了九个“轨道”：官方政府、非政府/专业人士或非正式官方外交、商业、平民、研究/教育机构、社会活动、宗教、资助（主要是基金会）、传播与媒体。[②] 本书比较赞同“三轨论”，即除了“第一轨道”的官方外交外，将“第二轨外交”[③] 定义为狭义的“第二轨道”[④]，主要指由非外交官或者能代表官方观点并与官方发生相互影响的非官方人士所从事的外交，是一种与“第一轨道”密切相关的外交形式；将跨国纯平民参与的民间交流和互动的所有活动归为“第三轨道”，而不再以领域进行区分，因为不同的领域都有政府权力的身影，也有不受政府主导的私人交往。在法律外交方面表现为：在“第一轨道”的官方层面签订一系列双边或多边司法协助条约，进行执法合作，建立一系列司法机关高层互访、人员培训和交流合作机制；在“第二轨道”学术团体建立了主要包括中国—东盟自由贸易区法律事务论坛、中国—东盟法律合作与发展高层论坛的交流平台；在“第三轨道”发展了中国与东盟国家法学学者及法律服务机构之间纯民间交流，特别是在当前市民社会兴起，国际NGO组织参与和影响外交的能力越来越强的背景下，第三轨道在法律外交领域也不可小觑。第二轨道和第三轨道都是随着在亚太地区治理中第一轨道的不足而产生的，是对“第一轨道”的有益补充。

---

① Paul Evans, “Building Security ‘the Council for Security Cooperation in the Asia Pacific (CSCAP)’”, *The Pacific*, Vol 7. No. 2, 1994, pp. 133 - 135.

② ［美］路易斯·戴蒙德、约翰·麦克唐纳：《多轨外交——通向和平的多体系途径》，李永辉、李期铿、田小惠、乔木译，北京大学出版社2006年版，导言，第1—5页。

③ 陈寒溪：《第二轨道外交：CSCAP对ARF的影响》，《当代亚太》2005年第4期。

④ 关于第二轨道的观点，参见喻常森《“第二轨道”外交与亚太地区安全合作》，《东南亚研究》2003年第5期；陈建荣《第二轨道外交与东盟地区论坛》，《东南亚研究》2004年第4期；喻常森《认知共同体与亚太地区第二轨道外交》，《世界经济与政治》2007年第11期。

二　中国—东盟法律外交的现状

在中国与东盟战略伙伴关系的基础上，中国与东盟间的法律外交有了质的推进，除了前面所述的传统外交中涉法活动的“第一轨道”外，作为半官方性质的学术团体交流与合作的“第二轨道”蓬勃兴起，而以 NGO 为主的学术交流和互访为特征的“第三轨道”也得到发展。

（一）第一轨道

鉴于前面对司法条约签订、司法协助及司法诉讼等传统司法合作内容已做了较为详细的阐述，在本节中笔者只对官方之间的司法交流与互访进行梳理与分析。

1. 中国与东盟司法机关间的高层互访增多

这一时期，中国与东盟国家的警务、检察、法院及司法等机构的高层互访都较为频繁，而且基本上互访的成果都较丰硕。如 2006 年 7 月 6 日，中国和印尼外交部条法司长首次磋商在北京举行。中方代表团团长外交部条约法律司司长段洁龙与印尼代表团团长印尼外交部政治、安全与领土条约事务司司长阿里夫，就海上合作、刑事司法协助与引渡、国际法委员会选举、印尼南海研讨会等问题交换了意见。2009 年 7 月 1 日中国与印尼签订引渡条约。2007 年 5 月，温家宝总理与泰国总理素拉育会谈，希望进一步加强禁毒领域合作。

2. 中国与东盟司法机关间持续开展培训交流

中国以负责任大国的态度加强与周边国家的法律培训交流与合作，努力提升地区法制水平，积极促进亚太安全与发展。尤其中国应东盟各国司法机关的请求，把对东盟国家司法机关的人员进行各项业务培训作为中国与东盟各国警务、检察、法院及司法等机构的交流重要内容推进。2003 年 11—12 月，云南省高级人民法院受最高人民法院委托，承担了中国—老挝司法合作项目首期老挝法官培训任务，由云南省高级人民法院具有一定审判经验和法官培训经验的高级法官及一级法官执教，先后为老挝最高法院法官和 7 个省法院院长等 10 名法官讲授了中国司法制度，中国刑事、民事、行政法律制度，中国刑事、行政、民事诉讼制度，中国法官制度以及中国—老挝司法协助条约等内容，还观摩了基层法院和中级人民法院刑事、民事案件的庭审，并颁发了结业证书。跨境法官培训在中国法院系统尚属首次，开创了中国司法领域的先例。通过培训进一步加强了两国间的司法交流与合作。[①] 从此之后，中国对周边国家的法律培训交流呈现常态化的趋势。2003 年 12 月，缅甸掸邦东部第四特区政法委再次派员在勐海县检察院学习培训。2005 年 9 月 7 日至 16 日，中国国家检察官学院云南分院首次对越南最高人民检察院以及越南老街、莱州、河江三省的 14 名检察官进行了为期 10 天的检察业务知识培训。2006 年 5 月 20 日至 30 日，云南省人民检察院受最高人民检察院委托，对以老挝丰沙里省人民检察院检察长本麦・洪徽记为团长，乌多姆塞省人民检察院副检察长本理・奔巴金和南塔省人民检察院副检察长宋沙・占他威来为副团长的老挝检察官考察团共 25 名检察官进行培训。[②] 2007 年 9 月 25 日，首届越南禁毒执法官员培训班在云南警官学院开班。2008 年 9 月中旬，来自柬埔寨国家禁毒委员会、国家警察总局以及马德旺、西哈努克城等 9 省市警察局的 15 名高级禁毒官员在云南警官学院进行短期研修，这是中国首次为柬埔寨高级禁毒官员举办研修班。特别是在 2010 年“湄公河 13 名中国船员遇袭案”在湄公河流域国家共同合作下成功办理后，为确保湄公河联合执法安全合作的深入推进，中国加强了对老挝、泰国、越南等国家警务人员的培训和指导。通过培训，增进双方对彼此法律及司法制度的了解，有利于深入推进司法合作。但是这些培训和交流多限于湄公河次区域国家间，这不能不说是目前中国与东盟第一轨道法律外交的不足。

3. 其他地方司法机关的交流

中国与东盟国家的警务、检察、法院及司法等机构除了开展高层互访外，还在边境地区召开各个领域的研讨会或论坛，加强对具体执法合作的探索。2008 年 10 月，在中国南宁召开的首届中国—东盟地方法官研讨会上，围绕“开展区域法律合作”这一主题，新加坡、

---

① 云南省高级人民法院编：《云南法院年鉴 2003 年》，云南人民出版社 2004 年版，第 18 页。

② 《云南省检察院圆满完成对老挝检察官的培训任务》，2012 年 10 月 11 日（http：//www. yn. gov. cn/yunnan，china/72621643502977024/20060606/1075352. html）。

印度尼西亚、老挝、缅甸、文莱、越南、柬埔寨、泰国等国的部分法官和司法官员与中国的部分法学专家、法官、律师等法律工作者进行了讨论。[①] 2014 年 9 月 12 日至 13 日，第一届中国—东盟警学论坛围绕"中国—东盟区域警务合作、打击跨国犯罪和警务信息交流"这一主题，在广西南宁召开，来自中国内地、香港、澳门和东盟十国共 120 余名会议代表交流探讨了电信诈骗犯罪、打击跨国人口拐卖、毒品犯罪、加强国际反恐警务合作、加强湄公河流域警务执法合作等专项问题。这些研讨会或论坛对于加强情报交流、完善合作措施、拓展合作领域有很强的指导性。

（二）第二轨道

冷战结束后，中国与东盟在法律领域的交流多局限于官方渠道，随着改革开放的深化，中国与东盟各国对彼此法律及司法的了解程度不能适用政治经济发展的需要，尤其是在 1997 年亚洲金融危机后，中国—东盟关系上升为睦邻互信伙伴关系后，双方的学术团体对法学和司法领域的互访、交流、学习从无到有，并逐步增多，到了 2004 年终于搭建了两个在区域内最具影响力的平台：中国—东盟自由贸易区法律事务论坛和中国—东盟法律合作与发展高层论坛。

1. 中国—东盟自由贸易区法律事务论坛的举办标志着中国与东盟法律外交正迅速发展

从 2004 年首届"中国—东盟自由贸易区法律事务论坛"开始举办，至今已成功举办 6 届。这一论坛属于中国—东盟博览会系列论坛之一，是中国和东盟各国的法学专家、司法官员和其他法律工作者为促进中国—东盟自由贸易区建设，解决跨境投资、商贸过程中出现的法律问题和纠纷，建立争端解决机制，交流法律理论与实务经验而搭建的平台，具有全局性、战略性、前瞻性、理论性和实务性较强的特点，如表 4—8 所示。

---

① 黄星航、费文彬、程丽文：《桥头堡打响司法前哨战》，《人民法院报》2009 年 7 月 22 日第 2 版。

表 4—8 **中国—东盟自由贸易区法律事务论坛概况**

届数	时间	地点	主题	重点议题
第一届	2004 年 11 月	南宁	自由贸易区建设	1. 自由贸易区建设的热点问题 2. 中国—东盟自由贸易区法律、政策
第二届	2005 年 10 月 19—21 日	南宁	区域经济与法制建设	1. 自由贸易区的经贸交往和直接涉及的法制建设与争端解决机制 2. 完善成员方各自经贸法律规范 3. 促进司法协助
第三届	2006 年 11 月 1—3 日	南宁	东盟合作与法律服务	经贸、投资、争端解决机制和法律建设具有全局性、战略性、前瞻性的重大法律课题
第四届	2007 年 10 月 29—31 日	南宁	合作发展与法律服务	中越法律服务协作
第五届	2008 年 10 月 23 日	南宁	携手服务、促进发展	1. 自贸区不同国家经贸、投资重要法律政策解读 2. 自贸区双边、多边经贸与投资纠纷法律适用 3. 广西北部湾经济区投资、经贸、环保等法规政策解读 4. 建立自贸区成员国联合法律服务机制探讨 5. 非公经济在自贸区建设中的作用与机遇
第六届	2009 年 11 月 22—23 日	南宁	金融危机下的国际贸易与投资风险规避	1. 运用法律手段保障自由贸易区区域经济可持续发展 2. 自贸区双边、多边经贸与法律规范、法律服务状况解读 3. 自由贸易区法律环境建设及合作新前景、合作项目联合服务运行机制

资料来源：新华网相关数据，2014 年收集。

2. 中国—东盟法律合作与发展高层论坛提升了双方法律外交的规格

2005 年，继“中国—东盟自由贸易区法律事务论坛”开办之后，中国法学会发起举行“中国—东盟法律合作与发展高层论坛”。如果说前者是一个中国和东盟法律事务的基层论坛，那么后者则是一个高层对话平台。其吸纳了中国—东盟各国政府、法学、法律界和商业界精英参会，强调地区法律团体的社会责任感，加强地区法律人才培育和人力资源建设，致力于提供法律领域的智力支持，服务地区政治、经济和文化等的可持续发展，如表 4—9 所示。

表 4—9　**中国—东盟法律合作与发展高层论坛**

届数	时间	地点	主题	重点议题
第一届	2005 年 8 月 31 日	南宁	中国—东盟经贸法律政策与实务	签署了《南宁宣言》明确论坛的前景、使命和战略
第二届	2006 年 12 月 14—17 日	下龙湾	中国—东盟自由贸易区建设中的法律合作	通过《下龙湾共识》
第三届	2007 年 9 月 12—16 日	重庆	繁荣与发展—中国与东盟法律合作之前景	加强合作与共谋发展搭建对话平台
第四届	2010 年 11 月 10—14 日	重庆	走向互赢：中国—东盟自贸区建成后的法律合作	1. 自贸区建成后各国国内法的调整 2. 自贸区建成后法律实务合作的新趋势、新特点 3. 自贸区相关法律问题研究
第五届	2011 年 9 月 26—27 日	吉隆坡	—	1. 条约纠纷 2. 自贸区法律服务自由化 3. 自贸区货物、服务和投资贸易现状与未来发展趋势 4. “中国—东盟自由贸易区（重庆）商事调解中心”和“中国—东盟自由贸易区（海口）法律服务中心”的成立仪式

资料来源：新华网相关数据，2014 年收集。

（三）第三轨道

随着21世纪中国与东盟共建海上丝绸之路的新形势，中国与东盟各国都越来越意识到增强民间交流，用“人文纽带”凝心聚力，对推动双边司法合作有着积极而独特的作用。中国—东盟民间法学交流呈现出蓬勃开展的势头。

1. 将引入NGO列入合作文件中

在2005年10月由中国政府、联合国毒品和犯罪问题办公室和东盟共同主办的第二届东盟和中国禁毒合作国际会议上，通过了《东盟和中国禁毒合作行动计划》，其中提出“将非政府组织作为积极参与的伙伴”参加禁毒工作规划、实施和监督。这在一定程度上明确了在中国—东盟禁毒合作领域引入NGO的计划。虽然该计划并未具体阐述非政府组织如何参与禁毒合作，但这也已在中国与东盟法律外交中写上了突破性的一笔。

2. 高校间法学交流频繁

高校作为司法人才的培养机构，加强中国与东盟高校间法学交流无疑会间接地影响双边司法合作的趋势。这也是将高校间法学交流作为第三轨道的意义所在。2007年8月20日，“中国—东盟法律培训基地”揭牌仪式与“首期研修班”开班在广西民族大学举行，这标志着中国与东盟法学、法律界在加强对话、交流与合作上迈出了坚实的一步。到目前已召开2次。2012年2月11日至15日，越南河内法律大学校长潘志浩一行到云南大学访问，正值两校开展合作10周年，回顾了中越两校成功举办4届中越法律研讨会，每年开展互派讲学活动，签署了2012年度两校合作备忘录。[①] 2012年，中国—东盟高端法律人才培养基地落户西南政法大学。这是中国法学会在中国—东盟区域经济一体化不断发展的新形势下创立的，旨在通过开展多种形式的法学高等学历和非学历教育，为中国与东盟经贸社会、人文交流等全方位合作便利培养高层次的法律人才的培养基地。

① 《我校与越南河内法律大学签署2012年度合作备忘录》，2014年3月13日，云南大学网（http：//www. news. ynu. edu. cn/gjjl/2012－02－24/0－29－7687. html）。

3. 法律服务机构交流受到重视

法律服务机构间的交流为中国与东盟各国进一步整合法律服务资源、加强协调配合提供了平台。2007 年 5 月，广西律师协会与越南河内法学家学会签订了备忘录，就服务中越两国的经济建设和经济往来开展双边互访交流达成共识。2012 年 3 月 26 日，由中国法学会、北京市大成律师事务所、海南仲裁委员会联合创办的环宇中国东盟法律合作中心在海南省海口市启动；该中心是利用非国有资产自愿举办，在中国与东盟间唯一的从事非营利性法律合作服务活动的社会组织。

这些民间法律外交对加强中国与东盟法学、法律界的交流与合作，进一步深化区域合作，加强和充实中国—东盟战略伙伴关系，推动本地区各国政治、经济、文化等领域的共同发展，具有更重要的意义，是对中国与东盟法律外交第一、二轨的补强。

第四节　湄公河"10·5"案件的历史启示

从"10·5 湄公河 13 名中国船员遇害案"发生到糯康犯罪集团首要分子糯康、桑康·乍萨、依莱、扎西卡、扎波五名罪犯在中国接受公开开庭审理，并被依法执行死刑，这个涉外因素众多，从侦查抓捕、审查起诉、审判定罪到刑罚执行，均创造了中国司法工作的多个第一的案件仅仅历经一年时间便顺利结案。该案的成功办理得益于中国与东盟国家签订的刑事司法协助条约，得益于湄公河流域执法安全合作机制的建立。该案的重大意义并未因案件的终结而终止，其湄公河流域执法安全合作的成功范例效应，把湄公河流域联合执法引向深化，更为中国与东南亚国家安全合作提出了新模式，即以刑事司法合作为主的法制化路径。

一　湄公河"10·5"案件简介

2011 年 10 月 5 日，一连串清脆的枪声打破了大湄公河平静的晨曦，震惊中外的"10·5 湄公河 13 名中国船员遇害案"（以下简称湄公河"10·5"案件）发生了。为了切实保护中国公民合法权益，维护大湄公河次区域的安全与稳定，在中国高层领导与老挝、缅甸、泰国三国高层领导及时会晤后，四国警方的高层会见与磋商工作也紧锣密鼓地展开。推动案件侦破，成为中国政府和司法机关与老缅泰三国即将开展合作的紧要任务。在多轮不同层次的商洽后，案件真相初见端倪：这起案件是由以缅甸籍毒枭糯康为首的犯罪集团为报复中国船只曾被缅甸政府征用于对该贩毒集团的清剿行动而为。2011 年 10 月 5 日清晨，糯康犯罪集团经过事前周密策划，当中国“华平号”“玉兴 8 号”两艘商船按既定路线行驶至湄公河“梭崩”与“散布岛”之间的“弄要”附近水域时，即驾乘快艇携带枪支，劫持了船只，捆绑控制了船员，并把事先准备的 84516. 01 克甲基苯丙胺分别放置在两艘船上。然后将两艘船劫持至泰国清莱府清盛县央区清盛—湄赛路 1 组湄公河岸边——鸡素果树处停靠，随即开枪射杀了船上所有船员，后驾乘快艇逃离。这时，按照该贩毒集团与不法泰国军人的交易，这些在岸边守候的不法军人继续向船只射击，并登船将 12 名中国船员尸体抛入湄公河，然后迅速撤离。①

在整个案件侦破过程中，由于案情复杂，涉及国家较多，加之湄公河河道安全问题突出，中国倡导中老缅泰四国成立湄公河流域安全执法合作机制，在情报信息交流、共同应对突发事件、联合巡逻执法、联合打击跨国犯罪、联合整治治安突出问题等方面加强合作。在中国的积极推动下，该机制于 2011 年 10 月底建立，并于 2011 年 12 月 10 日正式启动联合巡逻执法，开创了中国与周边国家执法安全合作的新模式。在中老缅泰四国的司法合作下，该案的糯康、桑康、依莱、扎西卡、扎波、扎拖波 6 名被告人 2012 年 11 月 6 日在云南省昆明市中级人民法院接受了审判，糯康、桑康、依莱、扎西卡均被判死刑，扎拖波被判有期徒刑 8 年，扎波被判死刑缓期执行。在经过二审公开庭审后，法院维持了一审判决。至此，该案的 6 名罪犯受到了法律应有的惩罚。②

① 来源于云南省昆明市人民检察院提供的资料。

② 同上。

二　湄公河“10·5”案件刑事司法合作解析

该案的特殊性在于其表象是一起外国人在境外对中国人实施的犯罪。本案被告人均为外国人，6名被告人中糯康是缅甸籍，桑康·乍萨是泰国籍，扎西卡、依莱、扎拖波、扎波国籍不明；犯罪行为均在境外实施；犯罪结果均发生在境外。但受害人是中国人，而且案件发生地是在中国籍的船只上。这个跨涉四国的案件的整个办理过程，成了中国与湄公河流域相关国家刑事司法合作的一个缩影。

(一) 围绕确定案件管辖权方面的理解和共识

依据《联合国打击跨国有组织犯罪公约》《澜沧江—湄公河商船通航协定》及沿岸国的国内法规定，多个国家对糯康一案都有刑事管辖权。但最终中国司法机关获取了该案管辖权，其中除了中国有管辖该案的充分法律依据外，还得益于该案涉案国间的司法合作共识。首先，根据中国刑法第6条规定，“凡在中华人民共和国船舶内的犯罪，被视为在中华人民共和国领域内犯罪，适用中国刑法”。被告人在中国船只“玉兴8号”“华平号”上实施犯罪，被视为在中国领域内犯罪，按照属地管辖原则，中国司法机关拥有司法管辖权；本案的受害人是13名中国船员，即这是一起对中国公民的犯罪案件，按照保护管辖原则中国有司法管辖权。但综合考虑属地管辖原则、保护管辖原则、危害程度、侦破进度等因素，由中国进行刑事审判最适宜，最终老挝依据《中华人民共和国和老挝人民民主共和国引渡条约》将凶犯移交中国，也得到了泰国和缅甸的尊重与理解。

(二) 围绕移交证据和转化证据的合作

湄公河“10·5”案件发生后，被劫持船只停靠在泰国境内，泰国警方首先到达案发现场提取物证、检验痕迹，并对13名中国船员的尸体进行解剖，其通过勘验取证收集到大量犯罪证据，这些证据有力证明了糯康等被告人勾结泰国不法军人劫持中国商船，绑架并杀害中国船员，并在中国商船上藏匿了大量甲基苯丙胺，栽赃陷害中国船员运输毒品等犯罪事实。在案件侦办过程中，中方与泰方司法机关根据《中华人民共和国和泰王国关于刑事司法协助的条约》相互提供了大量证据材料，中泰高效办结5个司法协助请求支持庭审，[①] 该案相关证据在移交中国之前，泰国总检察长及其指定人员专门进行了审查；根据中国和老挝签署的刑事司法协助条约，老挝警方协助中国警方将在逃犯罪嫌疑人抓获，并收集了关于抓获部分被告人的相关证人证言、抓获说明等书证证据也在审定后移交中国方。由于这些证据是以其各自国家的文字记载，中国警方在接收后，及时指定专人进行翻译、核对，并按中国刑事诉讼法的规定完善证据流转的相关程序，将其转化为符合中国诉讼证据标准的形式。中国昆明市检察机关在受理该案后的审查批捕、审查公诉环节，把审查域外转化来的证据合法性作为重要工作之一，确保不出现非法证据的情形；检察机关审讯案犯时，充分尊重被告人风俗习惯，为其指定了辩护人，维护其合法权益，聘请专业翻译人员协助审讯，确保所取口供客观真实，让被告人驯服于中国法治的公平与公正。法院在庭审过程中着重对控辩双方的当庭出示的所有证据进行了公开质证，并当庭对证据的效力做出评判。由于中、老、泰在案件的侦查、逮捕、诉讼过程中密切配合，使该案在代为调查取证、联合调查等方面进行了成功而有益的探索。

（三）围绕庭审中域外证人出庭及证人保护的合作

湄公河“10·5”案件所涉证人为泰国和老挝警务人员。外国警务人员在华刑事审判中作为证人出庭也无先例。但是这些来自域外的证人都是参与了湄公河“10·5”案件痕迹检验、现场的勘验、物证鉴定及参与逮捕被告人的人员。他们有的作为鉴定人出庭、有的作为目击证人出庭。他们的参与使得发生在异国他乡的案件最大限度地客观重现在庭审中，增加了对犯罪指控的力度，增强了证据证明力及对被告人的威慑力。由于目击证人的证言在庭审中具有直接证据的效力，能最直观、有力地证明被告人所实施的犯罪。特别是湄公河“10·5”案件作为跨越国境、国际影响较大的案件，有一定的敏感性和复杂性，这使得对案件质量的要求提到了代表中国司法水平、反映中国人权保护状态、展现中国践行睦邻友好

---

① 赵阳：《司法部有关人士解密湄公河惨案顺利审理背后司法协助过程　中泰高效办结5个协助请求支持庭审》，《法制日报》2012年10月12日第5版。

外交方针的姿态、彰显中国维护地区安全能力的高度。昆明市检察机关按照中国与泰国、老挝有关司法协助条约的规定，向泰国、老挝司法部递交了请求证人出庭的文件，泰国、老挝对此积极响应，在开庭前即向检察机关提供了证人名单、证人的身份证明等证据。当案件进入审判程序时，昆明市检察机关向昆明市中级人民法院移送了包括证人名单在内的案卷相关证据。经法院审查后，同意来自泰国、老挝的13名证人到中国昆明出庭做证，并在开庭前向其发出了出庭通知。[①] 另一个重要的合作是对来自泰国、老挝的证人的保护。对证人的保护从司法协助条约和中国刑事诉讼法的规定来看，主要涉及两个层面。就湄公河“10・5”案件而言，一是由于糯康犯罪集团在湄公河流域国家的残余势力的存在，这些域外证人的安全受到严重威胁。二是按照中泰签署的关于刑事司法协助的条约约定，要确保被请求方证人不会“由于本人无法控制的原因而未离开请求国领土”。这既包括不得因其之前的任何行为或不作为而受到司法追究，不得被强迫做证，也包括因其他意外因素导致其不能离开。中国新修订的《刑事诉讼法》虽然对证人保护规定了具体措施，但本案之前都未有过实践。因此，在本案开庭前，法院制定了详细的证人保护方案，由中国警方负责在庭审前后接送证人，并给予其24小时的安全保护措施。这些来自域外的证人对在华期间的待遇表示非常满意，在庭审中接受了控辩双方的质询，有力证明了糯康等被告人的犯罪事实，保障了案件诉讼顺利进行。这为中国跨境司法合作积累了经验，也在国际上彰显了中国维护地区安全的能力。

由上所述，我们可以看到在刑事司法合作的平台上，中老缅泰四国不仅在颇具争议的案件管辖权上能达成共识，在整个诉讼过程中也能平等互助，最终实现了对跨国犯罪的有力打击，建立并深化湄公河流域联合执法安全合作机制。

---

① 周栋梁、陈显君:《糯康等人故意杀人、运输毒品、绑架、劫持船只案一审庭审结束》,《人民公安报》2012年9月22日第1版。

三 湄公河“10·5”案件刑事司法合作的启示

中国作为与东南亚山水相连、唇齿相依的最大邻邦，不容回避地影响着东南亚国家的政治、经济、文化发展。然而，南海问题及域外大国对亚太局势的干预，使得东南亚国家不同程度受到“中国威胁论”的影响，也使得本应共同应对的安全问题前景不明。而湄公河“10·5”案件给我们一个新的模式，即以司法的公正公开平等互助模式，既能确保各国主权，又能加大打击跨国犯罪的力度，实现双赢局面。

（一）刑事司法合作更有利于解决执法合作中各国主权不相容的困境

湄公河是一条国际河流，流经多国，其治理的力量也来自各个国家层面，各自管段不容他国介入。湄公河“10·5”案件的发生一定程度上归因于各个国家对该问题的重视程度不同、法律法规不一，导致“治理盲区”的出现。湄公河“10·5”案件开启了中、老、缅、泰四国联合执法机制，但仍停留在个案的侦查、诉讼以及安全的持续保障上，而且每一次联合执法巡逻都要由各方协商议定，缺乏长效保障。如果各国能积极推动区域国际法律体系的形成，法律条约及程序的平等与公正，就更容易打消和解除“主权不容”的顾虑。

（二）法制化路径可以解决安全治理缺乏法律依据和稳定性的问题

当前的联合执法安全合作机制，对中、老、缅、泰而言，都缺乏武装警察境外执法权的国内法律授权，也缺乏国际法依据。目前，基本法律依据主要包括三个部分：一是国内立法关于司法合作的条款。无论是散见于各诉讼法中的，还是司法合作的专门法律，抑或是对外开展警务工作的规范性文件，① 都只涉及请求对方司法协助或警务合

① 如《中华人民共和国刑事诉讼法》第17条规定：“根据中华人民共和国缔结或者参加的国际条约，或者按照互惠原则，中国司法机关和外国司法机关可以相互请求刑事司法协助。”特别是2000年12月28日颁布实施的《中华人民共和国引渡法》，为中国开展国际刑事司法协助提供了专门的法律依据。还有一些司法解释及行政规章。如1998年9月2日最高人民法院公布的《关于执行〈中华人民共和国刑事诉讼法〉若干问题的解释》第18部分《涉外刑事案件审理程序》，1998年12月16日最高人民检察院公布的《人民检察院刑事诉讼规则》第11章《刑事司法协助》，1998年5月14日公安部发布的《公安机关办理刑事案件程序规定》第13章《刑事司法协助和警务合作》等。

作，而没有跨境联合执法的相关规定。二是中国与湄公河沿岸国家已签署的刑事司法协助条约：中国与老挝签订了《关于民事和刑事司法协助的条约》和《引渡条约》，与泰国之间签订了《关于刑事司法协助的条约》和《引渡条约》，与缅甸没有任何司法合作的条约。与老挝、泰国缔结的刑事司法协助条约和引渡条约均不包括刑事判决的承认和执行、刑事诉讼的移交等事项。三是国家间共同参加的国际公约，[①] 尤其是《联合国打击跨国有组织犯罪公约》，为湄公河区域司法合作或联合调查、执法合作提供了法律基础依据，但却比较原则，倡导缔约国以公约为基础，各国签订合作的双边或多边协定。[②] 目前，联合执法安全合作涉及方依赖《关于湄公河流域执法安全合作的联合声明》实施了38次联合巡逻执法，但是要上升到加强对湄公河流域跨国犯罪的打击，实现区域安全治理的层面就太薄弱了。上述三个方面的法制进程都有待加强。

（三）司法合作的平台更能有效解除湄公河流域国家对中国的误解

湄公河联合巡逻执法在西方媒体的歪曲下，被说成是所谓中国的武装力量借联合巡逻执法，“扩大其影响力”，在东南亚打开一个新的“战略前沿”，给湄公河流域的国家在与中国联合执法中造成不利的环境。湄公河下游国家对于强大的中国可谓又爱又怕，特别是既希望能够分享到中国经济快速发展的利好，又担心中国的强大会威胁和

① 如1957年的《引渡公约》，1972年的《刑事诉讼移管公约》，1973年的《关于侦查、逮捕、引渡和惩治战争罪犯和危害人类罪犯的国际合作原则》，2000年的《联合国打击跨国有组织犯罪公约》，2003年的《联合国反腐败公约》等。

② 第4条保护主权：1. 在履行其根据本公约所承担的义务时，缔约国应恪守各国主权平等和领土完整原则和不干涉别国内政原则。2. 本公约的任何规定均不赋予缔约国在另一国领土内行使管辖权和履行该另一国本国法律规定的专属于该国当局的职能的权利。第19条联合调查，缔约国应考虑缔结双边或多边协定或安排，以便有关主管当局可据以就涉及一国或多国刑事侦查、起诉或审判程序事由的事宜建立联合调查机构。如无这类协定或安排，则可在个案基础上商定进行这类联合调查。有关缔约国应确保拟在其境内进行该项调查的缔约国的主权受到充分尊重。第27条：2. 为实施本公约，缔约国应考虑订立关于其执法机构间直接合作的双边或多边协定或安排，并在已有这类协定或安排的情况下考虑对其进行修正，如果有关缔约国之间尚未订立这类协定或安排，缔约国可考虑以本公约为基础，进行针对本公约所涵盖的任何犯罪的相互执法合作。缔约国应在适应情况下充分利用各种协定或安排，包括国际或区域组织，以加强缔约国执法机构之间的合作。

损害自己的利益，进而选择与中国保持相当的距离。司法合作是在一个平等的平台上来合作，可以避免就个案进行临时协商或特别处理时的不公正嫌疑，而且司法合作有既定的程序，可以避免域外大国出于某些特殊企图的干扰，让湄公河流域打击跨国犯罪和应对非传统安全变得简单明了。

（四）司法合作路径更有利于厘清“南海问题”对湄公河流域安全合作的影响

随着中国经济日益强大和对于自身海洋权益和岛屿主权的捍卫，引起东南亚各国复杂的反应。然而，相当一部分东盟成员国在南海岛屿及其附近海域都没有利益要求。越南、菲律宾不断挑起事端，想把“南海问题”东盟化，在东盟峰会上强烈要求以东盟的名义发表联合声明对“南海问题”进行干预。很显然，菲、越的意图不应也不能代表整个东盟。执法合作法制化，通过区域司法合作条约或公约，或是双边司法合作条约，把共同应对非传统安全等问题与“南海问题”划清界限，把“南海问题”对东盟安全合作的绑架风险降到最低。

第五章

中国—东盟司法合作存在的问题及原因分析

尽管中国与东盟开展司法合作建立了一定的法律基础，也有了一定的司法实践经验，但这离构建中国—东盟司法合作法律框架，形成较为完善的中国—东盟司法合作体系还有很大的差距；而且，现有的中国—东盟司法合作机制与目前中国—东盟政治、经贸、安全等方面的发展需要是不相适应的，还存在较多的问题和困难。这既有国际司法合作规则的束缚，也有来自法律之外因素的阻碍。

第一节　迫切需要解决的现实问题

随着中国与东盟在政治、经济、安全领域的合作日益密切，一些迫切需要双方通过司法合作解决的新问题涌现出来，其中较为突出的有中国西北少数民族在中国与东南亚诸国之间往返偷渡、中国与东盟各国联合反腐、“南海问题”被国际化等问题。这些问题有的会直接影响中国与东盟的政治互信，有的成为推动中国与东盟各国开展司法合作的新动因，有的则成为某些西方大国恶意丑化中国的口实。正视这些问题，是中国不能回避的，以司法途径来解决这些问题也是中国在国际法治化大背景下推动中国与东盟间问题解决的最优选择。

一　中国西北少数民族偷渡问题

近年来，东南亚各国的疑似中国西北少数民族偷渡事件频繁出现。尤其是2013年以来更加明显，美国《纽约时报》也持这样的看法。迄今为止，泰国、马来西亚、柬埔寨、越南、缅甸、印尼、老挝等东南亚国家都先后抓获过试图外逃的新疆维吾尔族人。其中最典型的案例有：2014 年 2 月，泰国政府抓获 112 名维吾尔族人；2014 年 3 月 13 日，泰国政府在泰南宋卡府查获 220 名非法入境的疑似中国维吾尔族人；同月 9 名中国维吾尔族偷渡客在泰北清莱府被查获。① 目前泰国政府在曼谷拘押的维吾尔族人总数已超过了 400 名。② 马来西亚移民局 2014 年 10 月 1 日在吉隆坡一个小区里发现了 155 名维吾尔族偷渡者，其中包括 79 名成人（42 名男性、37 名女性）和 76 名小孩（43 名男童及 33 名女童），他们都持有疑似假的土耳其护照，并且要求政治避难。尽管上述被查获的人已经丢弃或藏匿可以证明自己身份的任何材料，并自称是土耳其人，不少人还手持土耳其护照，但是“世维会”公开承认近年来有大批维吾尔族人走西南线路逃出中国；美国国务院发言人多次指出这些人是从中国逃出来的维吾尔族人，并要求东南亚相关国家放行。③ “据统计，两年来（笔者注：2011—2013 年），中越共联合查获非法入境的越南人 1300 人次，中国内地人员偷渡越南案件 21 件 140 人，捣碎了违法犯罪分子企图打通西南通道偷渡外逃的幻想。”④ 截至 2015 年 1 月 18 日，中国公安部成立的“4·29”专案组在河南、广东、广西、四川、云南、新疆等多地警方配合下开展打击西南边境地区组织偷渡专案行动，这些偷渡犯罪背后都有“世维会”“东伊运”组织的身影，受到宗教极端主义的煽动出境参加“圣战”，目前已抓获 352 名涉嫌策划、组织、运送他人偷越国（边）境的犯罪嫌疑人，852 名涉嫌偷越国（边）境的犯罪嫌疑人。2015 年 7 月 9 日，109 名偷渡人员和组织偷渡团伙成

① Dana MacLean, Branded terrorists by China, “Uighur” refugees face torture if returned, rights groups warn, Coconuts BKK , http://bangkok.coconuts.co/2014/03/27/branded - terrorists - china - uighur - refugees - face - torture - if - returned - rights - groups - warn. 2015 - 6 - 24.

② Kendrick Kuo & Kyle Springer, “Illegal Uighur Immigration in Southeast Asia”, http://cogitasia.com/illegal - uighur - immigration - in - southeast - asia/, 2015 - 6 - 24.

③ Malaysia discovers 155 Uighurs crammed into 2 apartments, http://www.reuters.com/article/2014/10/04/us - malaysia - china - xinjiang - uighers - id . 2015 - 6 - 24.

④ 《跨越国界的“握手”——广西边防总队推进中越警务合作谋求共同发展》，2013 年 11 月 7 日，新华网（http://news.xinhuanet.com/mil/2013 - 11/06/c_ 125658768.htm）。

员被泰国警方遣返回中国。警方在初步核查这些偷渡人身份时查明，偷渡者主要来自新疆，正准备前往土耳其或叙利亚、伊拉克参加所谓“圣战”。其中有13人是涉恐出逃人员，还有2人是负案在逃的犯罪嫌疑人。这些偷渡者通常选择从陆路或水路经越南、柬埔寨、老挝、泰国等国，到达“中转站”马来西亚，而后前往土耳其，在接受“东伊运”组织的训练后，参加叙利亚“圣战”。但是偷渡一旦受阻，这些维吾尔族人就会用残暴的方式就地报复。据报道，2014年云南昆明火车站“3·1”暴力恐怖案件就是5名偷渡东南亚受阻的维吾尔族恐怖分子的报复行为，造成31人死亡，141人受伤。土耳其驻部分东南亚国家使馆工作人员为偷渡人员提供帮助，包括为偷渡者提供土耳其籍身份证明、营救被当地执法部门抓获的中国籍组织偷渡团伙人员和偷渡人员、帮助运送偷渡人员到土耳其境内等。[①] 这些偷渡人员带来的危害较大，最直接的是参与伊拉克、叙利亚等地的圣战，助长国际恐怖主义，潜在的危害则包括在偷渡途中制造恐怖袭击事件、在外地从事圣战之后回国从事宗教极端主义活动，还有可能受境外组织操纵破坏中国缅甸境内的油气管道等重大项目。

尽管近年来中国高度重视对偷渡活动和暴恐犯罪的打击和预防，但是打击偷渡和暴恐犯罪单纯由一个国家是不能取得实效的，需要加强国际执法合作，形成打击合力。在这个问题上，至少需要在以下几方面加以努力：一是世界各国务必对偷渡活动等可能与恐怖主义相关联的跨国犯罪性质持同一判定标准。恐怖主义犯罪是目前全球面临的较严峻的非传统安全问题，任何国家都应当把杀戮手无寸铁平民的行为视为恐怖主义，但在中国云南昆明火车站“3·1”暴恐案件发生后，一些西方媒体却奉行“双重标准”，不顾事实真相，混淆视听。美国有线电视新闻网（CNN）、英国路透社都在标题和文章中将“恐怖”“恐怖分子”等字眼加上引号，甚至把其贴上中国国内政治冲突的标签。[②] 这与其对发生在一年前的“伦敦砍杀事件”报道的腔调和

① 新华社电：《多名企图参加“圣战”偷渡者被遣返》，《昆明日报》2015年7月12日第4版。

② 新华社电：《部分西方媒体对昆明严重暴恐事件报道别有用心》，《人民日报》2014年3月4日第1版。

措辞表现出不同的立场。这种双重标准的做法只会使恐怖主义犯罪得到纵容和鼓励，是对人类社会共同秩序和人类文明底线的侵害。反恐无孤岛。二是加强和土耳其、马来西亚的沟通与交涉。一方面，马来西亚是新疆维吾尔族人外逃的中转枢纽，中国政府需要加强与其执法合作，协助其加强对偷渡犯罪的打击，阻断通道；另一方面，土耳其是多数维吾尔族人最终的去处，如前所述偷渡人员得到来自土耳其政府人员的帮助助长了偷渡犯罪，中国外交部门需要与土耳其政府进行有力的交涉，迫使其停止帮助新疆维吾尔族人外逃。三是加强与大湄公河次区域国家的合作。由于新疆维吾尔族人在东南亚的潜入潜出的线路主要涉及大湄公河次区域的国家，建立和完善大湄公河次区域安全合作机制十分必要，在现有的湄公河流域联合执法合作机制的基础上，进一步就加大打击新疆维吾尔族人的外逃签署合作协议，建立信息共享，遣返便捷通道等机制。四是中国政府需要加强对新疆维吾尔族人身份信息建档工作，并实现全国身份信息数据库联网。避免由于外逃的新疆维吾尔族人丢弃或藏匿了一些可以证明其身份的资料，而中国警方也无法查实其真实身份，导致无法引渡的不利局面。

二 “南海问题”的法律应对

中国和东盟在“南海问题国际化”等议题上持有的立场也不完全一致。在2010年越南担任东盟轮值主席国期间，数次谋求将南海问题纳入东盟系列峰会的讨论议题，企图将南海问题地区化、国际化。2012年，柬埔寨作为轮值主席国针对“南海问题不应国际化”拟写的相关条款因菲律宾的强烈反对被搁置。① 2011年7月，菲律宾外长罗萨里奥访问中国时，提议将中菲南海争端提交国际海洋法法庭裁决。菲律宾众议院多数党领袖谢尔文·汤加甚至呼吁总统阿基诺三世“单方面”向国际海洋法法庭提出申诉，称“无须理会中国”。②

① Carlyle, A. Thayer, “ New Commitment to a Code of Conduct in the South China Sea?”, NBR Commentary, October 9, 2013, http://nbr.org/downloads/pdfs/outreach/thayer_ commentary_ 100913.pdf. 2014－01－3.

② 陈晓茹：《菲律宾借外力挑衅中国南海权益》，《中国青年报》2012年4月23日第4版。

2012 年 11 月的东亚峰会上，菲律宾继续谋求南海问题国际化，并将其作为峰会的主要议题进行讨论。2012 年马来西亚外长阿尼发·阿曼表示希望东盟在南海问题上形成统一阵线应对日益独断的中国。[①] 2013 年 1 月 22 日，菲律宾向中国发出通知，将南海争端提交给海牙国际仲裁法庭仲裁。（但后来证实，菲律宾政府将中国与菲律宾在南海的争议提交给设在荷兰海牙的一个民间调解机构，而非海牙国际仲裁法庭仲裁。）对此，中国的态度一直都是先解决南海领土主权争议，再根据公认的国际法，通过当事国之间的直接谈判解决南海争议。2014 年底，中国外交部发布了《关于菲律宾共和国所提南海仲裁案管辖权问题的立场文件》，重申中国不接受、不参与该仲裁的严正立场，阐述了中国拒绝仲裁管辖的国际法依据。

通过国际法路径解决南海问题是在国际法治大背景下的趋势，中国需要从全球维度、长远角度调整南海问题解决思路，重视通过国际法途径维护中国海洋权益。纵观中国对将南海问题提交国际仲裁或国际法庭一直比较审慎的原因，除了南海问题是涉及复杂的历史、政治和法律的中国领土主权问题外，从法律层面来看，中国对通过司法途径解决国际争端的技巧不熟悉，对国际法律制度的研究不透彻，不能自信地驾驭解决南海问题的司法程序是主要的原因。中国在面对一个以"争议双方同意该机构进行争议调解"为前提的民间调解机构，在没有得到当事国之一——中国允许的情况下擅自做出的所谓裁决，可以拒绝承认，不予理会。但是，假如真的提交联合国设立的国际仲裁法庭会是什么情况？中国一再重申"不接受、不参与该仲裁"，尽管有美国的先例可以援引，但也容易给国际社会以中国不讲法治的印象，而且中国拒绝国际仲裁的决定并不会最终解决问题，而且可能将中国置于利益受损的被动境地。因此，积极应对国际法治化的新形势，充分准备和研究运用法律手段解决南海问题将成为最终的选择。首先，中国需要积极参与相关国际立法和法律制度的完善。国际法律规则是国际法路径解决南海问题的基础。今天中国在南海问题中的尴

① Malaysia urges Asean to unite over South China Sea, the Strait Times, Aug12, 2012, http: //www. stritstimes. com/the – big – story/south – china – sea/story/malayisia – urges – asean – unite – over – south – china – sea. 2013 – 02 – 13.

尬，与中国对作为现阶段解决中国与东南亚国家间南海问题主要依据的《公约》制定的参与不积极有很大关系。中国的“九段线”虽然是历史权利，但在《公约》中却没有与之相对应的具体规定。加之，《公约》本身在“岛屿”“岩礁”等概念上没有明确界定，给了争端各国以各自国家利益为标尺解读《公约》的空间。当然，这些空白既是遗憾，也是中国积极参与完善《公约》，为国际海洋法理论承担大国责任的机会。其次，积极组织或参与关于解决南海问题的交流、磋商或对话。过去，中国对于东盟地区论坛或东盟峰会等形式下将南海问题作为议题较为敏感和排斥，这不仅会使中国自闭于国际社会之外，错失很多解释、收集或反馈信息的时机，更无益于解决问题的良性发展。中国需要与其他争端方进一步建立对话、磋商机制，通过专门针对解决南海问题而举行的官方会议、民间学术交流所建立的现有合作平台，以和平、友好协商的方式不断消除分歧，为和平解决南海问题寻求支持。再次，积极研究国际仲裁和司法方式在解决南海问题上的运用。目前，国际社会普遍接受国际仲裁和司法途径是解决国际争端的较为公平的方式。中国要加强对具有重大影响力的判例的研习，如 1993 年东格陵兰岛案等边界争端和纠纷、2007 年尼加拉瓜与洪都拉斯海洋边界争端案，解决参与国际仲裁和司法技巧不熟的问题。最后，努力提高发展中国家法官在国际法院或仲裁庭中的比例。这是解决中国对西方大国操纵国际仲裁或司法的担忧的应对之策。随着国际法院在和平解决国际争端方面作用的凸显，各国对于国际法院组织及人员的构成等问题也越来越关注，并向着谋求公平公正的方向发展，这也是国际法治的应有之义，中国责无旁贷。另外，提高中国应对南海问题的主动权保障也很重要。一方面，完善国内法。如对作为国际仲裁和司法解决南海问题的重要历史依据的“九段线”“历史性权利”等概念的厘清，并在国内法中做出相应规定，保持权利在法律渊源上的延续性。另一方面，加强海上军事力量建设，海事执法管理。这既是对主权的宣示，更是对南海争议岛屿和海洋权益的主权宣示，也是依《公约》做出权利归属的判断基础。

三　中国与东盟各国反腐合作

如前所述，中国与东盟各国系列反腐国际追逃追赃的胜利，是中国与海外开启紧密合作的成果。尽管如此，需要努力的方面仍然很多：一是加强双边司法协助条约及引渡条约的签订，畅通追逃追赃渠道。目前追逃追赃的主要做法是引渡、非法移民遣返、异地追诉、劝返、承认和执行外国刑事罚没裁决、境外民事诉讼等。但是这些合作基本上都以《联合国反腐败公约》或涉案国双边协议为基础。特别是与他国签订财产追缴协定迫在眉睫。二是加强各国反腐机构和执法人员之间的“非正式合作”。在司法协助程序复杂、效率较低的现状下，ACT - NET 为各国执法和司法机构间的“非正式合作”提供了平台，但需要在 ACT - NET 的大框架下建立日常联络机制、情报交流机制、对腐败犯罪、洗钱、非法贸易犯罪等联合调查机制等，充分发挥其在追逃追赃中的灵活便捷作用。三是积极完善中国关于反腐的法律规定。近年来，中国的一些经济犯罪分子和职务犯罪分子利用中国云南和广西与东盟国家的特殊地理位置，把逃往东南亚国家或通过东南亚国家向其他国家潜逃作为腐败犯罪后的出逃路线。与此同时，这些犯罪分子在逃跑的同时，把犯罪所得及其收益也带到这些国家。最高人民法院前院长肖扬在其 2009 年出版的《反贪报告》中曾引用有关部门的统计称，1988—2002 年的 15 年间，资金外逃额共 1913.57 亿美元，年均 127.57 亿美元。如果按照当时美元对人民币的汇率，那么外逃资金可能超过 1.5 万亿元人民币。[①] 近十年来，随着中国经济的高速发展，外逃资金额还远远大于这个数。2001 年至 2010 年的最高人民检察院年度工作报告，其中关于“加强境内外追逃追赃工作”的数据时发现，追逃的职务犯罪人数已经从早期的数百人到高点时候的数千人，而追赃金额也从几亿元到高点时的几百亿元。[②] 如何追缴这些犯罪资产就是一个难题。目前，中国—东盟国家已经签署的刑事司法协助条约均无关于追缴犯罪收益的具体规定。另一个可以作为依据的是《联合国反腐败公约》，该公约第 54 条第 1 款第 3 项还倡导各国就犯罪人死亡、潜逃或者缺席情况，按没收腐败犯罪所得与刑事定罪相分离的原则加强国内立法。中国 2012 年修订

① 田享华：《8000 亿腐败资金外逃路线图》，《第一财经日报》2011 年 6 月 16 日第 2 版。

② 同上。

后的刑事诉讼法已吸纳了这一倡导，在第五编“特别程序”第三章第280—283条规定的“违法所得特别没收程序”限定于贪污贿赂犯罪、恐怖活动犯罪等重大犯罪案件中出现不能进行刑事定罪情形时，人民检察院可以就没收违法所得单独向人民法院提出申请。人民法院则可以按特别没收程序进行审理后做出没收裁定。这弥补了之前中国刑诉法普通刑事诉讼没收程序与《公约》规定脱节的问题，但也还存在着一些需要完善的地方。例如刑事诉讼法第15条第5项的规定，犯罪嫌疑人、被告人死亡的，不追究刑事责任，已经追究的，应当撤销案件，或者不起诉，或者终止审理，或者宣告无罪。根据中国现行体制下，纪检监察程序已成为查处职务犯罪的重要程序，很多贪污贿赂犯罪行为人是在纪检调查期间外逃或死亡的，按照刑诉法第15条的规定，无法立案进入司法程序，继而不能启动违法所得特别没收程序。类似的问题还有违法所得特别没收程序的适用范围、违法所得证明标准等，都亟待中国法律予以明确规定。但让人欣慰的是，在2014年8月29日江西上饶市中级人民法院已审理了中国首个外逃贪官李华波没收违法所得案，依据新修订的《刑事诉讼法》中专门增设的非法所得特别没收程序，做出对境外在逃犯罪嫌疑人的赃款赃物依法没收的判决，并请求新加坡承认和执行。这不仅是反腐合作在追赃方面的一大进展，更是刑事判决裁定相互承认和执行的新尝试。四是建立境外追赃分享机制。国际上，分享被追回资产已成为一个通行规则。例如，美国有为协助其没收行动的国家提供援助的政策，[①] 新西兰《没收犯罪收益法》规定了协助其冻结和没收在新西兰境外犯罪所得收益的国家有请求其援助的权利。但中国目前与东南亚国家所签订的司法协助条约都约定了免费提供司法协助，但对于因追缴犯罪所得而发生的支出并未都约定列入需要请求方支付的费用范围。在实践中，开展资产追回行动所需的办案经费可能会给被请求国和请求国造成巨大的财务负担。如果这个收益分享的问题不能通过协商解决，就会影响被请求国协助追回资产的积极性，甚至影响请求国和被请求

① Lester M. Joseph, “Money Laundering Enforcement Following the Money”, *Economic Perspectives*, No. 5, 2001, p. 14.

国之间的互信。

第二节　中国—东盟司法合作存在的法律方面问题

冷战后，中国—东盟司法合作开展了20余年，虽经历了萌芽期、成长期、提升期的发展，但至今无论在法律基础，还是司法实务方面都还存在着不少问题，在国际条约签订、国内立法转化、司法合作机制等方面都还有很多空白或矛盾。

一　立法滞后

谈及立法，既包括了国际公约和条约的签订，也包括国内法对国际条约的转化。二者紧密相扣，对中国—东盟司法合作的法律基础建立事关重大。

（一）共同参加的国际公约和相互签署的国际条约较少

目前，尽管中国与东盟有关国家开展了包括送达、调查取证、引渡、移管被判刑人、承认和执行民商事裁判在内的合作，但中国与外国开展司法协助的依据还是两个方面：一是依据两国共同参加或缔结的司法协助条约，二是依据互惠原则。目前，这些合作依据仍比较薄弱。

1. 共同参加的司法合作公约还比较少

在涉及司法合作的主要国际公约方面，印尼、柬埔寨等9个国家签署了《联合国反腐败公约》；文莱、印尼等8个国家签署了《联合国打击跨国有组织犯罪公约》，但是东盟国家基本都没有明确表示可以将这两个公约作为引渡合作依据，也不必然可以直接作为双边司法协助的依据，使中国要依据国际公约和东盟有关国家开展刑事司法协助变得不确定。在民商事司法协助国际公约方面，中国已加入《关于向国外送达民事或商事司法文书和司法外文书公约》（海牙送达公约）、《关于从国外调取民事或商事证据的公约》（海牙取证公约），但直至目前没有任何一个东盟国家加入这两个公约，使得该公约在中国—东盟民商事司法合作中没有发挥应有的作用。

2. 司法合作双边条约签署得少

在中国—东盟司法合作双边条约方面，没有与中国签订刑事司法协助条约的东盟国家有新加坡、柬埔寨、缅甸、马来西亚、文莱；没有与中国签订民商事司法协助条约的东盟国家有柬埔寨、菲律宾、印尼、缅甸、马来西亚、文莱；没有与中国签订引渡条约的东盟国家有新加坡、越南、缅甸、马来西亚、文莱。其中，缅甸、马来西亚、文莱没有与中国签订任何司法合作条约。因此，中国和马来西亚等东盟五国难以开展引渡合作，中国和柬埔寨、越南、缅甸、新加坡和马来西亚难以开展直接的刑事司法协助合作。由于缺乏司法合作的法律基础，给司法实践中打击犯罪带来了很大的窘迫。在 2007 年追捕涉嫌重大职务犯罪而外逃至新加坡的云南省交通厅原副厅长胡星时，虽然昆明市检察机关和云南省公安机关的侦查人员经中国外交部、公安部及最高人民检察院的协调进入了新加坡，并将胡星藏匿的酒店围住，但由于中国和新加坡没有签订引渡条约和刑事司法协助条约，新加坡警方和司法机关拒绝协助抓捕胡星，而中方侦查人员又不能在新加坡境内执法，差一点眼睁睁看着犯罪嫌疑人逍遥法外。这个案件在后来是通过外交途径和侦查人员直接约谈犯罪嫌疑人劝返等方法而顺利结案，被誉为“出逃国外贪官回国自首的典范”。这一案例足以显示中国—东盟司法合作缺乏法律基础的危害。

3. 现有的双边引渡条约适用效率较低

在境外追逃追赃中，中国目前多依靠执法合作和警务合作，对于国际条约利用率较低。2003 年至 2013 年间，中国向外国提出的刑事司法协助请求为 100 件，而外国向中国提出的刑事司法协助请求则高达 1200 件。[①] 尽管中国根据双边引渡条约与泰国、柬埔寨、菲律宾和老挝已有犯罪人引渡实践，但是从总体上讲，中国和泰国、柬埔寨、菲律宾、老挝签署的双边引渡条约适用的概率太小，这与中国和这些国家间发生的跨国犯罪案件数量严重不符，主要原因有两个：一是向被请求协助国提交的协助请求书写得过于笼统，不具操作性。通常办案

---

① 《中国境外追逃多依靠警务合作　司法协助利用有限》，2014 年 12 月 1 日（http://news.china.com/domestic/945/20141124/19001066.html）。

机关所提交的请求书中只有简要的犯罪事实，所提的请求也较为抽象，没有准确的证据名称、证据类型。这对于不清楚案件情况的被请求协助国很难理解协助请求，继而导致请求石沉大海。二是过分依赖执法合作和警务合作。通常通过国际刑警组织发出“红色通缉令”，或者与有关国家驻中国使馆的警务联络官进行磋商提出协助请求，[①] 或者运用行政遣返犯罪人等手段较快捷，但是这些措施绕开了应当履行的法律诉讼程序，容易侵犯犯罪人的合法权利。而且，国外的警察权力有限，特别是英美法系国家，如果没有法院签发的令状，警察是不能采取行动的，更别说协助取证或抓捕犯罪嫌疑人了。因此，今后，中国除了要继续与东盟其他国家签署双边引渡条约外，还应当更多依据司法协助条约和引渡条约开展犯罪人缉捕、移交和境外调查取证工作。

4. 现有司法协助条约的协助范围较狭窄

国际司法协助一词有广义和狭义之分。目前，中国与东盟国家现有的司法协助条约是狭义的概念。无论是刑事司法协助还是民商事司法协助，基本都只涉及最基本的司法行为。在现有的中国与东盟国家签订的刑事司法协助相关条约中，基本上司法协助的范围都不包括刑事判决、裁定或决定的承认与执行，刑事诉讼的转移，追缴犯罪所得或者犯罪收益等内容。

其中，刑事判决、裁定或决定的承认与执行关系到被判刑人的移管问题，刑事诉讼的转移涉及减少司法成本，提高司法效率和人性执法的问题，也是最符合中国—东盟国家刑事司法协助实际需要的重要内容。就中国与东盟国家间的司法实际来看，中国与缅甸、越南、老挝有很长的陆地边界，与菲律宾、越南、马来西亚、文莱等国海域边界接壤。这种特殊地理位置使得中国和东盟国家都面临经常要侦查起诉审判一些外籍人犯罪案件，导致国内看守所、监狱等管理机关关押了众多外国籍的囚犯。以中国为例，2005 年 5 月 25 日至 6 月 2 日，由司法部监狱管理局、司法部协助外事司和外交部条约法律司组成联合调查组，对关押在云南、广东两省监狱的外国籍服刑人员进行了调

① 姜洁：《织国际“天网”击碎贪官外逃美梦》，《人民日报》2014 年 12 月 2 日第 18 版。

研，云南省在押外国服刑人员（含国籍不明者）1389 名，涉及缅甸、越南、老挝、泰国和日本 5 个国家，占外国籍服刑人员总数的 65.8%；越南籍 34 名，占 2.45%；老挝籍 30 名，占 2.16%；泰国籍 2 名。至 2005 年 4 月底，广东省监狱现羁押外国籍服刑人员 67 人，涉及 19 个国家，其中印度尼西亚籍 15 人，马来西亚籍 14 人，菲律宾籍 10 人，越南籍 3 人，泰国籍 2 人，新加坡籍 1 人。[①] 中国关押的外籍服刑人员大多是东盟国家的，而有的服刑人员年龄偏大、老弱病残，多数是来自边境的农村居民，多数是涉毒和财产犯罪。对外国籍在押犯人的监管面临很多困难，这是中国和各东盟国家都要面临的，尤其是中国更为突出。首先是语言不通。从侦查审讯到法庭审判，如果没有既懂法律又懂外语的承办人或翻译人员，案件基本上无法办理，而这样全面素质的侦查或翻译人员现在比较稀少；同样，管教人员与东南亚籍的囚犯沟通困难，管理起来较为费事，容易发生安全事故。其次，东南亚的宗教信仰较复杂，法律体系与中国的差异也较大，如果对这些知识缺乏，无论是办案还是监管都容易引发在押人员的抵触，严重影响办案效果和帮教成效。因此，在中国与东南亚国家间开展被判刑人的移管和刑事诉讼的转移有紧迫的现实意义。

在现有的中国与东盟国家签订的民商事司法协助的有关条约中，与泰国和新加坡签订的民事司法协助条约没有涉及法院判决裁定的承认与执行。[②] 在大陆法系的泰国，并不认为有承认与执行外国判决的必要，既不在国内法中做规定，也没有参加任何能使判决得到相互承认的多边公约或者双边协定。但学者们普遍认为，在外国法院胜诉的原告既可以以外国判决为根据在泰国提起针对被告的诉讼来执行外国

① 王君祥：《中国—东盟区域刑事合作机制研究》，中国人民公安大学出版社 2012 年版，第 329 页。

② 承认外国法院判决与执行外国法院判决，是既有区别又有联系的两个问题。一般而言，承认外国法院判决，意味着外国法院判决取得了与内国法院判决同等的法律效力，外国法院判决中所确定的当事人之间的权利义务关系被内国法院所确认，其法律后果是，如果在内国境内他人就与外国法院判决相同的事项，提出与该判决内容不同的请求，可以用该判决作为对抗他人的理由。而执行外国法院判决则不但要承认外国法院判决在内国的法律效力，而且就其应该执行的部分，通过适当程度付诸执行，强制当事人履行外国法院判决确定的义务，其法律后果是使外国法院判决中具有财产内容的部分得到实现。

判决，也可以基于最初的诉因在泰国法院重新提起诉讼。[①] 在海洋法系的新加坡，外国判决可以通过两种程序得到承认与执行。第一种是登记程序，其依据是《英联邦判决相互执行法》（RECJA，1985 年修订版）[②]、《外国判决相互执行法》（RECJA，1985 年修订版）[③]。前者规定了在英联邦国家获得的判决在新加坡的相互执行；后者适用于给予新加坡判决在该外国承认与执行互惠待遇的非英联邦成员的国家。登记外国判决的程序规定在《高等法院规则第 67 号令》中。第二种是重新审理程序，[④] 即根据普通法，以外国判决为依据在新加坡法院提起诉讼。由上可知，中国与这两个已有民商事司法协助的国家间要进行判决的承认与执行，只能通过重新在该国提起诉讼的方式进行，这实际上是一事两诉的问题，并非实质意义的外国判决的承认与执行。这对于通过签订司法协助条约来解决案件管辖权和相互尊重司法权威的宗旨是相悖的，对于现实中的跨境民商事纠纷的处理也是很不利的。随着中国—东盟自由贸易区的进一步发展，把贸易争端诉诸司法是必然的选择之一，但这样的司法协助条约却没有发挥建设性作用。

（二）国际条约与国内法转化之间的脱节

关于国际条约与国内法适用关系的理论，国际法学理论通常有"一元论""二元论"的观点。"一元论"即认为国际法和国内法同属于一个法律体系，国际条约自签订生效可以通过纳入国内法的程序而自然享有与国内法同等效力，无须转化国内法的程序。"二元论"则认为国际法和国内法分属于不同的法律体系，国际条约必须经一国立法程序转化为国内法才能在该国适用。中国对于国际条约的适用基本上是持"二元论"观点，这可以从中国涉外诉讼程序的相关法条规定中推定。在东盟国家中，基本上也是持"二元论"观点，如越南民事诉

① Michael Pryles, "Dispute Resolution in Asia", *Kluwer Law International*, 2002, p. 367.

② The Reciprocal Enforcement of Commonwealth Judgments Act Cap. Rev, Ed., 1985, p. 264. http://statutes. agc. gov. sg/nonversion/cg - i bin/cgi - retrieve. pl? actno = Reved - 264&date = latest&method = part, visited on 21 October, 2013.

③ The Reciprocal Enforcement of Foreign Judgments Act Cap. Rev, Ed., 1985, p. 265, http://statutes. agc. gov. sg, visited on 21 October, 2013.

④ Supreme Court of Judicature Act Cap. Rev. Ed., 1999, p. 322, http://statutes. agc. gov. sg, visited on 21 October, 2013.

讼法、老挝民事诉讼法遵循法律的基本原理，司法机关只依据本国法进行司法审判。这就是说，一国生效的国际条约只是取得了在国际法层面的约束力，并不具备国内法层面的拘束力，此时缔约国的司法机关既无义务也无权利适用该条约。该条约要取得国内法层面的约束力，必须由缔约国的立法机关采取适当的立法措施将其纳入本国的国内法律体系，这样才能在各国国内得到适用。因此，就条约的适用主体而言，立法机关适用是司法机关和行政机关适用的前提，司法机关与行政机关的适用与立法机关适用是密不可分的。这就必须依赖于条约缔结国就国际条约相关内容转化为各自国内法，为司法机关、行政机关在司法审判和行使行政权力时对具体案件进行国际条约的适用。在欧盟刑事司法一体化过程中，也曾因为各国立法上的不足使执行已经生效的框架决定遇到诸多困难，进而也影响了其他框架决定的诞生。比如，欧洲统一逮捕令在德国的实施就遇到了宪法上的障碍。欧洲统一逮捕令规定了引渡本国国民的条款，但德国宪法规定本国国民不得引渡到他国，这样的巨大冲突使统一逮捕令在德国的执行一度受阻。最终，德国就此对本国宪法中的相关条款进行修改，才保证其实施。类似的情况也出现在塞浦路斯与波兰等国。虽然这些成员国最后都予以解决，但却是对本国现行法律体系进行重大调整后实现的。①

1. 关于国际条约与国内法的适用关系不够明确

首先，有的国内法与国际法之间存在着规定不一的问题，如中国《引渡法》第八条第一款第一项规定了本国公民不引渡的原则，这条原则实际上是强调对本国公民的属人管辖权，绝对拒绝向外引渡本国公民。但中国与有关国家签订的引渡条约中实际上已采取了“相对禁止引渡”的原则。如：中国与泰国签订的引渡条约在第五条规定中使用了“有权拒绝”，并未列入拒绝引渡的条目下。其次，在涉外诉讼中，如何将有关的国际条约适用于本国的司法诉讼各国做法不一。中国宪法对此无明文规定，刑事诉讼法也没有明确规定，只有民事诉讼法做了原则性规定。中国《民事诉讼法》第二百三十八条规

① Matti Joutsen, “The European and the cooperation in criminal matters: the search for balance”, *HEUNI Paper*, No. 25, pp. 32 – 33.

定了国际条约优先原则。第二百六十七条规定了中国对域外判决承认与执行的做法：一是当事人向中国法院申请承认和执行；二是外国法院请求中国法院承认和执行，但前提都是双方缔约或者参加了国际条约或者按照互惠原则。第二百六十八条做了对违反中华人民共和国法律的基本原则或者国家主权、安全、社会公共利益的域外判决不予承认和执行的保留。在司法实践中，为了更好地履行条约义务，中国也以司法解释的形式对这一问题进行补充规定。1987 年 8 月 27 日由外交部、最高人民法院、最高人民检察院、公安部、国家安全部、司法部联合发布的《关于处理涉外案件若干问题的规定》在肯定了审理涉外案件要维护国家主权，继而明确了当国内法规定与国际条约有冲突时，国际条约优先的原则，但这些规定还需要在宪法和其他诉讼法中有所明确。

2. 在涉外诉讼中各国国内法对条约内容没有进行立法

首先，各国关于国际司法合作的立法滞后。如中国、老挝只制定了《引渡法》，而未制定刑事司法协助法；缅甸的 1904 年引渡法已失效；菲律宾未制定刑事司法协助法；柬埔寨和越南至今既没有制定引渡法，也没有制定刑事司法协助法。这些国内立法的缺位必将降低中国—东盟刑事司法合作的成效。在中国与东盟民商事司法合作中，各国都没有制定单行法律对司法协助活动进行规范，基本都是把相关规定散放于各程序法条款，如表 5—1 所示。

如中国 1986 年最高人民法院、外交部、司法部下发了《关于中国法院和外国法院通过外交途径相互委托送达法律文书若干问题的通知》，1991 年《民事诉讼法》第 29 章专章规定了国际司法协助，1992 年最高人民法院制定《关于适用〈中华人民共和国民事诉讼法〉若干问题的意见》，1992 年最高人民法院、外交部、司法部下发了《关于执行〈海牙送达公约〉有关程序的通知》和 1992 年司法部、最高人民法院、外交部制定了《关于执行〈海牙送达公约〉的实施办法》，2006 年最高人民法院制定了《关于涉外民事或商事案件司法文书送达问题若干规定》。这些规定就是中国进行民商事司法协助的国内法依据。在老挝 2004 年民事诉讼法中，对涉外程序规定仅有三个条文，直至2012年7月4日通过了民事诉讼法修正案，才将

表 5—1　　中国和东盟国家司法合作立法情况表

国家＼类别	刑事司法协助法	引渡法	民商事司法协助法
泰国	1992 年刑事司法协助法	2008 年引渡法	—
马来西亚	2002 年刑事司法协助法	1992 年引渡法	—
缅甸	2004 年刑事司法协助法	1904 年引渡法（已失效）	—
文莱	2005 年刑事司法协助令	1951 年引渡法	—
新加坡	2006 年刑事司法协助法	1968 年引渡法（1998 年修正）	最高法院规则；英国法适用条例
印度尼西亚	2006 年刑事司法协助法	1979 年引渡法	—
菲律宾	2002 年反洗钱法规定涉及洗钱犯罪的刑事司法协助，对于其他犯罪的司法协助没有立法	1977 年引渡法	—
越南	2003 年刑事诉讼法第 37、38 章规定了条约优先适用原则	2003 年刑事诉讼法第 37、38 章	—

续表

类别 国家	刑事司法协助法	引渡法	民商事司法协助法
柬埔寨	刑事诉讼法第三十八条和第八十六条规定了制作和执行证人证据委托调查书请求	2007 年刑法第 2 章规定了引渡	—
老挝	—	2012 年引渡法	—
中国	—	引渡法	1991 年《民事诉讼法》第 29 章国际司法协助，1992 年最高人民法院《关于适用〈中华人民共和国民事诉讼法〉若干问题的意见》，1986 年最高人民法院、外交部、司法部《关于中国法院和外国法院通过外交途径相互委托送达法律文书若干问题的通知》，1992 年最高人民法院、外交部、司法部《关于执行〈海牙送达公约〉有关程序的通知》和 1992 年司法部、最高人民法院、外交部《关于执行〈海牙送达公约〉的实施办法》，2006 年最高人民法院《关于涉外民事或商事案件司法文书送达问题若干规定》

资料来源：根据相关国家法律规定整理，2014 年收集。

关于涉外诉讼程序增加到八条，虽然对承认和执行外国的判决做了规定，但所规定程序过于简约，且缺乏有效的权利救济的相关规定。其次，虽然规定了依条约或互惠原则进行司法协助，但对互惠原则没有具体界定，在具体案件办理时缺乏操作性。在涉外民商事案件的诉讼过程中，无论是司法文书及司法外文书域外协助送达、民商事案件管辖权还是判决和裁定的承认与执行等，都是以请求方与被请求方签订了司法协助条约或互惠为前提，如果请求国与中国没有条约关系，在以互惠原则为执行依据的情形下，应对“互惠”的适用情形做出明确规定，中国诉讼法没做规定，老挝诉讼法、越南诉讼法等也没有类似规定。再次，虽然中国与部分东南亚国家签订的民商事司法协助条约规定了法院裁判的承认与执行，但在各国国内相应的程序法中却没有相关规定。中国承认与执行外国判决的规定只散见于一些司法解释中。2012 年老挝民事诉讼法修正案也只就承认和执行外国判决做了抽象的规定。2005 年越南民事诉讼法则做出了在有条约或按互惠原则的前提下，对外国法院做出的判决、裁定予以承认的原则性规定。

3. 国内立法缺少与国际条约相配套的法律规定

在中国与东盟国家所签订的所有刑事司法协助条约及民商事司法协助条约中，目前都就调查取证达成合作意愿，但在各国国内没有就调查取证的协助事宜做出具体的立法规定，或是在某些诉讼环节中缺少配套的法律规定。以中国刑事诉讼的涉外证据适用规则为例，根据《人民检察院刑事诉讼规则》第 445 条规定中国与其他国家开展司法协助依照双方签订条约规定的联系途径或者外交途径进行，没有条约的根据互惠原则或惯例，并指明了适用的程序。第 450 条规定则授权给边境地区检察院与对方检察院开展直接司法合作，但是该规则仅仅是检察机关的内部规定，在诉讼中缺乏权威性。

二　司法合作机制存在的问题

现有的中国—东盟司法合作机制主要表现为会议协商、论坛研讨，而且集中在刑事司法领域。这些合作机制都有偏重宏观性和理论性，而缺乏微观性、实践性的问题，对于一些现实问题研究不多，所形成的联合声明、备忘录等文件也缺乏强制效力。

（一）执法机制的缺陷

作为中国与东盟司法合作的重要执法机制，现行的东盟与中日韩（10 + 3）打击跨国犯罪部长级会议机制、东盟与中国（10 + 1）打击跨国犯罪部长级非正式会议和东盟与中国打击跨国犯罪部长级会议、中国—东盟总检察长会议等机制都存在着缺乏现实效力和可操作性的问题。首先，这些会议机制通常都由代表各国政治立场的官员参加刑事合作会议协商，会议虽说是司法领域的议题协商，但基本都以政治命题为主，少有涉及司法合作具体问题的讨论或协商；其次，这些会议不能充分反映双方现实的、迫切的司法合作项目，在协商中达成的共识不能准确有效地反映双方司法实际需要。

以东盟与中国（10+1）打击跨国犯罪部长级正式会议机制为例，先后召开了3届会议，每届会议都签署了联合声明，但是该声明并无法律拘束力，而且所形成的共识都是比较宽泛的，缺乏可操作性。如第一届会议就5年内中国为东盟国家培训1000名执法人员达成共识；第二届议题除了提出共同打击电信诈骗犯罪比较具体外，其他就增进人员往来和业务团组互访、推进执法能力建设领域合作、加强打击跨国犯罪务实合作等共识都比较原则；第三届会议就双方应始终高度重视执法安全合作，坚持完善合作机制建设，多措并举打击跨国犯罪，相互给予最大限度的执法合作，不断深化执法能力建设合作，推动建立更加全面、务实、高效、便捷的执法安全合作网络等议题达成共识，这些共识基本都只是一些合作意向，往往难以具体落实，距离双边或者多边开展司法协助还有很大差距。因此，中国与东盟在打击跨国犯罪方面合作内容亟待具体化、法制化。又如中国—东盟总检察长会议机制是目前中国和东盟司法机关之间建立的级别最高、较为正式的刑事司法合作机制，但是至今连续七届的会议除了为中国和东盟成员国检察机关间搭建一个交流平台，增进彼此了解外，没有更多实际成果，并不符合中国—东盟打击跨国犯罪实践需要。中国与东盟国家检察机关之间情报交流、代为调查取证、联合调查取证、共同追捕和引渡逃犯、追缴并返还赃款赃物等方面仍未建立起相应的操作规程。

中国和东盟国家安全共同体的意识和机制还没有建立起来。表现最突出的是在当前打击恐怖主义犯罪的合作中，打击恐怖主义犯罪缺乏常态机制，经常因为政治等因素而受阻。如在执法实践中，面对近年来在中国西南边境地区受“三股势力”裹胁而日益增多的偷越国（边）境犯罪，泰国、马来西亚迫于欧美以及国际人权组织的压力，以丢弃或藏匿了身份证明资料的外逃新疆维吾尔族人不能查明系中国公民为由，要求中方提供能证明其中国公民身份的证据后才能引渡，导致在泰国的400多名维吾尔族人的引渡陷入僵局。[①] 涉及打击恐怖

① Kendrick Kuo & Kyle Springer，“Illegal Uighur Immigration in Southeast Asia”，http：//cogitasia. com/illegal - uighur - immigration - in - southeast - asia/，2015 - 6 - 24.

主义的合作还停留在领导人会议、部长会议、高级官员会议三级机制及东盟地区论坛的格局，其中大部分是针对经济合作和安全合作的宏观共识，对反恐合作磋商的成果也多体现为缺乏法律效力的倡议、宣言，对于具体的打击恐怖主义犯罪的专业合作制度性建构缺位，反恐立法、反恐资金、反恐情报、合作机制等诸多领域问题还比较多。

（二）论坛机制的缺陷

论坛也存在务实性不足的问题。主要表现在参加主体以各级政府官员或学者为主，而非专职的对打击中国犯罪、开展刑事合作有迫切需求的司法、执法主体。如参加中国—东盟自由贸易区法律事务论坛的是东盟国家司法、经贸官员、WTO 专家组专家、其他自由贸易区专家、中国相关省（市）律师协会领导、国内外知名律师等各界代表。其只是为建立与完善自由贸易区法律制度、探讨法律纠纷解决机制提供一个交流平台，所涉及的议题都是从宏观层面、理论研究的层面去探讨，对中国和东盟开展打击跨国犯罪合作只是起到一个框架上的、总体指导作用，甚至都谈不上有共识的形成，而微观方面的、具体的刑事合作程序和规则议题尚未涉及，也不可能对司法合作的实践有具体的推进。

（三）法律公共外交机制的缺陷

公共外交在中国被定义为："由一国政府主导，借助各种传播和交流手段，向国外公众介绍本国国情和政策理念，向国内公众介绍本国外交方针政策及相关举措，旨在获取国内外公众的理解、认同和支持，争取民心民意，树立国家和政府的良好形象，营造有利的舆论环境，维护和促进国家根本利益。"[①] 在当前中国—东盟司法合作的领域，法律公共外交显得较为羸弱，主要体现在以下几个方面：一是缺乏构筑法律公共外交机制的认识。首先，法律公共外交较为被动。公共外交作为国家外交的重要组成部分，固然要服从服务于国家外交政策方针，但更应当发挥自身的主观能动性。"长期以来，中国外交一直实行高度的集中管理，国际问题研究和涉外人才的影响力无法得到发挥。即使在这部分机构和人群中，公共外交也没有得到政策上的鼓

① 杨洁篪：《努力开拓中国特色公共外交新局面》，《求是》2011 年第 4 期。

励和确认，而是流于一般的、被动式的任务操作，缺乏系统性成效评估。在社会和公众层面，更由此造成与外部世界人际交流十分有限，严格意义上的非政府组织、民间团体、杰出的社会活动家储备不足，对外交流媒体数量很少，影响力低。”① 这一问题在中国—东盟法律公共外交中更为突出，由于缺乏政策导引，在中国—东盟自由贸易区的法律服务几乎是“摸着石头过河”，没有方向感。其次，对法律公共外交的必要性和可行性认识不到位。随着公共外交在中国与东南亚国家友好关系中发挥的作用越来越受到认可，各领域公共外交也在不断推进中。法律作为现代法治社会重要的元素，不可能在公共外交中没有“名分”。但由于法律作为国家上层政治建筑的重要组成，涉及国家主权的因素更多，在开展公共外交中又缺乏政策指导，使得无论是社会团体还是媒体或是学者个人等都对于能不能开展法律公共外交、可以开展哪些法律公共外交、如何开展法律公共外交没有把握，阻碍了法律公共外交的开展。再次，没有搭建法律公共外交平台的意识。推动中国与东盟的公共外交要制定国家层面的战略规划，将公共外交上升为国家战略，成为建设文化强国的重要组成部分。二是开展法律公共外交的区域环境没有形成。从目前广西、云南一些办理涉及东盟国家法律事务的律师经验来看，有不少问题需要解决：语言沟通上的障碍、对东盟各国的法律规定和司法制度了解较少、中国与东盟各国律师之间的信息交流与互动很少、缺乏沟通渠道与机制、跨国法律服务成本较高等。三是开展法律公共外交的方式较为呆板。应当放下外事部门大包大揽的思路，采取政府搭台、民间唱戏的做法，重视和支持民间 NGO 发展和国际影响能力，调动民间法律服务机构、法律研究机构和一些学者个人参与的积极性，共同努力，倾力配合。

三　边境地区司法机关直接工作联系机制存在的问题

（一）边境司法机关直接合作机制缺乏规范性

无论是国家间的司法协助条约的签订，还是边境司法机关间合作

① 杨鲁慧、李燕燕：《构建中国公共外交新局面的思考》，载柯银斌、包茂红《中国与东南亚国家公共外交》，新华出版社 2012 年版，第 35 页。

协议的达成，都是司法权的行使，这对于主权国家都是十分慎重的外交行为。边境司法机关直接合作机制是在涉外司法实践过程中自发产生的机制，它有反应灵敏、灵活高效、对国家间司法合作机制缺位进行临时补充的优点，但也存在不少隐患。边境司法机关直接合作在民商事司法领域基本上没有涉及，早些时候有个别边境地区法院尝试建立直接合作机制，但最终因不能得到双方政府的授权无疾而终。在刑事司法领域，根据中国外交部的要求和最高人民检察院的规定，同境外司法机关的直接合作应由省级人民检察院批准，重大案件报最高人民检察院批准。基层检察院可以承担联系、具体执行协助事宜。但在实践中存在一系列问题。首先，由于部分东南亚国家内部政治势力的微妙，建立边境司法机关直接合作机制容易引起外交冲突。如中国与缅甸接壤地区为四个特区，这几个特区实际上都被民族地方武装控制，其中央政府的权力在这里很难行使。中国如果与其中央政府建立合作机制，则特区政府不一定认可，难以在这些地方贯彻落实；同理，建立边境司法机关直接合作机制又有不尊重其国家主权的嫌疑。其次，缅甸、越南、老挝由于与中国云南和广西接壤，又由于边境管理较松懈，双方的犯罪分子犯罪后出逃、隐蔽或潜逃至对方国家或边境地区的情况较多，基于双方共同利益需要和双方边境司法工作人员之间良好的交往，促成双方边境地方司法机关建立了反应灵敏直接联络机制，但是这种直接合作的渠道和程序具有民间性质，并不具有严格意义的法律强制性。再次，云南、广西的部分边境检察院与相邻东南亚国家的检察机关定期会晤，签署《会谈纪要》，虽然《会谈纪要》为双方在边境地区开展调查取证或追赃追逃等司法协助行为提供了协议性质的依据，但双方的基层检察机关之间签署《会谈纪要》超出外交部和最高人民检察院关于案件合作的授权，而且缺乏统一和规范。

（二）取证程序不规范影响证据效力的问题

目前中国—东盟对于涉外证据获取程序没有形成一个统一的标准，各国对于取证程序的规定也各不相同，这对于跨国诉讼案件证据效力造成不确定的减损。以中国为例，在涉外案件的证据调查方式主要有三种：代为调查[①]、域外调查[②]、联合调查[③]，但在中国诉讼程序只做了原则性规定，并未涉及具体规则或效力审查标准，只在《人民检察院刑事诉讼规则》刑事司法协助章节中有规定，但这只是检察机关的内部办案规则，对公安和法院都不具有法律约束力。严格来说，这些涉外证据在诉讼中都将涉及非法证据排除的问题。

（三）边境地区司法交流与合作效力还较低

首先，申请刑事司法协作时间较长。尽管最高人民检察院是唯一一家对边境地区司法交流与合作明文鼓励的司法机关，即便如此，刑事司法协作也要依条约程序来走，涉及部门多，时间周期长。以云南省文山州、临沧市、西双版纳州等地检察机关进行刑事司法协作的实践来看，都存在涉及外交、检察机关等多级、多个部门，且中国与越南、老挝、缅甸等法律制度有差异，因此刑事司法协作时间较长，犯罪嫌疑人易藏匿、逃遁；许多案件委托后，周转时间太长，比如送达一个法律文书，最快也要十个月以上，有的长达一两年不等，甚至还有长期无回执或丢失现象，给检察机关及当事人带来许多诉累和损失。其次，在民商事涉外案件办理中，边境地区的法院之间的司法合作与交流并不受最高人民法院的支持和鼓励，而由于按条约规定的程序进行司法协助的流程较长，很多当事人都不愿意通过诉讼的方式解决民商事纠纷，通常是通过请中间人主持调解或仲裁的路径，即便有涉外诉讼，通常也不需要涉外文书送达或取证等。因此，在边境地区法院之间的司法合作基本没有。再次，边境地区检察院、法院缺乏懂外语、精通法律的专业人才来开展国际司法交流与合作。国际司法交流与合作是一项政策性、法律性、专业性要求很高的工作，涉及语言、法律、协作能力等多方面的要求。

---

① 代为调查，又称为代为取证或委托调查，简言之，是指一国的主管机关根据另一国相关机关的请求，在本国领域内以本国国内法为根据代为调查收集证据材料的司法协助行为。

② 域外调查，即由办案国派遣本国调查人员到证据所在国收集证据材料的行为。

③ 联合调查，通常又称为联合侦查，是指两个或两个以上的国家，基于有效打击相关国家依法同时都享有刑事司法管辖权的特定跨国犯罪的目的，而临时采取的组建联合调查机构、共同调查收集证据、缉捕犯罪嫌疑人等措施。

第三节 影响中国—东盟司法合作政治互信的因素

冷战结束后，中国与东盟关系总体呈现良好发展的趋势，在司法合作方面也呈现出三层次三轨道的全面发展，但由于“中国威胁论”、领土边界争端、法律体系等方面的原因，导致东盟对于中国合作诚意和以合作共赢为核心的猜疑，在合作中建立的政治互信不足，阻碍中国与东盟司法合作的深入推进。

一 东盟对中国政治互信不足的消极影响

目前，中国—东盟司法合作呈现后劲乏力的苗头。主要表现为，直至今日司法合作的对象仍未普及所有东盟国家，而且没有签订任何东南亚区域的国际公约，甚至已有的条约在实践中执行得也不到位，在司法实践中的执法合作也难以深化。这说明，中国与东南亚之间的司法合作还存在着一些阻碍推进的因素。虽然不应否认这是多因共同作用的结果，但最关键的因素仍是政治互信不足。

在司法协助条约缔结方面，以缅甸为例，在东盟国家中，缅甸是最早与中国开展禁毒合作的国家之一，也是冷战后与中国开展刑事执法合作较多的国家之一，但也是到目前为止没有与中国签订任何司法协助条约的国家之一。其中原因，虽然有政治体制、法律体系、政局动荡等因素，但最根本的还是政治上信任缺位。一方面，缅甸对主权让渡的强烈抗拒。“缅甸长期遭受英国的殖民统治，国民的民族情绪较为强烈。”[①] 1974 年《缅甸联邦社会主义共和国宪法》规定：“缅甸一贯奉行独立的外交政策，以世界和平和各国间友好相处为目标，遵守国与国之间的和平共处原则。”“从缅甸比较辉煌的历史来看，它的民族主义情绪在东南亚属于最强烈的几个国家之一；从缅甸独立后的表现来看，它既不会只依赖中国，也不会只依赖美国而与中国对

① 尤洪波：《冷战期间缅甸的中立外交政策》，《南洋问题研究》2002 年第 1 期。

立。"[①] 在合作机制中也体现得较为透彻。另一方面，"东盟担心中国把缅甸拉入自己的势力范围，使缅甸成为中国西出印度洋的陆路通道并控制缅甸经济资源"[②]。1995 年接纳缅甸为观察员，1997 年正式吸收缅甸为东盟成员。加之 20 世纪 90 年代印度推出"东向"政策，日本加大对缅甸的援助，21 世纪 10 年代末美国"重返亚太"政策，使缅甸对华依赖程度相对降低。正如有学者认为"缅甸对中国并非一直是'一边倒'，尤其是缅甸并非只愿意和中国交往，而是始终谋求与西方改善关系"[③]。而文莱"与东盟其他国家一样，依然对中国保持着戒心""文莱在领土问题上，也声称对南海群岛西南端的路易莎海礁岛拥有主权"。[④] 其他的东盟国家也基本将东盟当作保持东南亚安全与繁荣的可靠支柱，努力将其外交政策与东盟的整体政策协调一致。这些政治原因成为制约中国与东盟国家间推进司法协助的关键因素，尤其是在双方缔结司法协助法律基础方面更是慎之又慎。

另外，近年来在一些刑事执法实务合作中，在双边执法合作总体向前推进的大背景下，也呈现出"瓶颈"的趋势。从 2011 年 10 月 5 日在湄公河上发生的"13 名中国船员遇害案"的办理来看，在看到其里程碑式的效应时，也回避不了"湄公河流域执法安全合作机制"深入推进中的重重困难。主要原因是"泰老缅三国由于不同的国情和战略考虑各怀'心思'，中国则被赋予最多的期待和责任"[⑤]。"泰国上下都认为，湄公河流域的危险地段在缅甸境内，泰国境内是安全的，所以对护航不够重视。"[⑥]"在军队占绝对影响地位的泰国，对进一步推动湄公河联合执法仍十分谨慎。泰国拒绝了中国武装力量和船只进入泰国水域的要求。"[⑦]"湄公河联合执法并不受缅甸欢迎，其政

① 李晨阳：《中国丢了缅甸吗》，《世界知识》2014 年第 17 期。

② 岳德明：《冷战后缅甸对华政策刍议》，《外交评论》2005 年总第 83 期。

③ 李晨阳：《2010 年大选之后的中缅关系：挑战与前景》，《和平与发展》2012 年第 2 期。

④ 骆莉：《冷战后文莱的对华关系与政策》，《东南亚研究》2000 年第 4 期。

⑤ 张月恒、陈浩：《湄公河联合执法挑战仍不小》，《环球时报》2013 年 9 月 3 日第 4 版。

⑥ 同上。

⑦ 同上。

界和民间普遍认为中国武装力量不应进入湄公河缅甸段，因为那是缅甸本国的河流。”① “与泰国和缅甸不同，老挝对湄公河联合执法十分积极。‘即使泰缅不参加，老挝也愿意和中国进行湄公河联合执法。’老挝人民军副总参谋长波相去年曾这样表示。老挝与中国签署了湄公河联合执法合作协议，允许中国武装力量在其水域巡逻，还允许中国在湄公河老挝一侧的山峰部署武装力量。”② 据不完全统计，在截至目前中、老、缅、泰所开展的38次湄公河联合巡逻执法中，中国是主导者，不但参与了全部巡逻执法，而且在物资、经费、技术等保障方面给予了老、缅、泰很多帮助或援助；老挝是四国中除中国外派舰艇参与联合巡逻执法最多的一国；缅甸与泰国则较多就地开展一些情报交流、文化交流、联合查缉等活动，动用执法舰艇护航巡逻较少。而且联合巡逻的绝大部分会议都在老挝孟莫联络点举办。由上可知，中国与东盟国家间的司法合作要进一步推进最大的阻碍是政治上缺乏互信。

二 阻碍政治互信的主要问题

（一）“中国威胁论”问题

冷战结束后，虽然中国与东盟关系发展态势良好，并于2003年上升为战略合作伙伴关系，但双方对彼此的长期发展战略了解还是不够，信息的不对称导致互信基础缺失。随着中国经济快速发展，综合国力的增强，在东亚地区的大国地位日益凸显，在国际社会产生巨大的影响，引起了个别西方国家的不满。他们不愿看到中国成长起来，更不愿承认中国对国际事务的影响力不容忽视，图谋在舆论上孤立中国、围堵中国，大肆散布“中国威胁论”，不断挑拨中国与周边国家的关系。新加坡学者张保民曾就中国与东盟之间的关系提出过自己的看法，他认为“鉴于种种原因的介入，尽管中国对东南亚国家一直友好相待，对自身在亚太地区的作用也抱有很强的信心，但一部分东

① 张月恒、陈浩：《湄公河联合执法挑战仍不小》，《环球时报》2013年9月3日第4版。

② 同上。

南亚国家始终对中国存有误解，将中国视为对他们有力的威胁”①。事实证明，冷战的结束，并不代表冷战思维的消灭，也不因中国单边渴望和平发展而改变，西方国家对社会主义的中国仍持“围堵”的态度。这些论调对一些东盟国家还是起了作用，这些东盟国家对中国的警惕性相应提高。首先，东盟国家担心中国强大后会称霸。东盟国家的殖民阴影使其对一切试图进入东南亚地区的大国都怀有戒心，尤其更担心与东南亚有密切地缘关系的中国将压制和掌控弱小邻国的发展。“填补真空论”是冷战后在东南亚地区出现得最早的“中国威胁论”②。加之中国与部分东盟国家地缘上存在领土领海争端问题，使一些东盟国家别有用心地利用这些妖魔化中国的言论，诋毁中国和平大国形象。因此，东盟采取大国制衡战略，除邀请日本、美国参与东南亚合作外，还加强了同澳大利亚、印度、俄罗斯等国家的双边关系，以平衡各个大国在东盟地区的影响力。其次，东盟国家认为，中国经济的快速发展会挤占东盟国家的发展空间。东盟国家既把中国当作朋友，希望搭上中国迅速崛起的“快车”，又把中国当作竞争对手加以防范掣肘。马来西亚的前总理马哈蒂尔就曾表示，“中国不会进行军事冒险，因此，东南亚没有理由对中国的军事力量感到担忧。但是，中国是东南亚面临的一个经济威胁。……就吸引外国直接投资而言，它还会对东南亚的世界贸易构成威胁。可以预计，中国的产品不但会挤走日本和韩国的产品，而且会挤走整个东南亚国家的产品。虽然中国不大可能进行军事占领，却有可能损害东南亚国家的经济”③。新加坡前总统李光耀也曾在2001年的一次演讲中表达了这样的担忧，“中国将会变成一个难以对付的地区角色扮演者，整个东亚经济的联合——日本、韩国、东盟等也无法与中国抗衡”④。可见，东盟各国对中国经济快速发展也充满担忧。双方政治互信的不足，使得“中国威胁论”成了阻碍中国与东盟司法合作良性发展的绊脚石。

---

① Chang Pao min, “China and Southeast Asia: The Problem of a Perceptional Gap”, *Contemporary Southeast Asia*, No. 3, 1987, pp. 33—38.

② 翟崑：《试析东南亚地区的“中国威胁论”》，《亚非纵横》2006年第5期。

③ 曹云华、唐翀：《新中国—东盟关系论》，世界知识出版社2004年版，第217页。

④ Lee Kuan Yew, “ASEAN Must Balance China in Asia”, *New Perspectives*, No. 10, 2006, p. 23.

（二）南海问题

中国同东盟一些国家之间存在关于岛屿主权与海洋划界争端。这一争端起源于20世纪70年代，涉及“六国七方”，包括中国、越南、菲律宾、马来西亚、文莱、印度尼西亚和中国台湾，通常被简称为“南海问题”。南海自中国秦汉时代起就是中国的传统疆域，即便二战后相当长时期南海周边也没有任何国家对中国在南海群岛提出过异议。自从勘探出海底蕴存有大量石油、天然气资源以后，引起了东盟国家的重视，加之其是太平洋与印度洋的连接带，具有重要的战略地位。越、马、菲、文先后宣称对南沙群岛部分岛礁及其周围海域拥有全部或部分主权。美国、印度、俄罗斯等国家对南海问题不断“搅浑水”，借此消耗中国实力，牵制中国发展。根据国家海洋局发布的《2010年海洋发展报告》显示，“2009年，中国海上安全问题凸显，安全局势更趋复杂。这其中包括东南亚各国致力于部署和增强潜艇实力，中国周边的海上邻国，纷纷采取实际控制、国内立法、国际联盟等多种手段，试图将侵犯中国海洋权益的行为事实化、合法化和国际化”①。目前南沙群岛中，越占27个岛礁，是最多的，菲占8个，马占3个；中国内地控制着6个礁，台湾控制着太平岛。中国在南沙的岛屿遭到侵占，南海海域被分割，资源被掠夺，争端逐步国际化，南海争端正朝着对中国不利的方向发展。② 菲律宾将南中国海争议称为“最大的冲突隐患”③。南海问题的实质是中国领土主权完整性受侵犯，但却受到侵权国不断挑衅，西方大国含沙射影的指责。主要是因为南海问题被西方大国作为牵制中国军事力量、与中国进行各种谈判的筹码，也被东盟国家作为大国平衡战略的有力手段，改善自身资源的“金矿”和提升国际地位的跳板。

关于南海问题的解决，中国与东盟涉事国一直都没有达成共识。1999年11月，菲律宾、越南起草的“南海地区行为准则”草案被递

① 《中国海洋发展报告（2010）》，2014年1月3日（http：//wenku. baidu. com/view/3acb641ca300a6c30c229fa6. html）。

② 骆莉、袁术林：《中国国家安全中的南海问题初探》，《暨南学报》（人文科学与社会科学版）2005年第1期。

③ ［美］特德·安东尼：《中国：东盟身侧的巨象》（2002年8月6日），2014年1月3日（http：//big5. china. com. cn/zhuanti2005/txt/2002－08/06/content_ 5184068. html）。

交至东盟第三次非正式领导人峰会上讨论，草案反映了东盟解决南海争端的共同态度，以“集团方式”介入南海问题，未得到中国的认可。在中国提出的“主权属我，搁置争议”的原则指导下，中国与东盟经过长达3年的协商后，各国外长及外长代表于2002年签署《南海各方行为宣言》，是中国与东盟签署的第一份有关南海问题的政治文件。宣言确定的基调是，共同维护南海地区和平与稳定，强调通过友好协商和谈判和平解决争议，并通过开展搜寻与救助、打击跨国犯罪、海洋环保等领域的合作，拓展建立相互信任的途径。同时，在中国与个别东盟国家的谈判取得了突破性进展。2000年12月25日，中国和越南在北京签署《关于两国在北部湾领海、专属经济区和大陆架的划界协定》及《政府北部湾渔业合作协定》。2004年6月30日，中越两国互换了该协定的批准书。至此，两协定于当日同时生效。划界协定生效，标志着中国在南海第一条边界的诞生，是中越关系史上的一件大事。

然而，2009年以来，南海问题呈现出越来越强的国际化趋势，加剧了其复杂性和敏感性。所谓“南海问题”国际化，主要指“非声索国介入声索国之间的争端，和声索国利用区域外国家或国际组织对南海争端的介入，从而导致问题扩大化和复杂化的行为”①。声索国主要包括中国、越南和菲律宾等东南亚国家，非声索国主要包括美国、日本、印度和俄罗斯等大国。中国对南海问题界定是中国与部分东南亚国家的双边问题，而非中国与东盟之间的问题，也非地区问题或国际问题。② 但美国高调介入南海问题，极力将南海问题国际化。美国前国务卿希拉里·克林顿在2010年7月23日的东盟地区论坛上声称，“南海问题是美国优先要解决的外交事务，是‘美国国家利益’的一部分”③。美国这一表态与南海地区是西太平洋与印度洋及中东海湾地区的东西航道、是东北亚与澳大利亚之间南北航道的连接

---

① 惠耕田：《南海问题国际化的多层次动因》，《战略决策研究》2013年第2期。

② 《2010年9月21日外交部发言人姜瑜举行例行记者会》（http：//www.fmprc.gov.cn/chn/gxh/tyb/fyrbt/jzhsl/t754554.htm）。

③ Hillary Rodham Clinton, Press Conference , National Convertion Center, Hanoi, Vietnam, July 23 , 2010, http：//www. State. gov/secretary /rm/2010/07/145095. htm. visited on 21 October, 2013.

点，在战略地位上十分重要分不开，但更多的是美国维护其海洋霸权和东亚秩序主导权的需要。在美国政策信息的传导下，作为美国亚洲盟国的日本，一直就对中国有制衡之意，加之钓鱼岛中日争端的存在，更强化了日本对“南海问题”的炒作和搅局。日本2011年防卫白皮书称“中国和南海附近国家的领土纠纷，可能会给地区以及国际社会和平带来影响”，并呼吁中国周边国家联合起来牵制中国。① 印度也是南海问题中的非声索国，但是其却将南海问题国际化作为其“东向政策”的重要内容，甚至将其强化为“东向行动政策”。20多年来，印度基于中印之间存在有领土边界争端和历史过节，参与“南海问题”不仅增加其在东亚事务中的影响力可牵制中国，同时可利用南海油气资源增加其经济利益。一方面，印度由于能源对外依赖度高，把与越南的油气开发合作看作推动其国内工业化步伐的重要策略；另一方面，东南亚地区还是其潜在的市场，对于推动其国内经济发展有重要作用。俄罗斯也是南海问题的非声索国，但其在南海问题上的角色并非无足轻重。抛开冷战时期苏联在东南亚地区形成的势力影响不说，单从21世纪以来俄罗斯在东南亚事务中的参与度就可见一斑。1997年时任俄罗斯总理的切尔诺梅尔金称越南是俄罗斯的“战略性合作伙伴”。②“2012年4月，俄罗斯天然气工业公司与越南签署协议，共同勘探开发位于中国九段线内的05—2和05—3油气田。”③ 俄罗斯也有意加强与其他东南亚国家的经济、军事合作。这些因素决定了俄罗斯在南海地区的潜在影响力不容忽视，而且也已卷入了南海地区的利益纠葛中。这些域外大国的介入，相当程度增加了南海问题的扩大化和复杂性，给东南亚声索国谋求非法占岛合法化增添了底气，使中国坚持双边谈判解决南海领土争端及维护海域权益加大了难度。

（三）台湾问题

台湾问题是中国内战的历史遗留问题。中国（内地）对“台湾

① 李杰：《日本在南海问题上指手画脚颇有挑唆意味》，2014年11月23日，人民网（http：// www. military. people. com. cn/GB/15322663. html）。

② 马嫪：《论前苏联与俄罗斯的东南亚政策及其影响》，《国际观察》1998年第2期。

③ 康霖：《俄罗斯东南亚政策演变及其对南海问题的影响》，《太平洋学报》2012年第11期。

问题”的界定是台湾和内地同属一个中国，中国政府拥有对台湾的主权。台湾紧邻东盟，相互有密切的政治经济往来，受到东盟的重视。“台湾问题”放在中国与东盟关系中来考量，则“实际上是东南亚国家能否在处理与台湾的关系时，始终坚持一个中国的原则”①。进入21世纪以来，中国同东盟关系全方位提升，互为战略伙伴。与此同时，东盟与台湾的关系也在不断提升中。“由于历史原因，东盟国家与台湾有着较为密切的官方和非官方关系，双边开展的政治、经济、文化交流等领域的合作，甚至干涉中国内政，违背国际公认的‘一个中国’原则。”② 东盟国家不断发展与台湾地区的关系，既与以美国为首的西方国家遏制围堵中国的战略有关，也与东盟国家的利益诉求相关。美国遏制、围堵中国的重要战略部署之一就是企图控制中国周边国家形成包围圈，牵制中国发展，而台湾恰是一枚不错的棋子；由于台湾和东盟在政治经济上都对美国有很大的依赖性，因此美国的对台政策也成为东盟对台政策的指向标。另外，东盟不断提升与台湾的关系还受经济利益的驱动。1997年亚洲金融危机后，东盟国家经历了冷战结束以来最严重的经济困境，急需外资的投入来拉动本地区经济增长，而此时的台湾受到的冲击较小，为拉拢和利用东盟国家，不断推出“金钱外交”“南向政策”等，加大对东盟的投资力度，试图通过加强与东南亚各国的经贸合作，突破“外交困境”。正如台湾学者评论“南向政策”的实质是“以经济换取政治，以经贸拓展外交”。③ 此外，东盟国家与中国有着非常紧密的地缘政治关系。这些国家也担心日益强大的中国在东南亚的影响扩大，想借台湾问题牵制中国的发展，维持本地区的势力均衡。台湾问题进一步“国际化”，是对“一个中国”原则的破坏，成为中国与东盟关系发展的一大障碍。综上原因，台湾问题会很大程度上影响中国和东盟的政治互信，进而影响中国与东盟的司法合作进程。

---

① 石晨霞：《中国东盟关系发展的成果、问题及对策分析》，《法制与社会》2008年第3期。

② 李鸿阶：《东盟安全战略新调整及中国的对策》，《亚太纵横》2003年第5期。

③ 王富仁：《对全部中国文化的现代化追求》，《中国社会科学》1989年第3期。

（四）东盟国家间领土争端和历史遗留问题

东盟国家由于历史原因、东南亚民族构成的复杂性以及欧洲国家殖民历史遗留问题的影响，在领土边界、宗教、种族、内政等方面矛盾丛生。例如，新加坡与马来西亚的白礁岛等岛屿的主权争端问题；① 菲律宾与马来西亚沙巴主权问题，与印尼、马来西亚的西巴丹岛和利吉岛的主权争执；泰国与柬埔寨关于柏威夏寺院争端；② 越南与柬埔寨的海上划界问题、沿海岛屿和部分边界的争端，与泰国就泰国湾中部的争端，与印尼的纳士纳岛周围海域划分问题；老挝与泰国之间为了湄公河中的两个小岛奇丘和桑克而发生的争端；文莱与马来西亚的沿海争端。这些领土和领海划界、岛礁之争基本遍及所有东南亚国家。这些矛盾不同程度影响了东盟内部团结。在司法合作领域，一方面，在中国—东盟各国的合作层面，对于打击跨国犯罪尤其不利，犯罪分子利用这些国家间的间隙猖獗作案而可以逃入另一国境内逃避打击；另一方面也由于缺乏政治互信而过分强调“不干涉”很难形成集体决议，这给大湄公河次区域的司法合作和中国—东盟（10+1）层面的合作造成更大困难。

第四节　制约中国—东盟司法合作的其他因素

中国—东盟司法合作中政治互信不足的问题，除了与前面所谈到的“中国威胁论”、南海问题、台湾问题等与中国联系紧密的因素相关外，还与东盟一些特殊性有重要关联。东盟作为一个有 10 个独立主权成员国的国际地区组织，这些国家间的政治、经济、法制化水平都对中国—东盟司法合作的三个层面及三个轨道有不同程度的影响。

---

① 李晨阳：《论白礁主权争端及其对新马关系和东盟发展的影响》，《东南亚研究》2009 年第 1 期。

② 贺圣达：《柏威夏古寺争端的由来、影响和发展趋势》，《东南亚南亚研究》2009 年第 1 期。

一　政治体制差异的困扰

中国—东盟司法合作除了中国与东盟各国之间的双边合作会受到这种政治意识形态的影响外，在大湄公河次区域、中国—东盟区域这两个层次的司法合作也造成非常大的阻碍。

东盟自 1967 年成立时，初衷是要实现一种声音说话，增强东盟各国在国际政治舞台的地位和影响力。但是由于东盟各国对合作中部分主权让渡的高度敏感和抗拒，使得这个组织为了把 10 个主权国家联合一体而形成了独特的以非正式、非强制协商一致为特征的东盟模式。这些原因注定现在的东盟是不能与欧盟或北美自由贸易区这样的国际地区组织相媲美的。在欧盟有政治、经济实力都强大的法、德牵头，在北美自由贸易区有美国一家独大的霸权国主持，而在东盟新一代领导人中缺乏精神领袖似的人物，而东盟各成员国中也没有政治、经济实力强大到能驾驭东盟的国家，这决定了东盟的组织松散、执行力弱的特点。甚至有学者认为，“东盟是一个联合的地区，是构建地区秩序的一个框架组织。……之所以把东盟称作一个框架组织，是因为它还不是一个具有实际管理职能的地区组织（比如欧盟）”[①]。这一特性决定了中国与东盟（10 +1）层面的司法合作至少短期内不会实现一体化。

外部与东盟的外交途径主要为第一轨道外交——政府间外交，以国家为中心的地区合作。但一些东盟国家内部存在的政治问题困扰着中央政府决策。东盟十国中，每个国家的政治局势都不同，仅新加坡、马来西亚和越南三国有强势的中央集权，对国家管控力较强，而印尼、泰国、菲律宾等国中央对地区管控能力就差强人意，国内政治派别斗争频繁，宗教纷争严重，最突出的是缅甸，与中国接壤的几个特区实质上处于独立状态。这些内政问题直接影响到中央政府在司法合作中的有效的决策和机制供给，也增加了中国—东盟司法合作拓展其他轨道合作的必要性。

① 张蕴岭：《如何认识东盟》，《当代亚太》2006 年第 7 期。

二 经济发展不均衡

正如前所述国际学者对国际关系行为体间的政治互信关系的四个层次组成的界定,[①] 紧密的经济贸易关系作为政治互信的最基础因素，直接影响着政治互信的达成。进而，不难理解中国和东盟经济发展的不均衡对中国与东盟司法合作的制约。这种不平衡表现在东盟成员国之间经济发展的不平衡、东盟与中国之间经济往来的不平衡。东盟内部各成员国间贫富差距较大。例如，2011 年文莱人均国内生产总值 38703 美元，新加坡人均国内生产总值 50130 美元，都是世界最富有的国家之一，而东盟经济落后的贫穷国家，如缅甸为 875 美元、柬埔寨为 879 美元、老挝 1279 美元、越南为 1403 美元。[②] 东盟内部经济相互依存度较低，内部经济整合速度缓慢。从东盟国家和中国贸易的发展看，这些国家与中国贸易所占比例有很大的不同。根据中国商务部 2012 年中国与东盟国家贸易统计数据，能清楚看出中国和东盟成员国在经贸联系中的不均衡性，东盟十国中，与中国贸易的前六大国家分别为新加坡、马来西亚、泰国、印尼、越南和菲律宾，而柬埔寨、老挝、文莱和中国的贸易额是个位数，同是东盟国家，但与中国贸易进出口差额相差几百倍。这些经贸领域的不均衡对于中国—东盟司法合作产生影响：一是和中国经济贸易比重会影响这些国家和中国合作的意愿。如果一个国家和中国贸易发达，说明该国与中国经济和社会交往越紧密，两国之间的相互依赖性就会越强。国家间之所以会有司法合作需要，乃是两国间相互依赖的缘由。如果中国和东盟国家缺乏经贸和经济的相互依赖性，我们构建的司法合作机制就是空中楼阁。这种相互依赖性容易受到跨国犯罪因素的影响，而且跨国犯罪对依赖性更强的国家关系造成的危害要比两国依赖性不强的国家关系造成的危害更严重。因此，东盟国家与中国经贸关系发展良好与否，会影响其与中国开展司法合作的态度、决心及合作深度。二是一个国

---

① 陈遥：《中国—东盟政治互信：现状、问题与模式选择》，《东南亚研究》2014 年第 4 期。

② 参见 ASEAN Community in Figures - 2012，Jakarta：ASEAN Secretariat，March 2013，p. 1。

家经济发展程度不同，所关注的司法合作内容就不同。例如，在打击跨国犯罪方面，缅甸、老挝、越南等国经济相对落后，国内贫困人口较多，导致毒品犯罪、拐卖人口犯罪、走私犯罪较突出，中国与这些国家间的合作重点也在这些领域；而中国与新加坡之间的合作主要集中在联合反腐打击洗钱犯罪、打击网络犯罪和欺诈犯罪等领域。

三　法制化水平差异较大

司法合作回避不了不同主权国家法律制度的对接问题。中国与东盟国家的法律体系不尽相同，就连东盟国家间的法律文化传统、法律制度起源和发展也有很大的不同。各国法制发展的不均衡性在一定程度上会成为制约其对外开展司法合作的因素。

就东盟各国法律制度发展来看，各国的法制进程不一，有的国家已经建立成现代法治国家，而有些国家至今法律制度建设还未成型和统一。马来西亚法律文化来源非常复杂，"在 13 个州中，本地习惯法与普通法律原则和英国的成文法在不同程度上融合""但是具体的英国法律不能直接在马来西亚适用"。[①] 同时，中国古代法律、印度法律、伊斯兰法律在马来西亚法制建设中占据非常重要的地位。菲律宾历史上曾相继是西班牙和美国的殖民地，其法律制度形成了大陆法系和英美法系的混合体。"现在的菲律宾宪法、程序法、公司法、劳动法等都是以美国法为模式的，而合同法、刑法、婚姻法、继承法则仍保留了西班牙法的成分。"[②] 新加坡曾是英国的殖民地，直到 1965 年才获得最终独立，因此新加坡法律的发展过程与继承英国法有很大的关系。但是新加坡独立后在借鉴英国法的基础上，还吸收了世界各国先进的法律制度，结合本国实际，形成了独具特色的法律体系。新加坡与英国一样，在法律概念中没有民法和商法的划分，早在殖民时期就制定了《民事统一法令》；《新加坡刑法》是在继承英国法的基础上，结合本地实际情况，制定出的法律。[③] 印度尼西亚曾是荷兰的殖民地，所以印度尼西亚的法律制度的发展受到大陆法系的影响较

① 张福森：《各国司法体制简介》，法律出版社 2003 年版，第 270 页。

② 何勤华、李秀清：《东南亚七国法律发达史》，法律出版社 2002 年版，第 364 页。

③ 同上书，第 452—565 页。

深。其法律体系主要由三个方面构成：一是习惯法、伊斯兰法和荷兰法三者融合而成的刑法体系，二是以习惯法和伊斯兰法为主的民法体系，三是以荷兰法为基础的商法体系，所以印度尼西亚的法律文化呈现出一种多元化的特点。[①] 泰国法律自进入近代后主要受法国法律文化影响，属大陆法系。[②] 泰国的近代的法律文化是西方先进法律制度与泰国传统法律制度相结合的产物，如其 1935 年制定的《民事和商事法典》主要仿效英国、法国、德国、日本及瑞士法而制定，[③] 其家庭法部分以泰国的法律和习惯制度为基础；1908 年颁布的第一部刑法典吸收了法国、比利时的刑法原则。现行《刑法》颁布于 1956 年 11 月 15 日，自 1957 年 1 月 1 日生效。刑事诉讼程序适用 1935 年颁布的《刑事诉讼法典》。越南的法律进程受到中国法律文化的影响，1945 年越南独立后，相继通过了《外国在越南投资法》《刑事诉讼法》《国籍法》《1992 年宪法》《继承法》《监察法》等法律，建立了从宪法到部门法的完备的法律体系。[④] 老挝曾经是法国的殖民地，独立后建立了社会主义制度，其立法同时吸收了大陆法系和英美法系的优点，体现了亚洲法的特征，由习惯法、移植法、固有法、开发法相结合的混合法，至今法国民法典、公司法所规定的内容仍对老挝的民事、商事、法律程序等方面发生作用。[⑤] 柬埔寨历史上曾沦为法国的保护国、被日本占领。其法律制度发展既受固有法的影响又受法国大陆法系的影响，还有社会主义法制和联合国为柬埔寨问题通过的一系列法律决定的影子。柬埔寨至今尚无《公司法》，而商业活动适用 1988 年金边政权时期制定的《合同法》。普通刑事法律是由 1992 年 9 月 10 日通过的《关于过渡时期在柬埔寨适用审判程序和刑法的规定》和 1994 年通过的《维护金边、省和直辖市社会秩序法》；特别

① 杨眉：《印度尼西亚共和国经济贸易法律指南（东南亚国家经济贸易法律研究）》，中国法制出版社 2006 年版，第 21—23 页。

② 王云霞、何戊中：《东方法概述》，法律出版社 1993 年版，第 129 页。

③ Sansern Kraichitti, "The Legal System of Thailand", distributed at the 7th Lawasia Conference, Bangkok: Borpit Co. Ltd. , August7 - 12, 1981, pp. 1 - 2.

④ 米良：《当代越南立法的历程》，《云南法学》2000 年第 1 期。

⑤ 马巍：《当代老挝法律架构初探》，《云南省东南亚研究会周边动态》2011 年第 29 期。

刑法有 1996 年 2 月 29 日通过的《打击拐骗、买卖和剥削人口法》《禁止赌博法》和《毒品控制法》共同组成。文莱受英美法传统的影响，同时又是伊斯兰国家，受到伊斯兰教义的影响。其国内并存两套法律体系，世俗法律和伊斯兰法律两套法律体系相互独立、平行适用，伊斯兰法律仅对穆斯林人适用，并不适用于非穆斯林人。伊斯兰法律管辖范围非常有限，主要是穆斯林人的婚姻、穆斯林死者财产的继承和穆斯林人收养案件。文莱现行刑法典是 1951 年制定的，期间经过了多次修订，最近一次修订是 2001 年 10 月。此外，文莱还制定了《公共秩序法》《反毒品法》《武器与爆炸物法》等特别刑事法律。文莱有两套相互独立的公司法，对国内企业适用公司法，对外国企业适用 2000 年国际商业企业令。

就中国法律制度发展而言，当代中国实行的是“中国特色社会主义法律体系”，从源流上来说受到西方法律思想、马克思主义及中国传统法律思想和制度的影响，从体系上来说，以大陆法系为基础，借鉴了大量英美法系元素，且逐渐发展为“混合型”法律体系。另外，中国的法律体制受政治影响很大，在司法领域的主权意识很强。这些特点决定了中国在与东盟开展司法合作中率先做出主权让渡的可能性较小或可接受的让渡幅度较小；而法律体制的不同，也会影响到具体的司法理念和法律规定。如文莱、马来西亚、缅甸、新加坡等国家明文或实践中已经废除了死刑，在开展刑事司法协助和引渡时就会存在与中国标准不一致的问题，成为要不要开展刑事司法合作，尤其是要不要签订条约的障碍；东南亚国家与中国签订的民商事司法协助双边协议中，仅老挝、越南等涉及判决的相互承认和执行。中国与泰国、新加坡签署的民商事司法协助条约单就仲裁裁决的承认和执行达成了一致。这些差异影响着各国国内立法，进而影响各国对外开展司法合作，制约中国—东盟司法合作机制构建。

第 六 章

关于推进中国—东盟司法合作的思考

尽管欧盟一体化给了我们一个超国家联盟（EU）的榜样，但是正如英国《金融时报》专栏作家菲利普·斯蒂芬斯（Philip Stephens）评论的，“作为欧盟建立基础的共同利益的感觉已经消失。就在不久前，主权共享还被视为实力和影响力的倍乘器。现在，欧盟已经被当成一种零和游戏。在他们被迫接受实力向全球化和崛起的亚洲转移之际，政客们幻想着自己能够从欧盟手中要回权力”[①]。更何况，中国—东盟之间存在着政治体制、经济制度、法律体系、宗教习俗、民族文化诸多迥异，要通过建立超国家机构来开展司法合作，并最终实现司法一体化是不现实的。戴维·米特兰尼在阐述功能主义时指出，“国家日渐褪去其老式的独裁主义迹象而承担新的‘服务’功能。这种进步在国际领域尤为突出，因为没有一个稳定权威，所以出于普遍需要的功能性合作在这里茁壮成长。实际上，在现代世界中，独立国家间的关系必须从功能上而不是按照边界线进行安排。”[②] 这一论述为中国—东盟司法领域的合作提示了新思路，即实现功能上的合作，而不过多纠结于主权的敏感性问题，这对于目前政治互信程度不高的中国与东盟国家间的各领域合作可谓是一个“第三路径”。

---

① ［英］菲利普·斯蒂芬斯：《欧盟的裂缝》，2014 年 1 月 2 日，FT 中文网（http：//www. ftchinese. com/story/001035894#adchannelID = 2000）。

② David Mitrany，“Pan - Europa：A Hope or a Danger?”，*The Political Quarterly*，No. 1，1930，pp. 457 - 478.

第一节　中国—东盟司法合作的原则

中国—东盟司法合作在全球化的时代，其重要性越来越为区域各国认同。作为国际合作，中国—东盟司法合作的根本前提是国家主权原则，基础也是国家主权原则，这是毋庸置疑的。但由于东亚地区现代民族国家建立普遍在20世纪中叶，而且之前都有较长的被殖民历史，导致其对涉及主权的问题都十分敏感，对合作中国家主权的合理让渡都很难达成，这在一定程度上阻碍了区域司法合作。米特兰尼的功能主义在国家主权敏感性对于国家间合作的阻碍问题上给出了启示。因此，本书从进一步推进中国—东盟司法合作的角度，对合作的原则提出认识。

一　国家合作以谋发展原则

1974年12月12日，第29届联合国大会通过的《各国经济权利和义务宪章》正式将这一原则作为发展国际经济关系的一个基本原则，在第17条规定了国际合作以谋发展是所有国家的共同目标和任务，发达国家要给予发展中国家尽可能多的尊重与帮助，使其得到充分发展。它要求所有国家有权利和义务，通过单独和集体的行为，为了全人类的共同利益和国际经济的持续发展，在技术、资源、资金、贸易等方面相互合作，共同繁荣。这项原则适用于国际司法合作领域，即国家间通过加强司法合作，消除司法管辖权障碍，便利诉讼，促进争端解决，维护国际和平与安全，促进各国经济和社会发展。国家合作以谋发展原则在中国—东盟司法合作过程中主要体现在三个方面：

一是中国肩负地区大国的责任。《关于建立新的国际经济秩序宣言》指出，国际社会是一个分不开的整体，发达国家与发展中国家利益相连，命运相系，只有共谋发展，整个国际社会共同进步，才有各国的发展进步。它强调各国在行使各自的发展权时，也应重视发展中国家的发展权。这是对大国与小国之间合作关系的定位，对于中国与东盟国家的合作一样适用。中国相对于东南亚各国是领土面积最大、人口最多、经济体量最大、政治影响力最大、发展最快的近邻。中国与东盟司法合作需要中国坚持“亲、诚、惠、容”的周边外交新理念，将自身的发展透过合作机制惠及东盟国家。在信息基础建设中发挥主动性，在协调机构的运行中多投入人力物力等；在司法合作中，中国可以多出一些智慧、多出一些人力、多担一些责任，将湄公河流域联合执法安全合作机制等成功经验总结推广，以区域大国的姿态为次区域的安全合作提供更多的公共产品，在合作中实现中国与东盟地区的互利共赢。

二是区域各国法律的协调和合作。德国学者沃尔夫（Martin Wolff）认为，每个国家都有自行制定法律的权利，但在制定法律时都要考虑到与之关联社会的利益，而且应考虑全体人和整个人类社会的利益。[①] 沃尔夫的话浅显而深刻地阐述了各国如何对待法律冲突的原则。正如前所述，国家主权决定了司法权的专属性质。一国法律的效力只能及于本国境内，一国司法机关也只能在本国领域内行使司法权。而紧密的地缘关系使得中国与东盟必须面对共同的跨国犯罪、诉讼纠纷等问题，这些问题仅依靠单一国家是无力解决的。这些因素决定了中国与东盟国家间司法合作的必然性。中国与东盟国家由于有着各自不同的历史传统、民族文化、国体、政体和法律体系，对待同一个法律问题的处理依据不同，处理结果不同，甚至认识法律问题的法理都不同，但是为了共同的利益就必须要进行法律的协调和合作。如在跨境调查取证合作中，与案件有利害关系的其他国家执法人员在遵守调查地国家的法律、获得调查地国许可的前提下，可以取得与案件发生地国家执法人员在案件调查取证中一起开展侦查取证的授权等。这样的约定，对于约定的任何一方都是对等的，也都是有益的。

三是以促进区域的共同发展为目标。由于地缘、经济等因素，中国与东盟有很多的共同利益，中国和东盟的战略伙伴关系进一步得到巩固。在全球法治化的大背景下，很多国际纠纷都趋向于走法律的途

① ［德］马丁·沃尔夫：《国际私法》，李浩培等译，法律出版社1988年版，第21页。

径，对于原先传统的司法概念是大挑战，也给各国司法合作提供了大空间。之所以如此，首要的原因是司法能公正地处理相关纠纷，能有力地打击越来越威胁各国安全的跨境犯罪，这是军事、政治等其他手段所不具有的功能。其次，在司法框架下解决问题将有利于各方当事人的平等参与，更有利于地区的和平发展，最终才能实现区域共同发展。

二 平等互惠原则

平等互惠是国家主权原则的重要内容。“国家平等和国家主权是密切相关的，由于国家是主权体，因而是平等的。”[①]《各国经济权利和义务宪章》在第 2 章第 10 条规定，国家作为国际社会的成员在法律上一律平等，有权参加国际组织，有权参加解决世界经济、金融和货币问题的决策过程，有权分享合作成果。在国际司法合作领域，《现代罗马法体系（第八卷）》也阐述了平等互惠在司法中的重要性。萨维尼认为绝对主权原则不可能在任何国家的立法中找到。因为国际社会交往的相互性，不适宜这种严格的规则，相反互惠原则坚持内外国人之间的平等，对于存在法律冲突的案件，不管它是在哪个国家提起，其判决结果都应该一样。[②] 这一原则主要有两层内涵：

一是中国与东盟国家的司法权都是平等的。这种平等既是法律地位上的平等，也是享受权利的平等。首先，参加或缔结相关国际合作条约的主体资格是平等的。一方面体现在条约主体在平等自愿基础上达成合作条约，另一方面体现在双方约定的权利和义务是对等的，一国不能谋求凌驾于另一国的特权和待遇，不能要求另一国牺牲本国利益来为其服务，而是共同履行合作义务，共同获取合作利益。其次，在合作中都要彼此尊重对方司法权的权威。跨境合作就有主客之分，强调尊重对方司法权其实是对本国司法权的维护。如在打击跨国犯罪的联合调查过程中，“确保拟在其境内进行该项调查的缔约国的主权

① 梁西主编：《国际法》，武汉大学出版社 2000 年修订版，第 101 页。

② ［德］弗里德里希·卡尔·冯·萨维尼：《法律冲突与法律规则的地域和时间范围》，李双元等译，法律出版社 1999 年版，第 14—16 页。

受到充分尊重"[①] 是国际公约所共同强调的前提。外国执法人员应当遵守调查地国家法律，从制度上落实对调查地国主权的尊重。

二是互惠是合作的目的。首先，互惠是对平等的具体体现。这是合作中的"镜像效应"，只有共同的义务承担，才能实现共同的利益。其次，互惠是相对的。互惠不是指合作各方都会获得数量完全相等的利益，而是通过合作实现一定的共同利益，这些利益会因为不同的国家政治经济差异而在表现形式上有所差异，但其获得都是来源于共同承担的合作义务的履行。再次，在司法合作过程中应该本着互惠的精神协商处理意见分歧。双方可以依据国际条约确认的各方权利和义务，以及各方国内立法的原则和精神，客观阐释、沟通立场和观点，以共同利益的实现为目标，在求同存异的前提下达成共识。中国与东盟国家司法合作过程中应注重合理利用互惠原则，让这些国家感受到与中国签署司法协助条约维护其国家利益的必要性和紧迫性。例如，缅甸至今未与中国签订有任何司法协助条约和引渡条约，但是缅甸与中国在打击毒品、拐卖人口等跨国犯罪方面开展了很多警务合作，而且缅甸政府对于这些合作的意愿也较为强烈，中国可以通过规范合作法律依据的形式，引导缅甸与中国签订相关协议，即使不能立即达成司法协助条约，也可以就单项合作达成条约，例如引渡条约或禁毒条约等。

三　循序渐进原则

中国—东盟司法合作需要在三个层次三个轨道上共同推进。实践证明，由于中国与东盟各国政治、经济和法律制度的差异性及多样性，中国与东盟司法合作呈现出三个层次渐进发展的趋势，即从中国与东盟个体国家司法合作发展到中国在大湄公河次区域的司法合作，再到中国—东盟区域的司法合作；中国—东盟司法合作呈现出三个轨道拓展发展的态势，即中国—东盟各国政府间司法合作、中国—东盟半官方司法合作、中国—东盟民间司法合作，立体呈现出一个全方位

---

① 《欧洲刑事司法协助公约第二附加议定书》第 20 条第 3 款（b），《联合国打击跨国有组织犯罪公约》第 19 条，《联合国反腐败公约》第 49 条。

的中国—东盟司法合作的远景。这一宏大的目标并不是一蹴而就的，这其中有客观规律的作用，中国—东盟司法合作需要一个对彼此司法制度和法律体系了解和互信的过程；也有主导力度的因素，长期中国—东盟区域一体化都遵循东盟主导者的模式，但由于东盟模式的松散性，各项合作推进十分有限，未来的中国—东盟合作中，中国作为区域大国需发挥主导作用，为中国—东盟司法合作提供更有效的公共产品，需要中国与东盟各国开展政府间、司法机关间、法学智库间、民间等多轨道的法律外交来共同支撑。

（一）因国制宜

中国与东盟司法领域的合作虽然受制于政治互信的因素，但也并非在司法领域就无所作为。相反，司法领域的合作还会外溢进而推进中国与东盟的政治互信。根据中国与东盟当前国家政治关系的亲疏开展不同的合作项目。首先，政治互信程度较高的东盟国家，可以作为司法合作先行先试示范区，不但在司法合作条约的签订方面、在司法合作机制创立方面，而且在边境地区司法机关执法机制方面勇于尝试，如目前中国可以考虑和老挝建立边境联合司法的合作试验区，在刑事方面可以尝试被判刑人移管、承认和执行外国刑事判决、刑事诉讼移管、逮捕令制度、犯罪人直接遣返机制等，在民商事司法方面可以尝试建立基层法院直接送达制度、民事判决和裁定的承认与执行等，为下一步与东盟其他国家间的司法合作投石问路，增强推进与其他国家的司法合作的信心和动力。其次，对待政治互信程度一般的国家，可以把握住双方共同利益点，推广先行先试的成熟经验，先从司法合作机制创立入手，以司法实践来推动司法合作法制进程，如就合作项目方面，可以考虑就东南亚比较普遍的打击毒品犯罪、贩卖人口、走私犯罪等方面先行开展合作，并尝试推进单项合作法制化，逐步扩展到其他项目合作；就文书送达方面，可以考虑建立国家间对等机构、签收和回执等常态化、规范化制度；在协助调查取证方面，双方就不同司法诉讼阶段获取的证据的适用情况做出安排，明确协助调查获取的证据在法庭审判中的证明力，从一些基本司法程序的细节入手，为深入推进双边司法合作奠定基础。再次，对待政治互信程度较低的国家，可以从双方技术性法律事务开展合作，或者就双方已经有一定合作基础的某些领域开展合作，通过“外溢”的效应实现司法合作的逐步推进，如可以先建立司法鉴定以及公证文书核查、工作信息通报、法律文书送达等法律事务合作建立稳定有效的沟通协调机制，在互信建立起来后再向其他领域推进。虽然政治互信对司法合作进程有事关重大的作用，但政治互信是动态的，并且是可以改善的，要随着政治互信关系的变化适时推进双边合作。另外，根据各国不同的法律合作需要和法律合作能力开展不同的司法合作，如中国可以和新加坡更多关注打击洗钱等国际经济犯罪的合作；中国可以和印度尼西亚、马来西亚、菲律宾、越南等国更多关注打击海上犯罪的合作。

（二）配套跟进

司法是服务于政治经济社会发展的，中国—东盟司法合作也不例外。这不仅在中国—东盟国家间适用，在大湄公河次区域、中国—东盟区域都适用。因此，中国—东盟三个层面的司法合作可以紧紧抓住这一规律，合理应用好已有平台，不仅是平台运转的需要，更是推进司法合作的契机。

在大湄公河次区域司法合作方面，把握住几个关键因素，一个是已运行 20 多年的 GMS 平台，一个是湄公河流域联合执法安全合作机制。从 1992 年以来，GMS 成员国在交通、能源、电信、环境、农业、人力资源开发、旅游、贸易便利化与投资等重点合作领域取得显著成效。这期间在合作上产生的争议大多是通过仲裁或和解解决，不但增加次区域国家间争议解决的成本，而且也不能做到贴合实际。需求是最好的动力。相关国家可以就具体案件协商探索大湄公河次区域民商事司法合作长效机制的建立。在湄公河流域联合执法安全合作机制方面，从 2010 年底开始建立到现在，尽管进行联合巡逻执法 38 次，但从合作的层面和效率上来看，仍停留在水上区域巡逻、情报交流、联合培训等初级形式上，可以依托这一安全合作机制与相关国家建立区域内如打击毒品犯罪联合执法机制、打击走私犯罪联合执法机制、反恐联合执法机制等，将水上执法向陆地推进，为建立大湄公河次区域刑事司法合作做准备。

中国—东盟自由贸易区的建立为中国—东盟司法合作提供了大有可为的空间。目前，围绕中国—东盟的争端解决机制研究较多的还是仲裁，解决贸易纠纷的渠道较为单一，诉讼的渠道还不通畅。对于争端解决机制的多样化配套建设，将有助于争端双方最大限度地选择最有利于纠纷解决的方式，消除后顾之忧，吸引更多投资，增大贸易规模。借鉴WTO的争端解决机制的经验也是中国—东盟自由贸易区完善争端解决的制度设计的捷径。另外，可结合东盟模式形成法官合作委员会，尝试建立中国—东盟联合司法区，保障中国—东盟自贸区升级版建设。

四　便捷高效原则

有句古老的法学谚语，“迟来的公正等于非正义”。高效对于国内司法是重要的，对于国际司法合作也同样重要。在中国—东盟司法合作中主要体现以下几方面：

一是把国际公约与双边条约效力优先原则确定为一般性原则。国际公约及双边条约是各国之间开展司法合作的基本法律依据，其存在本身就是各国趋利避害的选择，但介于不同法律体系下对国际法与国内法效力位阶的认识不同，各国对公约和条约义务的履行程度也不同。总体而言，缺乏对国际公约和条约特殊地位的共同认识。对于国际法与国内法效力关系的规定“零敲碎打”，不成体系，大大降低了公约和条约的效能。中国与东盟各国在国际法向国内法转化方面应当明确把国际法优先作为原则。从2003年起，中国指定五个高级法院可以依据海牙送达公约和海牙取证公约直接对外发出司法协助请求，在简化程序、提高效率上率先迈出坚实的一步。

二是合作机制直接模式。保障犯罪情报和信息在相关执法主体之间的直接交流，对于提高打击犯罪的力度至关重要。执法办案如同战场作战，敌情瞬息万变，快捷、及时和畅通应当作为执法合作情报和信息交换的基本原则，建立具体执法机关之间直接交换，简化通过刑事司法协助提出请求、同意请求、回复意见后才开始合作的烦琐程序。出于各方对行使执法权或司法权的监管，在直接模式交换情报或信息的同时报上级机关备案即可。遵循信息时代特点，丰富执法机关间直接交流形式，尤其是优先使用电子信息技术，在共享平台建设上投入，充分运用现代化科技力量，提速增效。在联合调查取证合作方面，只要在本国法律允许的范围内，本国主管机关或者外交机关可以对各自调查组成员放权，无须每事一请，就可以相互采取合作行动。

三是司法信息共享模式。当前，全球化互联网时代赋予了司法合作“互联网+”的新途径和模式，可以把过去因空间相隔而无法实现或缓慢实现的司法行为通过网络连接起来，并达到即时性的要求。2003年10月，中国信息产业部与东盟已签署《信息通信合作谅解备忘录》。目前中国云南省与缅甸、老挝已建成中缅、中老光缆传输系统，并开通了中老国际电信业务。可以尝试构建一个区域司法数据库，刑事方面包括重点犯罪人指纹、DNA数据库、社会背景关系犯罪信息和情报的数据库，民商事方面包括中国和东盟国家相互的涉外案件条目、判例等，为规范跨境民商事案件的司法裁判标准提供数据。构建一个电子司法文书系统，一些需要送达的法律文书可以直接通过网络提出申请并实现送达，需要协助调查取证的，可以通过网络进行认证后明确其证明效力，这样大大节约了诉讼成本和资源。

第二节　构建中国—东盟司法合作法律框架

透过历史，我们不难看出，中国—东盟司法合作是个系统工程，这不仅是从其司法外交的政治敏感性来说，更多的是从技术层面上的认识。当前，中国—东盟司法合作是在政治和经济全球化、国际法治化、市民社会兴起这些大背景下推进的，这意味着司法合作是中国与东盟迫切需要解决的功能性需求，法律外交受到前所未有的重视。无论是政府、学术机构，还是以NGO为代表的社团群体或民众，对于政府决策的关注度和参与意愿都越来越高，这也包括了对法律外交的关注和参与。因此，在构建中国—东盟司法合作法律框架时，要充分考量和运用这些因素。一方面，从欧盟和东盟区域司法合作中吸取经验和教训，另一方面从当前的实际出发，从纵向和横向上提出构想。

一　从欧盟和东盟区域司法合作中得到的启示

（一）从欧盟区域司法合作中得到的启示

欧盟的形成是经历了从经济一体化向政治一体化发展，最终实现社会一体化的过程。从《马斯特里赫特条约》到《里斯本条约》，欧盟司法合作也经历了从被纳入欧盟的“第三支柱”[①] 的政府间结构到融入“超国家”机制的巨大转变。欧盟司法合作机制是目前世界上开展区域司法合作最为成功和成熟的合作机制。这必然会为中国—东盟司法合作提供有益的经验、教训。

1. 中国—东盟区域司法合作机制的建立贵在坚持

欧盟司法合作发展到今天这样高度一体化、高度国家主权弱化的阶段，经历了半个多世纪的波折过程。从 1992 年《马斯特里赫特条约》确立司法合作的“第三支柱”地位至今，经历了 20 余年时间，这还不算 1949 年 5 月 5 日欧洲理事会成立之时就致力于促进刑事合作，并制定刑事、人权保障方面的国际条约和刑事司法协助方面公约的法律协调和合作到《马斯特里赫特条约》诞生这段奠定欧盟区域司法合作基础的时间。这期间，2004 年 10 月 29 日，欧盟各国签署《欧盟宪法条约》，以“自由、安全与司法区域”的新标题对欧盟的司法与内务事务系统地加以规定，但是因法国和荷兰在 2005 年全民公决中相继否决宪法条约而使其前途渺茫；但欧盟转变策略，改而签署了《里斯本条约》替代欧盟宪法条约的某些规定。但阻碍仍未消除，2008 年 6 月 12 日，爱尔兰全民公决否决批准《里斯本条约》，但这也只是个小插曲，欧盟司法合作的步伐不但没有停止，而且还确立了欧盟主导司法合作的法律地位。这表明，区域司法合作机制的形成不是一朝一夕之功。这对于有 11 个在政治制度、法律体系、法律文化、法制水平等方面存在巨大差异的国家间司法合作机制的建立更是不易。更何况，现在的亚太交织着若干复杂的域外政治势力的干预，要实现中国—东盟区域统一的司法合作机制会遭遇更多更尖锐的冲突。然而，从欧盟司法合作的进程中我们体会到坚持不懈、百折不挠精神之可贵，这是欧盟司法合作最终能实现一体化的重要保障。

2. 条约文件的签订是开展区域司法合作的基本法律保障

《阿姆斯特丹条约》第 29 条规定：“建立‘自由、安全和公正的

---

① 以欧盟为主体开展的区域刑事司法合作正式始于《马斯特里赫特条约》，创造了司法与内务合作的政策，包括民事、移民、刑事司法合作、警察合作、海关合作等，被称为欧盟的“第三支柱”。

区域’所需要的三种途径包括：更加密切的警务合作、司法合作以及成员国刑事法律的相互接近。”截至2009年8月24日，欧洲理事会起草通过了大量司法合作相关的公约，如1960年4月18日生效的《欧洲引渡公约》及其后两次附加议定书、1962年6月12日生效的《欧洲刑事互助公约》及其后的附加议定书、1974年7月26日生效的《关于刑事判决国际效力的欧洲公约》、1975年8月22日生效的《关于监督缓刑和假释罪犯的欧洲公约》、1978年3月30日生效的《欧洲刑事诉讼移管公约》、1978年8月4日生效的《惩治恐怖主义的欧洲公约》、1985年7月1日生效的《移交被判刑人公约》、1987年签订的《关于在欧共体成员国间取消文书认证的布鲁塞尔公约》、1993年9月1日生效的《关于洗钱、追查、扣押和没收犯罪收益的公约》、1997年制定的《欧盟成员国间送达民商事司法文书及司法外文书公约》及2000年第1348号规则、2001年通过的《成员国法院间民商事域外取证合作的第1206号规则》、2003年通过的《关于在诉讼救助方面建立最低限度的共同规则以改善跨界纠纷中的司法救助的第2002/8号指令》等，为欧盟区域司法合作奠定了法律基础，使《马斯特里赫特条约》的诞生成为可能，使《里斯本条约》的问世和对欧盟法院的改革成为现实。中国—东盟区域司法合作也必然要建立在一系列公约的基础上，因为只有以国际公约的标准转化为各成员国内国法律，才能实现各国法律的相互接近，建立起共同的证据调查审查原则、裁判的相互承认原则，奠定在程序法迥异的各成员国间开展司法合作的基石。

3. 需要多轨道法律外交力量的推动

首先，需要国家官方机构这个“第一轨道”主导。随着欧盟一体化进程的加速发展，区域司法合作越来越受到来自欧盟层面的影响。欧盟机构或者欧洲理事会、欧共体法院等权力机构主导着欧盟区域的司法合作。最高司法决策机构是欧盟司法与内务部长理事会；欧盟委员会负责提出立法案、制定政策建议、执行欧盟理事会通过的法律和制定的政策，监督各成员国对欧盟法律的遵守；欧洲议会向理事会提出问题或向理事会提出建议；欧共体法院超越于欧盟各成员国之上，不受任何国家利益的影响，对欧共体法律拥有解释权、司法审查权和仲裁权。这与国家主权让渡有着密切关系。其次，需要学术机构为主体的国家法学智库等“第二轨道”的推动。欧盟学者米海依尔·戴尔玛斯·马蒂等欧盟各国著名刑事法律专家在 1997 年提交的《关于保护欧盟财政利益刑事规定的法典草案》，虽然仅有学术性质，不具有法律效力，但其建议设立欧盟检察院来承担指挥侦查和起诉侵害其财政利益犯罪的机构在 2002 年成为现实，而且其建议的统一逮捕令制度也于同年在整个欧盟实施。可见，学术机构的研究和提前交流对于区域内司法合作的发展有着十分重要的建设作用。中国—东盟司法合作的开展同样需要多轨道共同努力，尤其在东盟这一政治制度、法律体系多元化的地区，多轨道推进合作显得更重要。这一点，在本书前面从历史的角度已予以证实。在将来的合作规划中，同样也需坚持多轨道推进的策略，而且对过去较为薄弱的第二轨道、第三轨道外交要更为重视和加强。

4. 区域司法合作机制可多层次推进

在整个欧盟区域司法合作的框架下还存在着一些次区域的刑事司法合作，而这些次区域的合作起到了实验田的作用。例如，比利时、荷兰和卢森堡之间的警务合作，签署了《关于引渡和刑事互助条约》《关于执行刑事判决条约》等，确立了三国刑事司法合作的格局；比利时、荷兰、卢森堡、法国及德国缔结的《申根协定》及《关于执行申根协定的申根公约》取消了成员国内部边境检查，强化外部边境控制、签证、警察与司法合作、申根信息系统等重要内容。其成员国范围的逐步扩大催生了《阿姆斯特丹申根议定书》，并正式纳入欧盟框架运作。由此我们可以想见，中国—东盟部分国家共同参与的大湄公河次区域经济法律合作，目前在打击毒品犯罪、贩运人口犯罪及其他跨境犯罪等方面的合作已经取得了一定成效。这种次区域经济合作以及打击跨国犯罪的合作为建立中国—东盟区域司法合作提供了一定经验和基础。

（二）从东盟区域司法合作得到的启示

无论是中国—东盟（10 + 1）的合作，还是中国与东盟成员国的合作，都脱离不了东盟这一特殊的语境。“东盟方式”以其特有的“坚持互不干涉内政的核心，坚持通过非正式协商来达成全体一致的原则，在组织和决策上具有非正式性、非强制性的特点，不谋求建立具有约束力的超国家权力机构，强调主权的神圣不可侵犯，追求国家间的绝对平等”[①] 的组织和决策方式而成功地推进着东盟共同体的建设。其强调“不仅要认识我们之间的差异，而且还要认识到我们通过建立信任和达成共识来调和并超越这些差异的必要性和能力”[②]。因此，中国与东盟的司法合作需要建立在对“东盟方式”的深入了解和调和差异的观念上。

1. 加强高层磋商是推动中国—东盟司法合作的关键

东盟将打击跨国犯罪的讨论提到了首脑峰会、外长会议和部长会议等层次，纳入到地区安全的范畴。如 1996 年 7 月东盟外长会议上讨论了毒品贩卖、贩运人口、洗钱和其他种类的跨国犯罪，呼吁采取切实措施防止跨国犯罪削弱成员国长期的生存能力。1997 年 7 月的东盟外长会议强调必须维持地区合作以对付恐怖主义、毒品、武装走私、海盗和人口贩卖问题。1997 年 12 月 20 日签署了《东盟打击跨国犯罪宣言》，拓展和强化了打击犯罪的地区合作，宣布东盟将每两年举行一次打击跨国犯罪部长会议，以协调和东盟警察首脑和东盟毒品问题高官会等机构的行动。而且，从 1997 年开始，东盟将跨国犯罪问题视为安全问题进行讨论。如 1997 年 12 月 20 日马尼拉的第一届跨国犯罪部长会议上菲律宾总统拉莫斯指出：“地区安全的概念不是仅仅意味着国家间或者国内武装冲突。持久的地区安全不断地被跨国犯罪和时不时的恐怖主义袭击，这威胁了我们的目标和愿望的实现。”[③] 1999 年 6 月在仰光召开的第二届东盟跨国犯罪部长会议开始把跨国犯罪表述为对非传统安全的威胁，并形成了打击跨国犯罪的制度框架，决定创立一个跨国犯罪高级官员会议协调跨国犯罪部长会议通过的措施和行动计划。而 2003 年 10 月东盟十国领导人峰会则提出东盟共同体由安全共同体（ASC）、东盟经济共同体（AEC）、东盟社会文化共同体（ASCC）三个支柱组成，其中的安全共同体将加强

---

① 陈寒溪：《“东盟方式”与东盟地区一体化》，《当代亚太》2002 年第 12 期。

② 徐立波、虞群：《“东盟方式”的发展演变》，《东南亚之窗》2005 年第 1 期。

③ Fidel V. Ramos, “Address Transnational Crimes”, speech at the Meeting of ASEAN Ministers of Interior /Home Affairs (AMIHA), Manila, Philippines, December 20, 1997.

国家和地区打击恐怖主义、毒品贩运、贩运人口和其他跨国犯罪的能力提到了东盟政治和安全合作的水平。由此可见，目前中国与东盟的司法合作必然要以政治安全合作框架为前提来推进。这也就是前面大量史实证实中国与东盟司法合作发展阶段与政治经济安全合作阶段保持一致的原因所在。

2. 要尊重东盟“协商一致”的决策模式

“东盟方式”在东盟司法合作中也不可避免地强调决策的协商一致原则和不干涉内政原则，因而即便打击跨国犯罪被视为政治安全问题也无法制定切实有法律拘束力的措施来共同对付跨国犯罪。东盟对跨国犯罪的应对依靠国家优先权和地区合作共同进行。在有分歧时，国家利益优先。一些国家如果认为集体行动有损国家利益，它们会降低或者停止多边合作。中国—东盟司法合作也不能跳出这个规律。但是这也提示中国在与东盟开展司法合作的过程中必须从多层次进行，而且中国与东盟成员国间双边协议的达成将更有助于中国与东盟区域合作的形成。

3. 需要有足够的思想准备和有效措施应对域外大国的干预

东南亚特殊的地缘政治决定了其重要的国际战略地位。与东盟开展合作不仅是其近邻中国外交的重要内容，也是其他域外大国的重要决策内容。在司法领域的合作也不例外。在“9·11”事件后，美国将东南亚视为反恐第二战线，不仅为东盟各成员国制定反恐措施，还提供资金支持，共同开展反恐演习。日本则在打击海盗、武装劫持船只等海上犯罪方面与马六甲海峡沿岸国开展了一系列合作，并建立了日本主导的打击海盗合作机制。这些合作一方面促进了东盟打击恐怖犯罪和海上犯罪的能力，但同时也增加了这些域外国家对东盟事务的介入和干预途径。基于西方国家竭力打造的“中国威胁论”的大背景，中国与东盟司法合作的过程少不了这些域外大国的势力的影响，在湄公河“10·5”事件中外媒对跨国警务合作的抹黑就是明证。在今后漫长的合作过程中，类似的干预还会不断出现，这提示作为区域大国的中国，不但要有足够的思想准备，而且要有强有力的措施来应对这些外部挑战，变对抗为合作，在竞争中求共赢。

4. 需要倚重既有的国际组织来推动合作

重视借助国际组织或区域组织的平台，增强中国—东盟司法合作机制的亲和力。国际组织具有任何国家所无可比拟的客观性和权威性，能够在地区合作中推动区域内国家建立信任。东盟在打击中国犯罪过程中也很注重与国际组织的合作。如 2001 年 11 月举行的东盟领导人峰会上发布了《2001 年关于打击恐怖主义共同行动宣言》，要求通过一项新的措施来增加与“10+3”和东盟地区论坛的合作。2007 年 1 月 13 日在第十二届东盟峰会上通过的《东盟反恐公约》中，对恐怖主义犯罪的定义基本吸纳了联合国所有的反恐公约所列举的恐怖主义行为，彰显了东盟与联合国反恐立场的一致性。[①] GMS 组织是中国深化湄公河次区域司法合作时理所应当倚重的区域组织。1992 年以来，GMS 成员国在各重点合作领域取得显著成效。虽然 2011 年 12 月湄公河流域联合执法安全合作机制启动，但至今未形成完善的次区域安全合作机制。无论从 GMS 地区和平、安全与发展的共同利益出发，还是从 GMS 国家的各自利益着眼，把湄公河联合执法安全合作机制放到 GMS 合作平台中，拓展合作的内容和形式，进一步加强边境治安整治，加大对走私、毒品犯罪、非法入境等突出问题的查处力度，强化边境维稳情报信息收集研判，建立健全与周边地区的警务合作、协调联络、互助救援、应急响应等机制，将维护大湄公河次区域的安全稳定的合作融入经济合作项目中，构建完善的 GMS 安全合作机制都迫在眉睫。

二　三个层次

中国—东盟司法合作的发展历史就是从中国与东盟个别国家间合作向大湄公河次区域合作和中国—东盟（10+1）合作的发展过程。不容置疑，中国—东盟区域合作不具备像欧盟一样形成一个由超国家机构所主导的框架，在相当长的时间内中国—东盟区域司法合作法律框架的纵向架构也将由这样三个层次的合作组成。这三个层次的合作

---

① 王君祥：《〈东盟反恐公约〉——区域合作反恐法律机制及评析》，《东南亚纵横》2009 年第 7 期。

架构是历史的，但也是未来的。因此，对这三个层次合作架构进行更合理地规划，将有利于按照中国—东盟司法合作发展的规律更好地拓展合作。

（一）中国与东盟各成员国间的司法合作

中国与东盟各成员国间的双边合作需要作为中国—东盟司法合作的近期目标来推进。首先，中国需要与东盟成员国间推进司法合作条约的签订。借鉴欧盟经验，在正式把司法合作纳入一体化进程前需要签署大量的条约和公约。但是从东盟合作的特点来看，在没有取得各个成员国认可的前提下是不可能签署任何区域合作公约的。因此，签订司法合作条约是一切司法合作推进的法律基础，而中国与东盟成员国之间的双边条约先行是东盟方式决定的规律。其次，对与中国共同利益较为紧密，但暂不具备签订条约的东盟国家，可以选取双方共同利益所涉及的领域签订专项司法合作协定，并逐渐扩展合作的领域，为签订整体的司法合作条约奠定基础。再次，对于目前没有条件搞双边司法合作的，可以引入既有的国际组织为中介，共同就某些司法项目进行合作，在合作中寻求共识，为下一步的双边合作理顺关系。

（二）中国在大湄公河次区域的司法合作

建立大湄公河次区域联合司法区应当作为中国—东盟司法合作的中期目标。从 1992 年以来，GMS 成员国在交通、能源、电信、环境、农业、人力资源开发、旅游、贸易便利化与投资等重点合作领域取得显著成效。这些成功合作的历史说明，中国与缅甸、老挝、泰国、柬埔寨、越南五国之间的政治互信相对于与其他东盟国家要坚实一些，具备开展大湄公河次区域司法合作的良好基础。从欧盟申根协定建立完善的警务和司法合作体系的过程来看，最早也是从比利时、荷兰、卢森堡、法国及德国这些次区域国家缔结的《申根协定》及《关于执行申根协定的申根公约》演化和发展来的。而且，中国和大湄公河次区域其他国家在刑事司法合作方面已有丰富的经验，形成了《次区域禁毒行动计划》《湄公河次区域反对拐卖人口区域合作谅解备忘录》《次区域反拐行动计划》等专项合作法律文件，这些文件虽然法律效力不及条约或协定强，但至少为形成区域司法合作奠定了法律基础。2011 年的湄公河“10・5”案件开启了 GMS 安全领域的合作。现在湄公河流域联合执法安全合作机制已运转三年，虽然这一机制还处于初级阶段，主要执法活动仍是水上巡逻、查缉、信息交流、人员培训，而且各国参与的积极性和投入的“成本”极不均衡，但是至少在湄公河流域中、老、缅、泰四国共同的水域范围已有了联合执法的机制。这个机制进一步深化就有可能建成大湄公河次区域联合司法区。

对大湄公河次区域联合司法区的设想至少可以包括以下几方面：

一是在GMS内部增设内务和司法部长会议机制。1992年以来，GMS根据合作的需要设立了经济部长会议、农业与林业部长级会议及交通部长会议等部长级会议机制，并促使这些重点合作领域取得显著成效。在GMS机制中，根据东盟司法合作倾向高层政治磋商的规律，可以在现有的GMS内部机构中增设内务和司法部长会议机制，以期加强在警务和司法当局之间的合作。首先，可以利用司法领域中的信息与通信技术，适用共同最低规则以促进刑事与民事法律标准相互接近，加强相互信任。如通过互联网系统交换成员国相关法律规定、相关跨国刑事犯罪的信息记录等。其次，通过内务部长会议和司法部长会议等机制的沟通联系，增进成员国警务、检察、法院之间的相互信任。如建立“交换或派驻联络司法官”制度，通过签署双边或多边协议，各成员国在司法合作程序中相互派驻或交换具有特别专长的法官、检察官或警务官员，促进司法合作的推进，尤其是与所在国的相关机构建立直接联系，提高成员国当局之间的协调能力。在中国与东盟的司法合作历史实践中，中国已经在接壤的泰国、缅甸、越南等国家尝试建立了派驻检察官制度，为下一步“交换或派驻联络司法官”制度做了有益的探索。再次，建立司法网，提高合作的效能。建立一个平等的、多边合作的联络体系，在各成员国设立各自的中心局负责国际司法合作，将上述各国选派的联络官连接到这一体系中作为联络点，负责帮助成员国实施跨境侦查与起诉、民商事纠纷的解决等活动，以增进成员国的司法合作。由于这些联络官熟悉派出国的法律制度，可以针对具体的案件与派驻国当局进行有效的联络，促进合作开展。现在已形成的“湄公河流域联合执法安全合作机制”基本形成了这一司法网的雏形，但是存在着参与其中的成员国范围较小、合作内容较单一、所涉及的合作仅停留在警务执法方面等不足。

二是在次区域内建立相互接近的法律标准和刑事决定相互承认机制。“在欧盟范围内，从对欧共体内部市场法律以及民事法律相互接近的分析可以看出，刑事决定的相互承认的有效实施必须以刑事法律达到一定或相当的相互接近为前提。”① 在民商事司法合作方面，在欧共体加快建立统一市场的大背景下，《欧盟条约》和《欧洲宪法条约》均明确将“民事司法合作”作为欧盟的一项任务和目标。1987年欧共体成员国签订《关于在欧共体成员国间取消文书认证的布鲁塞尔公约》。欧盟成立后，欧盟理事会制定通过了《关于在诉讼救助方面建立最低限度的共同规则以改善跨界纠纷中的司法救助的第2002/8号指令》《成员国法院间民商事域外取证合作的第1206号规则》《欧盟成员国间送达民商事司法文书及司法外文书公约》等法律文件。在大湄公河次区域经济合作中可以尝试签订相关的公约或多边诉讼程序方面的条约，加速经济合作的紧密度。20世纪末欧盟以刑事决定的相互承认机制为建立“自由、安全和司法区域”的基石。在此之上，欧盟逐步制定出欧洲统一没收令、欧洲统一冻结令、欧洲统一证据令、欧洲统一逮捕令等制度。司法决定的相互承认是统一各国刑事法律标准，推进刑事合作的顺利发展。在大湄公河次区域联合司法区的建立过程中，也不可避免地要建立这两个协调机制，而且也有条件建立这两个协调机制。2001年启动了湄公河次区域六国共同参与实施的“联合国机构间大湄公河次区域反拐项目”，并于2004年共同签署了《湄公河次区域合作反对拐卖人口谅解备忘录》，在共同严厉打击和有效预防大湄公河次区域的贩卖人口犯罪方面开展了卓有成效的合作。1999年第一届大湄公河次区域合作禁毒部长会议机制形成，在禁毒方面进行了很多合作。下一步，可以就反拐、禁毒合作所涉及的法律在区域各国进行最低标准的统一，并逐步将涉及非传统安全方面的严重犯罪列入犯罪定义、诉讼程序、刑罚等相互接近的最低标准的统一范围。最终实现对各类犯罪按严重程度不同分级统一立法标准，实现区域内刑事法律的相互接近机制的建立，为下一步刑

① 马贺：《欧盟区域刑事合作进程研究》，上海人民出版社2012年版，第257页。

事决定的相互承认打基础。

三是建立司法裁决相互承认制度。如前所述，东盟各国国内法关于承认与执行外国法院民事判决的相关规定各不相同，越南实行有条件承认和执行，新加坡以法院具有有效管辖权为承认的前置条件，文莱主要依据对等原则，越南以签订有国际条约或互惠原则为前提。泰国基本不对外国判决进行承认与执行，缅甸不承认被告或争议财产在缅甸特区政府辖区内的判决。中国基本也是以签订有国际条约或互惠原则为前提。这无疑为中国—东盟自由贸易区各国相互承认和执行民商事判决造成了障碍。当然，存在分歧的同时，也有相同点。如基本上各国都以签订条约或互惠为前提，加上各国期待对这方面进行协调的愿望，都为达成双边或多边条约、建立统一的承认与执行外国法院民事判决制度打下了基础。

（三）中国—东盟区域一体化层次的司法合作

中国—东盟区域司法一体化是中国—东盟司法合作的最终目标。但是由于众所周知的“东盟方式”，这一终极目标与欧盟构建超国家机构推动司法合作进程的方式不可能一样。如前所述，东盟国家间合作必然是政府主导的，这决定了中国—东盟司法一体化从构建到决策都是要在各国政府协商一致的原则下运行。而且这一目标是建立于中国与东盟各成员国之间的双边合作、大湄公河次区域联合司法区等近期和中期目标顺利推进的基础上。因此，本书提出对中国—东盟区域司法一体化设想的思路主要有以下几点：

1. 采用先分后合、聚零为整的思路完成

首先，介于刑事司法与民商事司法所调整的对象有较大差别，主权敏感度也不一样，司法工作原理也不完全相同，可以先从刑事司法合作和民商事司法合作两个领域来分别构建合作框架，等到成熟后再考虑整合为司法一体化。其次，从中国—东盟司法合作的历史现实来看，刑事司法合作领域主要涉及毒品贩卖、贩运人口、反腐败、恐怖主义及 21 世纪以来的非传统安全犯罪方面，而民商事司法合作方面虽然在与部分国家签订的条约上涉及了送达、调查取证、仲裁裁决甚至法院判决的承认和执行等内容，但在司法实践中却较多涉及司法文件的送达和仲裁裁决的承认与执行这两个领域。因此，可以先从容易

合作的领域开始推动在区域内的一体化合作。

2. 在中国—东盟司法合作过程中形成“N + X”的机制

借鉴“东盟方式”“10 – X”的决策原理。所谓的“10 – X”的决策原理是由“5 – 1”公式得到。“5 – 1”公式是 20 世纪 60 年代末新加坡前总理李光耀提出的，“5”即当时东盟的五个成员国：泰国、新加坡、马来西亚、印尼、菲律宾，“减 1”则是当有一国没有通过提出的议题，在不损害其利益的前提下其他几国仍可以以东盟的名义决策实施，保障和尊重每个国家的利益。[①] 而今“5 – 1”方案已演变为“10 – X”方案，即东盟少数国家不反对某项决策，但对决策部分事项暂予保留意见，其他国家也可以东盟组织的名义决策实施。而“N + X”方案则是先由中国及东盟成员国中的 N 个国家就某个合作事项达成协议，而该协议并不损害区域内其他国家利益，当 N≥3 时该协议即可以区域协议的名义发布。该协议采取东盟方式的“开放式”特性，接受任何区域内国家在任何适当时机加入该协议的申请。

3. 依托中国—东盟自由贸易区建立司法一体化的争端解决机制

根据中国—东盟自贸区的法律性质、合作方式等规定，可以就区内可能出现的刑事案件、民商事纠纷等建立总的争端解决机制。在刑事司法合作方面，中国可在“10 + 1”的框架下开展加入《东盟刑事司法协助条约》的谈判。目前《东盟刑事司法协助条约》已出台，并在东盟 5 个国家通过批准，具有了强制效力。由此可见，东盟对于跨国刑事司法协助已有成熟的文本。而中国—东盟之间可以考虑争取得到条约成员国认可加入该条约的方式来推进。虽然期间的内容可能有些不完全适用中国，但中国可以提出保留，只要有这个大的框架存在，修改和完善相对要容易得多，而且也可以降低东盟国家对中国的不信任。在解决民商事纠纷方面，2004 年中国和东盟十国共同签订了《全面经济合作框架协议争端解决机制协议》（以下简称《协议》），建立了各国利用该协议规定方式平等解决争端的渠道。[②] 在《协议》的框

① 王子昌：《东盟的文化特征意识——东盟意识与东盟的发展》，《东南亚研究》2003 年第 3 期。

② 杨国华：《〈中国—东盟自由贸易区争端解决框架协定〉的作用和意义》，首届中国—东盟法律合作与发展高层论坛发言稿。

架下，需要成立一些跨境机构来作为解决争端的机构，这方面的安排本书将在后面专门做出阐述。对于普通民商事纠纷，建议以调解作为主要的解决方式；当然更应当充分尊重当事人的意愿，如果不同意调解的，应倡导当事人选择仲裁；在无法达成仲裁协议时可以按照国际私法规则选择法院提起诉讼。对于贸易争端的解决，建议比照 WTO 的争端解决机制设立自贸区争端解决机制。针对投资争端还有专门的《中国—东盟全面经济合作框架协定投资条约》，其第 14 条对投资争端约定了东道国与投资者之间争端的解决方式，主要包括磋商、仲裁或诉讼。其中磋商为所有争端解决的必经程序，这样更有利于争端双方的充分接触和沟通。提交仲裁的前提是争端方是《国际投资争端解决中心公约》缔约国，才能将争端提交国际投资争端解决中心（ICSID）进行仲裁；如果只有一方是 ICSID 公约的成员，则可依据 ICSID 的附加便利规则，也可将争端提交 ICSID 仲裁；如果争端双方都不是 ICSID 公约成员，则投资者只能选择向东道国法院提起诉讼。

三 三个轨道

如前所述，中国—东盟司法合作的开展需要多轨道法律外交力量的推动。这是中国—东盟司法合作法律框架的一个横向架构。在中国—东盟开展司法合作的 20 多年时间里，双方始终重视第一轨道政府为主体的法律外交，到了双方司法合作成长期后，双方才开始重视第二轨道学术智库间的交流与合作，至于第三轨道民间法律公共外交则更是近年来新兴的事物。然而，正如对欧盟司法合作经验的借鉴，除了第一轨道外，其他轨道对于司法合作的大融合也可以发挥巨大推动作用。就三轨道法律外交的设想是建立于现状的完善和改进方面，主要有以下方面：

（一）第一轨道——政府间法律外交

从中国与东盟司法合作的历史和东盟打击跨国犯罪合作的历史来看，我们都不难发现东盟各成员国趋向于从政治安全的高度来看待司法合作。这既是特点，更是规律。在未来开展相关合作时，需要以不同层次的政治会晤为主线，特别是在以下方面进行改进：

一是从务实的角度，加大政治性法律文件的司法性转化的力度。在过去中国与东盟签署的关于司法合作方面的文件多停留在联合宣言、备忘录等对双方都不具备法律约束力的政治性文件，这不利于具体合作的操作。每一份宣言或备忘录中都会涉及不少司法合作的内容，每一个合作的内容都可以签订一个专项合作的协议或协定。

二是增加高层多边会晤、签订多边协议等多边法律外交的机会。随着世界经济贸易、科技的迅猛发展和全球化速度的加快，国家间的联系日益密切，任何一个国家自身的问题或两个国家之间的双边问题都会产生较强的“外部性”。中国—东盟司法一体化正是在这一大趋势下的变革，其终极目标是为了更便捷地解决区域性或全球性热点问题或争端，从而促进区域乃至全球的稳定与发展。从东盟司法合作政治主导性强的特点出发，增加高层会晤能够更好地促进合作各方沟通。而且，在中国—东盟司法一体化的终极目标指引下，增加多边会晤更有利于形成尽可能多的多边共识，为创立尽可能多的多边机制提供机会和便利，充分发挥多边外交的积极效应。“双边 + 多边”相结合，强化“多边”将成为中国—东盟法律外交的新方向。

（二）第二轨道——官方智库法律外交

第二轨道外交具有半官方的性质，是对第一轨道外交的补充。2003—2004 年，在推动东亚合作的过程中产生了三个第二轨道机制，即东亚论坛（EAF）、东亚思想库网络（NEAT）和东亚学研究网络（NEAS）。[①] 就东盟而言，第二轨道外交具有更明显的官方性质，如东盟战略与国际研究所实际上已经成为一个由东盟主导的第二轨道机构。2013 年 7 月 12 日，在“纪念中国—东盟战略伙伴关系建立十周年研讨会”上，由中国政府发起成立了中国—东盟思想库网络（NACT），是旨在进一步深化中国—东盟战略伙伴关系的第二轨道合作机制，并于 2014 年 7 月正式启动。[②] 这个第二轨道合作机制对推

---

① 这些机制是东亚展望小组作为实现东亚共同体（East Asian Conmunity）的短期措施提出来的。参见 East Asian Conmunity Vision Gmup report，“Favanle an East Asian Conmunity Region of Peace，Prosperity and Progress”，http//www. mofagojp/region/asia - paci/report2001. pdf. 2014 - 10 - 28。

② 《中国—东盟思想库网络（NACT）在北京成立》，2015 年 11 月 30 日，外交学院网（http：//www. cfau. edu. cn/art/2013/9/5/art_ 248_ 5261. html）。

动中国—东盟合作有积极的意义，是对东亚智库的有益补充。在现有的第二轨道外交中，较少涉及司法领域，以东亚思想库网络为例，其每年都会出具关于东亚能源合作、金融合作、投资合作、非传统安全与环境、移民劳工、文化交流等方面的报告，其中只有非传统安全的报告涉及一小部分司法合作的内容。而其他两个第二轨道机制却基本不涉及司法合作的内容。这对于国际法治化的大趋势是不相适应的。今后的第二轨道研究需要更多关注法律外交的内容，而且在中国参与国际法的完善和制定方面大有作为的空间。

（三）第三轨道——非政府行为体（NGO）的法律外交

如前所述，第三轨道是相对于第一轨道和第二轨道而言，其显著的特征是民间性。NGO 作为非政府组织行为体，在第三轨道的外交中十分活跃。20 世纪 80 年代以来，中国和东南亚的 NGO 组织都快速增长，这些组织参与的领域很广，涉及政治、经济、环境、卫生、人权保护、妇女等，并推动了市民社会的产生，在国家和地区机制构建中发挥着不容忽视的作用。NGO 参与了菲律宾推翻马科斯独裁政权的民主运动。泰国的 NGO 成功终止了泰国发电公社投资的水电大坝工程。[①] 在中国投资缅甸密松水电站搁浅事件后面也有 NGO 的身影。由此可见，中国要加强与东盟的司法合作，第三轨道外交的平台是必然选择。一是加强中国市民社会的建设，放开和改进对 NGO 的管理。“目前，中国政府的改革明显滞后于相应的社会发展进程，其观念、职能的转变均不到位。政府对 NGO 仍然采用预防与监控进行管理，在 NGO 的登记注册、监督管理、组织运用等诸多方面进行限制，影响了 NGO 的自主发展。”[②] 但是全球化对 NGO 产生的影响最典型的是国际化程度越来越高，而中国具有国际影响力的 NGO 却很少，在国际事务中多半只有响应性的参与，而在建立国际价值体系和规范、以指导未来的国际政策和实践方面显得无能为力。当然，我们也看到 2007 年中国共产党第十七次全国代表大会报告首次把社会组织放到全面推进经济建设、政治建设、文化建

① 李文：《NGO 与东南亚政治社会转型》，《东南亚研究》2004 年第 4 期。

② 若弘：《中国 NGO——非政府组织在中国》，人民出版社 2010 年版，第 210 页。

设、社会建设“四位一体”的高度进行系统论述，给中国 NGO 的发展提供了重要的机遇。随着国际法治化的意识高涨，中国需要尽早地在管理体制上做出改革，让法律领域的 NGO 能与国际接轨，影响国际决策的能力。让 NGO 在中国与东盟司法合作中扮演“黏合剂”的角色，推动合作深入开展。二是鼓励 NGO 参与司法合作活动。中国与东盟司法合作推进受到阻滞的重要原因是东盟对日益崛起的中国的怀疑。而 NGO 组织的非政府性正是弥补这一缺憾的替代角色。比如中国与缅甸开展控制毒品原植物种植和替代种植发展合作，由于缅甸政府对中国在其领土上开展替代种植发展心存疑虑而受阻，如果通过鼓励 NGO 以项目合作的方式与缅甸政府沟通和合作，可以更好地推进禁毒合作。

第三节　完善中国—东盟司法合作的组织机构

虽然中国—东盟的合作模式很多都属于东盟模式，但在司法合作领域，欧盟司法合作相关机制作为目前国际社会最成功的区域司法合作机制，其成功经验是值得学习借鉴的。

一　中国—东盟检察合作委员会

欧盟作为一个具有独立法律人格的国际组织，其自身有不同于各成员国的利益需求，因此，如果有侵犯欧盟的犯罪，就需要有相应的法律诉求。而随着欧盟区域内发生的跨国犯罪不断超出成员国的管辖能力范围，侵害了欧盟的整体利益，欧盟就一直寻求建立一个能有效地指挥侦查和起诉侵害其财政利益犯罪的机构。《关于保护欧盟财政利益刑事规定的法典草案》建议成立欧盟刑事检察组织来承担此责。2001 年 2 月的《尼斯条约》进一步确认成立欧洲刑事检察组织的设想。2002 年该建议成为现实，欧盟刑事检察组织设立，并被赋予对欧盟财政利益犯罪进行侦查和起诉的权力，后来欧盟理事会将该组织的侦查和起诉的权限扩大到打击包括恐怖主义行为、贩运人口与贩运毒品等跨国犯罪的领域。

在中国—东盟司法合作中，建立中国—东盟检察合作委员会既有组织基础也有现实条件。一是在中国—东盟司法合作中，中国与东盟都有打击跨国犯罪的需求。侦查和公诉跨境有组织犯罪是刑事司法合作的主要任务，而中国及东盟各国对检察机关的定位各异，[①] 但不管是独立机构还是附属机构，公诉权基本都是检察职权之一。这就为中国与东盟国家共同指控跨境有组织犯罪提供了可能。二是细化中国与东盟成员国总检察长会议下的组织机构。这个总检察长会议机制目前只是实现了总检察长经常会晤的机制，对于探讨具体打击跨国有组织犯罪方面的作用却发挥得很有限。中国—东盟检察合作委员会可以在中国—东盟总检察长会议机制的基础上设立，由每个国家派出的检察官联络员组成，当有跨国犯罪发生时，需要合作的各国检察官联络员负责协调，并制定公平、公正的长效协办责任制度，确保任何国家在协助打击跨国有组织犯罪时都承担同等而具体的义务。这一机构的成立能扩大该会议机制已取得的丰硕成果，为处理实际具体案件搭建合作平台，提高合作效率。

二　中国—东盟法官合作委员会

中国—东盟自由贸易区建成后，在这一多边贸易体制下适用争端解决规则很难真正体现出各成员国的权利义务平等地位，难免会影响争端解决的公正性、权威性，而成立一个工作协调性质的审判机构——中国—东盟法官合作委员会，更多地把成员国间的争端转化为“内部矛盾”进行解决，更会注重实质的公正。以欧盟法院的产生为例，欧盟法院原称欧洲法院，是根据1951年《欧洲煤钢共同体条约》建立的，在《里斯本条约》生效后成为真正的欧盟法院，是欧洲一体化进程或欧共体基础条约唯一的司法保障机构。欧盟法院是缔约成员国主权让渡的结

① 新加坡认为检察机关的性质是一个独立的行政部门，承担着政府法律顾问、犯罪调查、国家公诉等职责；马来西亚的检察机关属于公共行政服务的领域而非司法机关，其职能包括国家公诉、案件调查和侦查、决定羁押、监督审判、终止追究刑事责任等（但伊斯兰教法院、土著法院和军事法院的诉讼不在内）。菲律宾则没有与最高法院对等的检察机构，检察工作由司法部检察长办公室负责，属于国家行政机关，有行政监督与反贪调查的职能。印度尼西亚的检察机关是一个拥有司法功能的政府机构，是对检控犯罪的唯一权力机构。泰国设置公共检察官机构，独立行使起诉权。

果，具有明显的超国家性质，兼具国内法院和国际法院的特征，在政治、经济、法律上具有独立性，完全可以不受成员国及其国内法院的影响，对欧盟法律事务有广泛的强制管辖权。欧盟法院的职能包括解释与适用条约、司法审查、行使初审法院功能、先行裁决权等。目前，中国—东盟之间的政治互信不足以支持如欧盟法院这样的超国家机构出现，但是其对区域内争端的解决机制却是可以被借鉴的。

可以专门签订《中国—东盟送达民商事司法文书及司法外文书的公约》《中国—东盟关于民商事案件管辖权及裁判承认与执行的公约》，在司法送达、案件管辖及裁判的承认与执行这些司法工作最基本的环节建立统一的标准，减少双边司法协助目前存在的环节多、耗时长的矛盾。这些公约的签订可以借鉴东盟模式按“N+X”的原则进行，先在现有司法协助条约中有约定的相关国家间签署，对于目前仍不接受公约事项的成员国可以选择不参加该公约，等到时机成熟时再参加。在机构设置上，总设中国—东盟首席法官会议，下设文书交换中心、民商事纠纷调解中心、判决裁定承认与执行中心。中国—东盟首席法官会议是由中国—东盟各国最高法院派员组成的一个常设性机构，主要负责协调公约成员国间相互协助司法文书或司法外文书送达、民商事纠纷调解及民商事判决裁定的承认和执行及刑事判决裁定的承认和执行等法院职权内的事宜。“文书交换中心”，是由各国中央机关授权后由最高法院指派人员组成的常设机构，依公约约定集中办理成员国间跨国诉讼的司法文书及司法外文书的送达。“民商事纠纷调解中心”，是由各成员国最高法院指派民商事法律专家作为调解员组成的调解中心法律专家库，由争端当事人自主选择调解员；以调解作为解决区域内民商事纠纷的优先手段，在调解无果时，才建议争端当事人选择仲裁或诉讼。“判决裁定承认与执行中心”，是由各国最高法院指派人员组成的负责协调需要承认和执行的判决裁定的常设机构，确保公约成员国对公约义务的公平落实；建立和实行判例制度，[①] 以公开、规范的

① 判例本身并不能直接实现司法的统一，但是即便撇开英美法系国家不谈，大陆法系国家法院的司法判决，对于国际司法趋同发展也不无重要意义。就中国在现阶段的情况来看，《最高人民法院公报》上刊载的典型案例，涉及刑事、民事、经济、行政、海事等各个方面，发挥了类似“判例”的作用。

形式发布司法判例，推动区域内司法标准的统一，减少区域内法院对同类涉外案件判决差异性过大的问题。

三 中国—东盟警务合作委员会

这一组织的设想主要来源于国际刑警组织、欧洲刑警组织的启示。国际刑警组织在整合世界各国警力资源，促进国际预防和打击刑事犯罪的有力、高效方面得到了国际社会的公认。而欧洲刑警组织是20世纪90年代初根据《马斯特里赫特条约》而成立的，是欧盟这个区域组织内部的一个机构。其为欧盟范围内警察机构建立了信息交流平台，提高了地区各国警察运用侦查技术对犯罪分析的能力。这两个刑警组织都是专业性国际组织，主要都是建立在主权国家之间进行国际合作的国际组织，都发挥着较强的协调能力，搭建了较好的信息资料交换平台，但两个组织有本质上的区别，国际刑警组织对国际社会的作用与主权国家相比处于从属地位，而欧洲刑警组织则是超国家机构。

中国与东盟之间的刑警合作，不可能有超越国家的地位，但是可以吸收国际刑警组织的架构，成立中国—东盟警务合作委员会，下设部长会议机制，对合作的原则、范围、依据等宏观性的规范进行议定；在每个国家最高刑警机构内设立“国家中心局”，承担中国—东盟警务合作委员会分配的具体协助事宜。据从中国公安部国际合作局了解，中国在东南亚部分国家使馆设立了警务联络官制度。这一制度可以进一步完善和推广。部长会议机制下设“警务联络办公室”，由每个国家派出的“警务联络官”组成，作为各国“国家中心局”的综合协调机构。

四 中国—东盟法律服务中心

随着中国与东盟各国之间的货物贸易、服务及投资等领域的开放，活跃的贸易和投资行为促使经济迅速升温，这都需要专业的法律服务机构为区域经贸和投资提供法律支撑。目前，中国律师“走出去”的制约因素比较多。一是缺乏国家配套政策支持。由于法律服务与司法管辖权相结合的特点，各国对法律服务市场都有限制，外国律师对东道国法律都不是太熟识，跨境服务毕竟有障碍，而且成本高。中国如与东盟国家律师合作，相互转委托业务，应该是一条捷径。二是对“走出去”的业务领域探索少。目前，与中国—东盟自贸区发展同步的很多问题如公司跨国并购、涉外税收、投资风险评估等都缺乏探索。三是涉外律师素质不适应“走出去”。中国律师普遍的语言能力不过关，及对国际法、其他国家法律知晓不细不深，涉外法律服务经验不足等。四是律师境外服务网络不健全。尽管中国已有一些律师事务所在境外设立了分支机构，但是无论从数量上，还是从境外的业务能力上看都处于初级阶段。应该建立中国与东盟法律服务中心，主要职能包括，举办中国—东盟法律交流会议和中国—东盟律师组织活动，在各国律协组织之间、律师事务所之间、律师之间搭建了解、沟通及互相交流信息的渠道和平台；建立跨国法律服务合作机制，让不同国家、不同领域的专业律师进行灵活、高效、互信的契约式合作，提高效率，节省成本；在境外设立分支机构，与外国律师事务所进行交流合作。开展多种培训，提高合作律师的服务水平。中国作为地区大国，在培训合作中需要承担更多的合作成本。第八届全国律协于2012年初制定了《第八届全国律协涉外高素质律师领军人才培养规划》，建立了全国涉外律师人才库，准备用4年时间培养300名具有国际眼光、精通涉外法律业务的高素质律师人才，为促进中外法律交流奠定涉外律师人才基础。这仅是停留在国内，还有必要与东盟国家就培训规划进行磋商，双边形成共同的培训机构，对彼此的法律知识和实务处理进行交流，形成良性互动，这也有助于中国—东盟司法标准的统一。

五　中国—东盟法律研究中心

欧盟的经验提示，区域各国法律标准越接近，司法合作推进越容易。在中国和东盟国家开展司法合作面临的一大障碍就是各国法律体系和法律标准差异较大。成立中国—东盟法律研究中心，专题研究中国和东盟的相关法律及适用于该区域的国际条约、国际惯例，不但可以让各成员国充分了解对方的法律规定和司法审判工作，也有利于区域法律标准的统一。中国—东盟法律研究中心可以由各国司法部或相应职能机构的官员、最高法院指派的法官、法学专家、律师共同组成，其职责主要有以下几点：第一，收集、分析中国—东盟司法合作中的问题，对所了解的情况进行汇总，共同研究交流；第二，对各成员国国内程序法、实体法、冲突法进行比较研究，分析和评估实现统一化的可能性，并促进区域法律标准的统一；第三，就区域司法合作中法律冲突问题对各成员国立法和审判工作提出完善意见。

六 中国—东盟司法合作基金会

任何合作都不可避免需要资金的保障，司法合作也不例外。欧洲刑警组织 1993 年 4 月 2 日成立，有力整合了欧盟成员国打击跨国犯罪的资源，其经费由成员国众筹，直到 2010 年 1 月 1 日欧洲刑警组织将成为欧盟的正式机构，其经费才从欧盟公共预算中支出。在中国—东盟合作经费保障方面目前主要有三个：一是 1997 年成立东盟与中国合作联合委员会后设立的东盟与中国合作基金，中国捐助了大部分经费用于包括人才培训等促进东盟一体化建设的交流项目。“1997 年到 2000 年间，中国向该基金捐助了 170 万美元，援助了 27 个项目。2001 年 11 月，中国再次向该基金捐助 500 万美元，专门用于今后 5 年的人力资源开发工程。”① 二是 2009 年 10 月 21 日正式设立的中国—东盟投资合作基金。该基金是依中国国家发改委等部门的申请，由中国财政部拨付款项，在中国设立管理机构，对中国企业走入东盟的投资项目进行管理，减小投资的风险，增大投资实效。主要用于鼓励中国企业走出去，到东盟国家进行投资，与东盟方面合作具体的项目建设和开发。三是设立中国—东盟海上合作基金。在 2011 年 11 月 18 日第十四次中国—东盟领导人峰会上，中国宣布投入 30 亿元人民币设立中国—东盟海上合作基金，推动双方在海洋领域的广泛合作。② 这是中国—东盟海上合作基金第一次正式出现在国际场

---

① 韦红：《地区主义视野下的中国—东盟合作研究》，世界知识出版社 2006 年版，第 155 页。

② 郝亚琳、冯坚、赵承：《中国东盟应加强战略沟通和互信》，《新华每日电讯》2011 年 11 月 19 日第 1 版。

合。2013 年 9 月，中国倡议建立“中国—东盟海洋伙伴关系”，30 亿元中国—东盟海上合作基金将为深化双边海上合作提供保障。

这些基金的共同特点是中国为基金主要来源国，这是由中国地区大国的地位决定的。中国提供司法合作维护地区和平与发展的区域性公共产品时也需要设立基金。在中国—东盟司法合作基金的设立上，可以成立由中国和东盟国家各派代表参与管理的中心机构，在基金的来源上由成员国共同支付，中国可以在份额上多承担一些。成员国共同支付的公共产品成本既可以增加成员国的参与度，也可以减少中国财政的负担，而且避免被西方媒体歪曲为有所不明企图。在基金的使用上可以学习联合国会费和表决权相关性制度，建立一定的权重决定机制、绩效评价配给制度，而不是缺乏长远计划的零支碎付，需要把这个基金的功能与中国—东盟关系发展的远景目标相挂钩，让司法这一功能性合作服务和推动地区整体合作。

第四节　提升中国与东盟开展司法合作的能力

构建中国—东盟司法合作法律框架，不仅需要建立相应的合作机构，还需要参与合作各国不断为推进合作健全和完善现有的法律制度，培养司法合作人才，优化各国的合作机构配置，从多方位来提升中国与东盟开展司法合作的能力。

一　健全和完善中国国内司法合作的配套立法

（一）强化对东盟国家法律的学习和研究

首先，收集、翻译和汇编东盟国家法律的工作必要和紧迫。2015 年 7 月 22 日，缅甸克钦邦密支那 155 名中国伐木工人被判处重刑，中国需要对其进行司法保护，却找不到相关的缅甸法律条文做参考。又如，缅甸长期搁置与中国合作的密松电站项目，如何进行司法维权，跨国索赔，也由于缺乏相关法律储备而迟迟难以启动。目前，中国国内对东盟国家的法律文本的收集、翻译和汇编工作仍是空白，只有少部分东盟国家法律文本可以查到。但是在国际司法合作中，熟悉对方法律规定是基本需要。现在没有足够的既懂东南亚小语种，又懂法律的人才，因此中文版的东盟国家法律汇编文本就显得不可或缺。中国可以委托一些中介组织或学术机构，甚至鼓励学者个人从事这项工作。其次，在有研究资料的基础上，在刑事司法合作方面，重点学习研究东盟国家的刑事诉讼法、引渡法及刑事司法协助所涉及的主要合作领域相关法律；在民商事司法合作方面，重点学习研究东盟国家的民事诉讼法，及关于民商事司法协助所涉及的主要合作要求。再次，要加强对中国与东盟相同领域法律的比较研究。合作就是求同存异的过程。法律的比较研究将为双方合作找到合作的契合点，制定共同认可的法律标准，有利于提高合作的效率和深化合作。

（二）针对不同地区、不同合作领域的司法合作情况做全面调研

司法合作是一项效能优先的合作，即合作必须确有必要，又必须发挥实效。因此，中国要深入推进与东盟国家的司法合作，必须立足当前合作的实际，了解存在问题，才能有针对性地加强合作。在刑事司法合作中，比如前面提到的中、老、缅、泰四国开展湄公河流域联合执法安全合作从启动到目前已四年有余，但仍没有太深入的推进，对于其中存在的问题很有必要研究。又如当前中国西北少数民族偷渡东南亚国家的问题，对于国际反恐及中国国家安全来说都影响重大，其中关键就在于如何引渡这些偷渡犯罪嫌疑人回国的问题，由于缺乏法律依据，使得这一问题的解决困难重重。相对于刑事司法合作领域的研究，中国在民商事司法合作领域的研究更显薄弱，大多开始重视这项工作始于2002年，在此前有的办案单位甚至连原始的档案数据都收集不全。从内容来看，既包括中国与东盟缔结的司法合作条约，也包括中国与东盟就具体事项的合作机制。首先，在缔结条约方面，全面了解现在开展司法合作中存在的问题，可以提前研究预案，为缔结司法合作条约提出建设性意见和建议，增加缔约协商和谈判的筹码，增强对缔约节奏的把握和主导力。其次，在具体事项合作中，对现状的全面了解更有利于机制形成的长远性和可操作性，对于深入推进合作至关重要。

（三）对与司法合作相关的国内配套法律进行彻底的梳理、规范和汇编

首先，国内法中涉及国际司法合作的部分条款与中国所签署或加

入的国际公约和国际条约相互抵触。如《打击跨国有组织犯罪公约》（以下简称《公约》）第 50 条第 1 款的规定，[①] 这一规定不但赋予了各成员国针对腐败犯罪使用特殊侦查手段的权利，并在此基础上做了进一步的延伸，即允许法庭采信由这些手段产生的证据，解决了这些证据的合法性问题。但中国现行的《宪法》和《刑事诉讼法》却没有对公约关于秘密侦查手段、秘密取得证据的效力等的相关规定。仅在《国家安全法》和《人民警察法》中对此有所涉及，但也未明确为特殊侦查手段而是笼统地称之为“技术侦察措施”[②]。这些规定的脱节，在司法实践中会增加合作的阻碍，也会影响对《公约》义务的履行，最终降低打击跨国有组织犯罪的效率。这一现象并非中国独有，在东盟国家中也存在。这些问题的解决，有赖于中国和东盟各国对照已加入的国际公约或已签署的国际条约规定，对各自国内立法进行认真梳理，切合实际地对现有涉及国际司法协助的法律法规进行废、改、立。

其次，普遍存在国内涉及司法合作的相关法律规定大部分散在于各个部门法中，不便于查询和使用。如中国自改革开放以来调整司法协助的国内法律规范从无到有，不断发展，有部分领域的司法合作开始出现专门立法，如 2000 年 12 月 28 日中国颁布的《引渡法》，为中国国际法律合作和国内关于涉外司法的专项立法提供了范本。1982 年《中华人民共和国民事诉讼法（试行）》只以专章规定了司法协助，用 4 个法条为中国开展国际民商事司法协助提供了最重要的原则性法律依据；1991 年《中华人民共和国民事诉讼法》已增加到 8 个法条对民商事司法协助中相互承认和执行民事裁决等具体事项进

① 《打击跨国有组织犯罪公约》第 50 条第 1 款规定：“为有效打击腐败，各缔约国均应当在其本国法律制度基本原则许可的范围内并根据本国法律规定的条件在其力所能及的情况下采取必要措施，允许其主管机关在其领域内酌情使用控制下交付和在其认为适当时使用诸如电子或其他监视形式和特工行动等其他侦查手段，并允许法庭采信由这些手段产生的证据。”

② 《国家安全法》第 10 条规定：“国家安全机关因侦查危害国家安全行为的需要，根据国家有关规定，经过严格的批准手续，可以采用技术侦察措施。”《人民警察法》第 16 条规定：“公安机关因侦查犯罪的需要，根据国家有关规定，经过严格的批准手续，可以采用技术侦察措施。”

行了规定。但是直至今日，中国仍没有专门的司法协助法，虽然刑事司法协助法已在论证中，但也还不成熟，而民商事方面的司法协助法就根本未提上日程。在东盟国家中，老挝、越南、柬埔寨也没有制定刑事司法协助法。而关于民商事方面的司法协助法在各国几乎都没有专门立法。这些法律恰恰是影响着中国与东盟司法合作深化的重要因素。对这些法律的梳理和编纂工作是提升中国—东盟司法合作的重要基础性工作，需要及早列入工作日程。

二 对国内司法合作职能机构进行调整

（一）对部分司法合作职权的下放

《中华人民共和国国际刑事司法协助法立法建议稿》第 4 条第 2 款："为了以快捷方式开展刑事司法协助，经最高人民法院、最高人民检察院、公安部、司法部、海关总署批准和授权，边境地区司法机关可以根据协议或者惯例与邻国司法机关进行直接联系；有关的执行活动应当严格遵循相关国际条约和法律规定的规则。"这是对于现有司法合作程序烦琐、流转周期长、司法效率低下等问题的有力回应，同时也弥补了现有的边境地区司法机关直接联系工作机制缺乏法律依据的问题。同时，由此也可看到，在民商事司法协助领域也应当有相应的立法，解决民商事诉讼过程中出现的协助开展不积极、流程不畅、判决裁定承认与执行不规范等问题，为中国—东盟自由贸易区日益增多的经贸纠纷及时处理提供更有力的法律保障。

（二）加强中国司法合作主管机关间的工作配合和协调

目前，根据中国现有的双边或多边条约规定，能代表中国政府与外国开展司法合作的中央职能部门包括了外交部、最高人民法院、最高人民检察院、公安部和司法部。与不同国家签订的同一类型的条约所指定的司法合作中央职能部门也不尽相同。有的案件性质还会涉及其他一些中央机关。不仅中国指定国内司法合作的中央职能部门如此多样，东盟国家的情况也大致相同。这样的情况给具体司法合作时搞不清国内应当向哪个部门申请，国内的部门也不一定搞得清国外与哪个部门对接，有可能导致职能部门的争执或推诿，增加司法合作的障碍，造成司法资源的浪费。因此，解决这一困境可以从两个方面着手：一是尽快制定《中华人民共和国刑事司法协助法》和《中华人民共和国民商事司法协助法》来明确开展刑事司法合作和民商事司法合作的职能部门、权限及范围。《中华人民共和国刑事司法协助法》已提上日程且有了较成熟的立法建议稿，但是在国际刑事司法协助联系途径的规定中仍未明确指定中国国内的中央机关或主管机关。本书认为，在司法协助条约中指定的“中央机关”或“主管机关”所承担的职能主要是负责接收和提出司法协助请求。因此，明确一个固定的中央机关来作为国际司法协助的联系途径，由这个“中央机关”接收后转送相应的主管部门办理，更便于司法协助工作的归口规范化管理，有利于中国对各领域司法协助工作的整体了解和把握。二是建立司法合作中央机关和主管机关联席会议机制。在现有条约中指定的中央机关及主管机关差异较大的情况下，有必要建立一个联席会议机制，每个成员单位指派一名联络员，组成日常事务处理机构，在该机制下建立信息共享平台，当有需要处理的司法协助请求事项时，由日常事务处理机构根据职能做出处理决定，转送相应主管机关办理。

三 培养和储备与东盟开展司法合作的法律人才

培养、储备一批既精通中国法律又精通东盟法律的人才，是全面推进中国与东盟开展司法合作的重要环节。

（一）建立中国与东盟司法合作的法律人才库

中国可以考虑从中央和地方各级司法机关、高等学校、科研院所等单位选拔一批精通外语和国际刑法、国际私法，熟悉东盟国家法律制度，对中国与东盟关系有研究的人才，以司法部或者最高人民检察院、最高人民法院名义建立中国司法合作人才信息库。如果需要与东盟某个国家开展司法合作，则可以从人才库中有针对性地选择一些专家，积极参与或者配合国家司法机关开展对外司法合作业务。

（二）中国与东盟国家高校联合设置开办中国和东盟国家法律专业

首先，采取合作办学的方式。在高校教育中，在博士、硕士到本专科不同层次，法律、文化等多学科，中国大学可以与各东盟国家大学联合设置开办有针对性的教学项目。双方互派学生到对方国家实地交流学习，提高专业人才的培养效率。其次，引进海外师资，充实国际化课程体系，营造国际化氛围。加大力度引进具有东南亚留学背景和经历的高层次人才，使中国研究东南亚法律的院校师资结构加快向高层次、国际化迈进；倡导中外学生混班上课，即中国的学生和东盟国家的学生在同一个班上课，课程讲授的基础课、专业课等全部使用双语教学；在专业研究方向上，教育部应当把中国与东南亚司法合作作为一个大课题，提出顶层设计，将若干亟待解决的问题分解成若干个子课题，引导不同研究所或高校的研究生有侧重地关注某一专门问题的研究，使学术与实践紧密结合，提高对实践的指导意义。

（三）支持法律服务机构整合东南亚国家的法律人才和服务机构等资源

随着中国与东盟的经贸往来日益密切，中国企业走出去投资或贸易明显增多，但是在东南亚地区却缺乏能够为中国企业提供法律咨询或法律服务的机构。由于法律服务机构涉及司法权，地区界限较为明显，由中国国内的法律服务机构跨国提供服务不太可能。因此，中国可以鼓励综合实力较强的法律服务机构走出国门，在东南亚地区各国的法律服务机构实行并购或合作，实现因地制宜的拓展服务，打破各国疆界对法律服务工作的阻断，更有效地服务区域经济发展的需要。

结 语

本书从区域司法合作的视角，运用历史分析、个案分析、系统分析和比较分析的研究方法，对冷战结束后中国—东盟司法合作的发展历程进行阶段研究，探索政治互信对区域司法合作的影响，对合作发展的规律及存在的诸多问题进行了分析。本书在中国—东盟司法合作发展历史的基础上，初步勾勒了未来中国—东盟开展司法合作的原则、层次体系、合作制度运行等内容，既包括了刑事司法合作，也包括了民商事司法合作。这些设想是否科学合理还有待司法实践的检验。

由于本书试图从历史和政治的视角对中国—东盟司法合作发展进行研究，更多的内容是从宏观上将中国—东盟司法合作放在双方政治、经济和法律制度大背景下来考察，这种研究模式决定了其内容的局限性。本书的内容没有就刑事司法或民商事司法某领域的合作展开充分和翔实的论述，也没有对影响某一司法合作制度的法律因素进行专门阐述。实际上，东盟成员国各国国内法律制度、法律规定、立法的具体原则和程序运作都有很大差异，这些内容在本书中涉及不多，并未对其差异性及相互对接上的问题进行深入研究，这必然会对理解阻碍中国—东盟司法合作等问题有影响。另外，由于东南亚具有特殊的战略地位意义，其他国家和国际组织也日益重视与其开展多领域的合作，尤其是法律制度化的合作。这些国家和国际组织对中国崛起的抵触使其对中国与东盟开展任何领域合作，包括司法合作都采取阻碍的态度。尤其是在2011年湄公河“10·5”案件发生后，中国主导建立了“湄公河联合执法安全合作机制”。这些国家和国际组织一方面加强与东盟在应对非传统安全方面的合作，另一方面尽力牵制中国与东盟安全合作机制的深化，这些因素对中国—东盟打击跨国犯罪、处置跨境纠纷等司法合作产生负外部性。如何应对这些因素，实现中国—东盟司法合作领域的互利共赢是需要专门研究的问题。

2013 年 10 月，中国正式提出中国—东盟命运共同体建设的倡议，并实施了“一带一路”战略。东南亚是中国“海上丝绸之路”的重要枢纽，如何为这些政治经济战略的顺利推进提供保障，将成为当前和今后一段时期中国—东盟司法合作的重要课题。加快中国—东盟司法一体化进程任务紧迫，至关重要。2013 年中国—东盟（10 + 1）领导人会议肯定了中国与东盟在过去“黄金十年”合作所取得的成果，展望了中国—东盟关系“钻石十年”。这也为中国—东盟司法合作打开历史的机遇之窗。近年来，国际社会将国际争端司法化的趋势逐渐明显，司法正被推向国家综合国力竞争和战略博弈的前沿，涉外司法成为国家总体外交的重要支撑，肩负着更加重大而神圣的历史使命，在关键时刻能够挺身而出，运用法治的利剑，依法捍卫国家核心权益，确保总体国家安全。在这一新的历史背景下，中国—东盟司法合作也理应进入“钻石十年”。

参考文献

一　中文著作

[1] 曹云华、唐翀：《新中国—东盟关系论》，世界知识出版社 2005 年版。

[2] 陈光中：《〈联合国反腐败公约〉与中国刑事诉讼法再修改》，中国人民公安大学出版社 2006 年版。

[3] 成良文：《刑事司法协助》，法律出版社 2003 年版。

[4] 程卫东：《欧盟法律创新》，社会科学文献出版社 2008 年版。

[5] 广西壮族自治区地方志编纂委员会：《广西通志·审判志》，广西人民出版社 2000 年版。

[6] 韩德培：《国际私法问题专论》，武汉大学出版社 2003 年版。

[7] 何家弘：《刑事司法大趋势——以欧盟刑事司法一体化为视角》，中国检察出版社 2005 年版。

[8] 何勤华、李秀清：《东南亚七国法律发达史》，法律出版社 2002 年版。

[9] 贺圣达、王文良、何平：《战后东南亚历史发展（1945—1994）》，云南大学出版社 1995 年版。

[10] 贺圣达、马勇、王士录：《走向 21 世纪的东南亚与中国》，云南大学出版社 1998 年版。

[11] 胡坚：《亚洲——金融风暴后的再崛起》，经济科学出版社 1998 年版。

[12] 湖北省高院民事庭：《涉外民事诉讼管辖权问题研究》，武汉大学出版社 2008 年版。

[13] 黄风：《国际刑事司法协助及其基本原则》，载《中国国际法年

刊（1997 年）》，法律出版社 1999 年版。

[14] 黄风、赵林娜：《国际刑事司法合作：研究与文献》，中国政法大学出版社 2009 年版。

[15] 黄风：《〈中华人民共和国国际刑事司法协助法〉立法建议稿及论证》，北京大学出版社 2012 年版。

[16] 黄进：《国际私法》，法律出版社 2005 年版。

[17] 黄启臣：《广东海上丝绸之路史》，广东经济出版社 2003 年版。

[18] 李晨阳：《论柬埔寨与东盟关系》，载梁志明、张锡镇《东盟发展进程研究——东盟四十年回顾与展望》，香港社会科学出版社有限公司 2008 年版。

[19] 李晨阳：《GMS 研究 2009》，云南大学出版社 2009 年版。

[20] 李杰：《历史观念——实践历史哲学的建构》，人民出版社 2013 年版。

[21] 李旺：《国际民事诉讼法》，清华大学出版社 2003 年版。

[22] 李泳：《欧盟法律趋同化的度量及合意与非合意性》，载《欧盟法与欧洲一体化》，法律出版社 2009 年版。

[23] 梁晋云：《东南亚“金三角”地区与云南省禁毒问题》，中国人民公安大学出版社 2006 年版。

[24] 林欣、李琼英：《国际刑法新论》，中国人民公安大学出版社 2005 年版。

[25] 刘光华：《运行在国家与超国家之间——欧盟的立法制度》，江西高校出版社 2006 年版。

[26] 刘亚军：《引渡新论：以国际法为视角》，吉林人民出版社 2004 年版。

[27] 刘稚：《大湄公河次区域合作发展报告（2011—2012）》，社会科学文献出版社 2012 年版。

[28] 马贺：《欧盟区域刑事合作进程研究》，上海人民出版社 2012 年版。

[29] 米良、安明、罗刚译：《越南、泰国民事诉讼法典》，云南大学出版社 2010 年版。

[30] 欧斌、余丽萍、李广民：《〈国际反腐败公约〉与国内司法制度

问题研究》，人民出版社 2007 年版。
[31] 若弘：《中国 NGO——非政府组织在中国》，人民出版社 2010 年版。
[32] 邵景春：《欧洲联盟的法律制度》，人民法院出版社 1999 年版。
[33] 邵建平：《东南亚国家处理海域争端的方式研究》，国家社科基金青年项目成果，2011 年。
[34] 司法部司法协助外事司、司法部司法协助交流中心：《中华人民共和国国际司法合作条约集》，中国方正出版社 2005 年版。
[35] 宋锡祥：《〈里斯本条约〉与欧盟法的发展》，上海社会科学院出版社 2012 年版。
[36] 孙应征：《涉外民商事法律原理与实证解析》，人民法院出版社 2004 年版。
[37] 王帆：《国际安全概论》，世界知识出版社 2010 年版。
[38] 王君祥：《中国—东盟区域刑事合作机制研究》，中国人民公安大学出版社 2012 年版。
[39] 王士录、王国平、孔建勋：《当代东盟》，四川人民出版社 1998 年版。
[40] 王秀梅：《国际刑法学研究述评（1978—2008）》，北京师范大学出版社 2009 年版。
[41] 王义明：《东盟》，中国法制出版社 2006 年版。
[42] 王以真：《外国刑事诉讼法学（新编本）》，北京大学出版社 2004 年版。
[43] 王云霞、何戊中：《东方法概述》，法律出版社 1993 年版。
[44] 韦红：《地区主义视野下的中国—东盟合作研究》，世界知识出版社 2006 年版。
[45] 肖永平：《欧盟统一国际私法研究》，武汉大学出版社 2002 年版。
[46] 肖永平：《国际私法条约规则在中国的适用》，载《武汉大学国际法讲演集·第一卷》，武汉大学出版社 2006 年版。
[47] 徐宏：《国际民事司法协助》，武汉大学出版社 2006 年第 2 版。
[48] 徐建国、汤家麟：《中国与东南亚国家商品贸易研究》，云南科

技出版社 1989 年版。
[49] 徐伟功:《冲突法的博弈分析》，北京大学出版社 2011 年版。
[50] 杨鲁慧、李燕燕:《构建中国公共外交新局面的思考》，载《中国与东南亚国家公共外交》，新华出版社 2012 年版。
[51] 杨眉:《印度尼西亚共和国经济贸易法律指南（东南亚国家经济贸易法律研究)》，中国法制出版社 2006 年版。
[52] 杨艳丽:《区域经济一体化法律制度研究》，法律出版社 2004 年版。
[53] 云南省高级人民法院:《云南审判志》，云南人民出版社 1996 年版。
[54] 曾令良:《中国与东盟关系的国际法考量》，载《武汉大学国际法讲演集·第一卷》，武汉大学出版社 2006 年版。
[55] 张福森:《各国司法体制简介》，法律出版社 2003 年版。
[56] 张磊:《国际刑事司法协助热点问题研究》，中国人民公安大学出版社 2012 年版。
[57] 张淑静:《云南年鉴·缅北毒枭杨茂贤落网》，云南科技出版社 1995 年版。
[58] 张文山、李莉:《东盟国家检察制度研究》，人民出版社 2011 年版。
[59] 张旭:《国际刑法：现状与展望》，清华大学出版社 2005 年版。
[60] 张智辉:《国际刑法通论》，中国政法大学出版社 1998 年版。
[61] 张仲伯:《国际私法学》，中国政法大学出版社 2002 年版。
[62] 赵秉志:《欧盟刑事司法协助研究暨相关文献中英文本》，中国人民公安大学出版社 2003 年版。
[63] 赵秉志:《国际刑事司法协助专题整理》，中国人民公安大学出版社 2007 年版。
[64] 赵相林:《国际民商事争议解决的理论与实践》，中国政法大学出版社 2009 年版。
[65] 周振鹤:《汉书地理志汇释》，安徽教育出版社 2006 年版。

二　中文译著

[1] [英] 爱德华·卡尔:《20 年危机（1919—1939)：国际关系研

究导论》，秦亚青译，世界知识出版社 2005 年版。
[2] [德] 弗里德里希·卡尔·冯·萨维尼：《法律冲突与法律规则的地域和时间范围》，李双元等译，法律出版社 1999 年版。
[3] [日] 谷口安平：《程序的正义与诉讼》，王亚新、刘荣军译，中国政法大学出版社 2002 年版。
[4] [新] 尼古拉斯·塔林主编：《剑桥东南亚史》（上、下），王士录、孔建勋、李晨阳等译，云南人民出版社 2003 年版。
[5] [美] 鲁杰主编：《多边主义》，苏长和等译，浙江人民出版社 2003 年版。
[6] [美] 路易斯·戴蒙德、约翰·麦克唐纳：《多轨外交——通向和平的多体系途径》，李永辉等译，北京大学出版社 2006 年版。
[7] [美] 罗伯特·吉尔平：《国际关系政治经济学》，杨宇光等译，上海人民出版社 2006 年版。
[8] [德] 马丁·沃尔夫：《国际私法》，李浩培等译，法律出版社 1988 年版。
[9] [美] 约翰·亨利·梅利曼：《大陆法系》，顾培东、禄正平译，法律出版社 2004 年第 2 版。
[10] [美] 詹姆斯·多尔蒂、小罗伯特·普法尔茨格拉夫：《争论中的国际关系理论》，阎学通、陈寒溪译，世界知识出版社 2003 年第 5 版。

三 中文期刊

[1] 蔡霞：《浅析中国与东盟刑事司法合作的发展趋势》，《东南亚纵横》2011 年第 11 期。
[2] 曹平：《中国涉东盟商贸纠纷解决机制及其践行》，《社会科学家》2013 第 9 期。
[3] 曹云华：《变化中的中国—东盟关系》，《东南亚研究》1995 年第 5 期。
[4] 陈建荣：《第二轨道外交与东盟地区论坛》，《东南亚研究》2004 年第 4 期。
[5] 陈雷：《论中国的引渡立法与引渡实践》，《法治研究》2012 年

第 8 期。

[6] 陈伊璇、廖盛峰:《中国—东盟民事司法协助制度探析》,《桂海论丛》2007 年第 6 期。

[7] 陈遥:《中国—东盟政治互信:现状、问题与模式选择》,《东南亚研究》2014 第 4 期。

[8] 陈衍德、陈遥:《20 世纪以来中、美与东盟的三边互动关系——以权力转移为视角》,《当代亚太》2009 年第 6 期。

[9] 邓崇专:《东盟自由贸易区的特点及中国涉东盟民商事关系法律的价值取向》,《河北法学》2007 年第 1 期。

[10] 邓崇专:《关于完善中国与东盟各国刑事司法协助立法的几点思考》,《河北法学》2007 年第 10 期。

[11] 杜宝庆:《中国与东盟刑事司法协助浅析》,《东南亚纵横》2008 年第 12 期。

[12] 杜邈:《反腐败国际刑事司法协助的新趋势》,《法治研究》2012 年第 12 期。

[13] 杜如订、贾精华、温日豪:《建立东盟—中国自由贸易区的机遇与挑战——越南贸易部副部长杜如订在中国(广西)—东南亚经济合作论坛上的讲话》,《东南亚纵横》2003 年第 1 期。

[14] 方军祥:《中国与东盟:非传统安全领域合作的现状与意义》,《南洋问题研究》2005 年第 4 期。

[15] 方筠娴:《缅甸对华外交政策受地缘政治考量的影响有多大?》,《公共外交季刊》2013 年第 2 期。

[16] 高兰英、隆雨蕊:《论构建中国—东盟民商事司法协助制度的必要性和可行性》,《人民论坛》2012 年第 11 期。

[17] 谷昭民:《中国开展法律外交的现状和发展趋势研究》,《现代法学》2013 年第 4 期。

[18] 黄风:《关于追缴犯罪所得的国际司法合作问题研究》,《政治与法律》2002 年第 5 期。

[19] 黄风:《国际刑事司法协助制度的若干新发展》,《当代法学》2007 年第 11 期。

[20] 黄风:《制定中国〈国际刑事司法协助法〉的几个问题》,《中

外法学》2011 年第 6 期。
[21] 黄云静:《区域利益和国家利益的冲突与协调——东盟 30 年合作关系回顾与展望》,《现代国际关系》1997 年第 8 期。
[22] 何泉生、谢桂珍:《中国禁毒斗争大事记(六)(1994 年)》,《中国人民公安大学学报》1999 年第 3 期。
[23] 贺圣达:《柏威夏古寺争端的由来、影响和发展趋势》,《东南亚南亚研究》2009 年第 1 期。
[24] 胡添雨:《中国对东盟直接投资研究》,《致富时代》(下半月)2011 年第 3 期。
[25] 蒋人文:《中国与东盟成员国引渡制度若干问题探讨》,《广西师范大学学报》(哲学社会科学版)2009 年第 2 期。
[26] 蒋巍:《美国亚太新平衡战略下的中国与东盟刑事司法合作探析》,《法制博览》2013 年第 12 期。
[27] 孔令杰:《中老缅泰湄公河流域联合执法的法律基础与制度构建》,《东南亚研究》2013 年第 2 期。
[28] 黎宜春:《中国—东盟自由贸易区背景下洗钱犯罪风险分析》,《经济与社会发展》2010 年第 8 期。
[29] 黎宜春:《关于制定中国—东盟区域性反洗钱法律文件的思考》,《广西社会科学》2010 年第 11 期。
[30] 李晨阳:《试论中国和平发展进程中的东南亚因素》,《东南亚纵横》2006 年第 10 期。
[31] 李晨阳:《论白礁主权争端及其对新马关系和东盟发展的影响》,《东南亚研究》2009 年第 1 期。
[32] 李晨阳:《2010 年大选之后的中缅关系:挑战与前景》,《和平与发展》2012 年第 2 期。
[33] 李晨阳:《对冷战后中国与东盟关系的反思》,《外交评论》2012 年第 4 期。
[34] 李刚:《论国际民事诉讼中的诉讼竞合》,《法律科学》(西北政法学院学报)1997 年第 6 期。
[35] 李红:《越南政府禁毒措施及中国之对策》,《东南亚研究》2000 年第 3 期。

[36] 李平:《大湄公河次区域(GJS)合作20年综述》,《东南亚纵横》2012年第2期。

[37] 李薇薇:《论〈布鲁塞尔公约〉与外国民商事判决的承认与执行》,《中国司法》2000年第5期。

[38] 李迅:《中国拒绝承认与执行外国仲裁裁决实务研究》,《仲裁研究》2011年第1期。

[39] 李颖:《承认与执行外国法院判决中的公共秩序保留》,《当代经理人》2006年第10期。

[40] 刘庆:《"战略互信"概念辨析》,《国际论坛》2008年第1期。

[41] 刘少华、唐洁琼:《南海问题对中国国家安全的影响》,《国际关系学院学报》2012年第4期。

[42] 刘晓巧:《中国与东盟国家的民商事司法协助》,《桂海论丛》2005年第21卷第4期。

[43] 刘勇为:《"第二轨道"外交属性与影响辨析》,《兰州学刊》2008年第12期。

[44] 刘稚:《中国—东盟禁毒合作的现状与前景》,《当代亚太》2005年第3期。

[45] 骆莉:《冷战后文莱的对华关系与政策》,《东南亚研究》2000年第4期。

[46] 骆莉、袁术林:《中国国家安全中的南海问题初探》,《暨南学报》(人文科学与社会科学版)2005年第1期。

[47] 马巍:《当代老挝法律架构初探》,《云南省东南亚研究会周边动态》2011年第29期。

[48] 马啸晨:《中国与东盟国家刑事执法合作机制若干问题探析:兼论湄公河流域国家刑事执法合作之立法构想》,《云南社会主义学院学报》2014年第2期。

[49] 马永梅:《中国域外送达体制之性质分析——基于外国判决承认与执行的视角》,《华南理工大学学报》(社会科学版)2013年第2期。

[50] 米良:《当代越南立法的历程》,《云南法学》2000年第1期。

［51］腊达娜：《论老挝苗族习惯法》，《当代法学论坛会议论文》2010 年第 1 辑。
［52］欧福永：《外国判决在新加坡的承认与执行》，《河北法学》2007 年第 3 期。
［53］彭贤鸿、毛端作：《论中国反洗钱立法的现实基础》，《西金融职工大学学报》2006 年第 12 期。
［54］秦建荣：《中越边境地区涉外民商事送达司法协助机制构建之探析》，《广西师范大学学报》（哲学社会科学版）2013 年第 6 期。
［55］佘延宏、吴涛：《外国法院判决在泰国的承认与执行》，《学术界》2008 年第 1 期。
［56］沈四宝：《论〈中国—东盟全面经济合作框架协议争端解决机制协议〉》，《上海财经大学学报》2006 年第 1 期。
［57］石晨霞：《中国东盟关系发展的成果、问题及对策分析》，《法制与社会》2008 年第 3 期。
［58］宋镇照：《中共与东南亚之政经关系与发展：回顾与前瞻》，《东亚季刊》1998 年第 1 期。
［59］万鄂湘：《“入世”后中国的司法改革与涉外民商事审判》，《国际经济法论丛》2002 年第 2 期。
［60］王国平：《东盟的决策方式与意义》，《东南亚》1997 年第 3 期。
［61］王克玉：《正当程序原则对民商事判决域外效力的影响》，《国家检察官学院学报》2008 年第 6 期。
［62］王君祥：《中国东盟打击跨国犯罪刑事合作机制探析》，《河北法学》2008 年第 12 期。
［63］王君祥：《〈东盟反恐公约〉——区域合作反恐法律机制及评析》，《东南亚纵横》2009 年第 7 期。
［64］王日华：《中国传统的国家间信任思想及其启示》，《世界经济与政治》2011 年第 3 期。
［65］王晓阳：《关于影响中国腐败犯罪引渡的情形的思考——以“政治犯罪不引渡”与“死刑不引渡”为视角》，《法制与社会》2008 年第 26 期。

[66] 王燕之:《中国反洗钱国际合作进入一个新的历史发展时期》,《中国金融》2007 年第 15 期。

[67] 王彦智:《论冷战后中国与东盟国家关系中的台湾问题》,《宝鸡文理学院学报》(社会科学版) 2013 年第 14 期。

[68] 王子昌:《东盟的文化特征意识——东盟意识与东盟的发展》,《东南亚研究》2003 年第 3 期。

[69] 王子昌:《机制创新与地区合作——以东盟非正式决策机制为例的分析》,《东南亚研究》2005 年第 2 期。

[70] 韦振团:《中越边境贸易纠纷及其解决途径》,《国际经济探索》1993 年第 1 期。

[71] 吴妮:《东南亚华文报刊面对的挑战与机遇》,《传媒》2005 年第 9 期。

[72] 熊安邦:《湄公河“10・5”案件的国际刑事司法合作及其启示》,《湖北警官学院学报》2014 年第 7 期。

[73] 徐崇利:《软硬实力与中国对国际法的影响》,《现代法学》2012 年第 1 期。

[74] 徐善宝:《冷战后中国与东盟国家多边关系发展的若干特点》,《东南亚研究》2005 年第 4 期。

[75] 许宁宁:《中国与东盟关系现状、趋势、对策》,《东南亚纵横》2012 年第 3 期。

[76] 严瑾、胡钰:《对上海合作组织框架下“刑事司法协助”的几点思考》,《大众商务》2009 年第 101 期。

[77] 杨凤瑞:《中国当前的禁毒形势与国际合作》,《公安研究》2001 年第 6 期。

[78] 杨洁篪:《努力开拓中国特色公共外交新局面》,《求是》2011 年第 4 期。

[79] 姚东:《论大湄公河次区域经济发展与区域刑事司法合作——从湄公河惨案谈起》,《亚太经济》2012 年第 1 期。

[80] [德] 尤尔根・鲁兰、许丽丽:《东南亚地区主义与全球治理——“多边效力”还是“左右逢源效力”》,《南洋资料译丛》2012 年第 3 期。

［81］喻常森:《“第二轨道”外交与亚太地区安全合作》,《东南亚研究》2003 年第 5 期。
［82］喻常森:《认知共同体与亚太地区第二轨道外交》,《世界经济与政治》2007 年第 11 期。
［83］余江、王朝佐:《对中缅边境管理中与缅甸地方民族武装势力开展警备合作的思考》,《云南公安高等专科学校学报》2001 年第 1 期。
［84］翟崑:《试析东南亚地区的“中国威胁论”》,《亚非纵横》2006 年第 5 期。
［85］张晶:《浅析中国与东盟国家在非传统安全领域的合作》,《国际问题研究》2006 年第 7 期。
［86］张晓君:《第四届“中国—东盟法律合作与发展高层论坛”学术综述》,《西南政法大学学报》2011 年第 1 期。
［87］张蕴岭:《如何认识东盟》,《当代亚太》2006 年第 7 期。
［88］张自合:《论经承认的外国法院判决的效力》,《探求》2013 年第 1 期。
［89］张振江:《米特兰尼的国际合作思想及其对东亚合作的启示》,《外交评论》2009 年第 2 期。
［90］赵秉志:《关于中国刑事法治与〈联合国反腐败公约〉协调的几点初步探讨》,《法学杂志》2005 年第 1 期。
［91］赵奕:《加强区际合作打击跨国有组织犯罪——第四次中国—东盟总检察长会议述要》,《人民检察》2007 年第 12 期。
［92］郑玲:《2011 年中国—东盟关系:成效与挑战》,《东南亚纵横》2012 年第 5 期。
［93］郑一省:《东盟国家间领土边界争端的成因及影响》,《东南亚研究》2005 年第 2 期。
［94］周玉渊:《论东盟决策过程中的第三轨道外交》,《东南亚研究》2010 年第 5 期。
［95］朱立群:《信任与国家间的合作问题——兼论当前的中美关系》,《世界经济与政治》2003 年第 1 期。
［96］祝湘辉、李晨阳:《2011 年的缅甸:在改革中前进》,《东南亚

纵横》2012 年第 2 期。

四 学位论文

[1] 陈寒溪:《第二轨道外交:CSCAP 对 ARF 的影响》,博士学位论文,清华大学,2004 年。

[2] 杜焕芳:《国际民商事司法与行政合作研究》,博士学位论文,武汉大学,2005 年。

[3] 杜玉琼:《CEPA 法律问题研究》,博士学位论文,西南政法大学,2006 年。

[4] 黑子栋:《恐怖主义与中国—东盟反恐合作治理研究》,博士学位论文,广西师范大学,2009 年。

[5] 李玫:《大湄公河次区域经济合作法律问题研究》,博士学位论文,对外经济贸易大学,2007 年。

[6] 李秀娟:《〈联合国反腐败公约〉与中国刑事诉讼比较研究》,博士学位论文,中国政法大学,2006 年。

[7] 王帅:《后冷战时期中—美—东盟的安全三边关系探略》,博士学位论文,上海师范大学,2011 年。

[8] 汪旭辉:《论国际刑事诉讼移转管辖制度》,博士学位论文,华东政法大学,2012 年。

[9] 王赞:《惩治恐怖主义犯罪立法研究》,博士学位论文,大连海事大学,2012 年。

[10] 肖雯:《中国承认与执行外国法院判决制度研究》,博士学位论文,西南政法大学,2010 年。

[11] 周国萍:《中国—东盟民事司法协助制度统一化问题研究》,硕士学位论文,广西师范大学,2011 年。

五 英文著作

[1] Adair Dyer, "Hague Conventions on Civil Procedure", 2 Encyclopedia of Public International Law, 1995.

[2] Bernd von Hoffmann ed., *European Private International Law*, Ars Aequi Library, 1998.

[3] Bruno Ristau, *International Judicial Assistance: Civil and Commercial Matters*, Washington: International Law Institute, 1984.

[4] Cornelia Navari, "David Mitrany and International Functionalism", David Long& Peter Wilson eds., *Thinkers of the Twenty Years' Crisis: Inter – War Idealism Reassessed*, Oxford: Clarendon Press, 1995.

[5] *Council of Europe Civil Law Convention on Corruption*, ETS No. 174, Strasbourg, 4. XI. 1999.

[6] Craig Barker, *International Law and International Relation*, London: Continuum, 2000.

[7] David MCClean, *International Co – operation in Civil and Criminal Matters*, Oxford: Oxford University Press, 2002.

[8] David Mitrany, *A Working Peace System*, National Peace Council, 1946.

[9] David Mitrany, "The Prospect of European Integration: Federal or Functional", *Functionalism: Theory and Practice in International Relations*, London: University of London Press, 1975.

[10] David MCClean, *International Judicial Assistance*, Oxford: Clarendon Press, 1992.

[11] Dennis Campbell, *International Judicial Assistance in Civil Matters*, Transnational Publishers, 1999.

[12] Dennis Campbell ed., *Serving Process and Obtaining Evidence Abroad*, Kluwer Law International, 1998.

[13] Gray B. Born, *International Civil Litigation in the United States*, 3rd ed., Kluwer Law International, 1996.

[14] GuoXinning, *Anti – Terrorism, Maritime Security, and ASEAN – China Cooperation: A Chinese Perspective*, Singapore: Institute of Southeast Asia Studies, 2005.

[15] Huang – chaohan, *The Political Economy of China's Changing Relations with Southeast Asia*, New York: Macmillan Press, 1984.

[16] Jagdish Bhagwati, "*Regionalism and Multilateralism: An Overview*", in Jaime de Melo and Arvind Panagaria. eds., *New Dimensions*

in Regional Intergation, New York: Cambridge University Press, 1993.

[17] J. J. Fawcett ed., *Reform and Development of Private International Law: Essays in Honour of Sir Peter North*, Oxford: Oxford University Press, 2002.

[18] John Wong, Zou Keyuan and Zeng Huaqun, eds., "New Dimensions in China – ASEAN Relations: China – ASAEN relations – economic and legal dimensions", Singapore: World Scientific Publishing Co. Pte. Ltd., 2005.

[19] Joseph S. Nye. Jr. & David A. Welch, *Understanding Global Conflict and Cooperation: An Introduction to Theory and History*, 8th ed., Pearson Education Asia Ltd., 2012.

[20] J. Richardson, *Pressure Groups*, Oxford: Oxford University Press, 1993.

[21] Kenneth N. Waltz, *Theory of International Politics*, Massachusetts, Addison – Wesley Publishing Company, 1979.

[22] L. Harris & C. Murray, *Mutual Assistance in Criminal Matters: International Co – operation in the Investigation and Prosecution of Crime*, London: Sweet & Maxwell, 2000.

[23] Martti Koskenniemi, Carl Schmitt and Hands Morgenthau, The Image of Law International Relations, in Mchael Byers ed., *the Role of Law International Politics: Essays in International Relations and International Law*, New York: Oxford University Press, 2000.

[24] Mely Caballero – Anthony, *Regional Security in Southeast Asia: Beyond the ASEAN Way*, Singapore: ISEAS, 2005.

[25] Michael Pryles, *Dispute Resolution in Asia*, Hague: Kluwer Law International, 1997.

[26] Mikael W. Charney, *A History of Modern Burma*, Cambridge University Press, 2009.

[27] Robert O. Keohane, *After Hegemony: Cooperation and Discord in the World Political Economy*, Princeton: Princeton University Press, 1984.

[28] Stephen C. Sieberson, *Dividing Lines between the European Union and Its Member States——The Impact of the Treaty of Lisbon*, T. M. C. Asser Press, 2008.

六 英文期刊

[1] Allen S. Whiting, "ASEAN Eyes China", *Asian Survy*, April 1997.

[2] Chang Pao min, "China and Southeast Asia: The Problem of a Perceptional Gap", *Contemporary Southeast Asia*, No. 3, 1987.

[3] Daniel J. Dzurek, "The Spratly Islands Dispute: Who's on First?", *Maritime Briefing*, Vol. 2, No. 1, 1996.

[4] Edward D. Mansfield and Helen V. Milner, "The New Wave of Regionalism", *International Organization*, Vol. 53, No. 3, 1999.

[5] Fidel V. Ramos, "Speech at the Meeting of ASEAN Ministers of Interior /Home Affairs (AMIHA) and First Conference to Address Transnational Crimes", *Manila*, December 20, 1997.

[6] Jan Smits, "A European Private Law as a Mixed Legal System", *Maastricht Journal of European and Comparative Law*, Vol. 5, 1998.

[7] Lee Kuan Yew, "ASEAN Must Balance China in Asia", *New Perspectives*, October 23, 2006.

[8] Lester M. Joseph, " Money Laundering Enforcement Following the Money", *Economic Perspectives*, Vol. 14, Fall 2001.

[9] Li Chenyang & Lye Liang Fook, "China – ASEAN Connectivity: China's Objectives. Strategies and Projects (I)", *EAI Background Briefs*, Vol. 674, No. 17, 2011.

[10] Liang Chuan, "Sino – Thai Cooperation in Non – Traditional Security: Current Status and the Prospect", Paper Presented to the Conference on "First Thai – Chinese Strategic Research Seminar", Bangkok, Aug 24 –26, 2012.

[11] Matti Joutsen, " The European and the cooperation in criminal matters: the search for balance", *HEUNI Paper*, No. 25, 2006.

[12] Paul Evans, "Building Security: the Council for Security Coopera-

tion in the Asia Pacific (CSCAP)", *The Pacific*, Vol. 7, No. 2, 1994.

[13] Phongsavanh Phommahaxay, Anti – Corruption Inspection Department, Government Inspection Authority, Mutual Legal Assistance And Extradition Lao PDR, UNAFEI seminar , Tokyo, 2012.

[14] Sansern Kraichitti, "The Legal System of Thailand", Distributed at the 7th Law Asia Conference, Bangkok: Borpit Co. Ltd. , August7 – 12, 1981.

[15] Sheng Lijun, "China – ASEAN Cooperation against Illicit Drugs from the Golden Triangle", *Asian Perspective*, No. 2, 2006.

[16] Wang Hu, "China – ASEAN Anti – Drug Trafficking Cooperation: Institution Building", Paper Presented to International Conference "China – ASEAN Regional Integration: Political Economy of Trade, Growth and Investment", *Singapore*, October 14 – 15, 2008.

七　报纸文章

[1] 曹红蕾：《深化司法合作　解决边贸争端》，《云南信息报》2011 年 12 月 27 日第 3 版。

[2] 陈淑华、陈毅香、陈雷：《贩毒要犯陈天福引渡回泉》，《泉州晚报》2004 年 4 月 24 日第 3 版。

[3] 陈晓茹：《菲律宾借外力挑衅中国南海权益》，《中国青年报》2012 年 4 月 23 日第 4 版。

[4] 段吉勇、顾震球：《唐家璇在联大阐述互信互利平等协作新安全观》，《人民日报》2002 年 9 月 14 日第 1 版。

[5] 黄海敏：《东盟与中日韩打击跨国犯罪部长级会议在河内召开》，《人民公安报》2005 年 12 月 1 日第 1 版。

[6] 黄星航、费文彬、程丽文：《桥头堡打响司法前哨战》，《人民法院报》2009 年 7 月 22 日第 2 版。

[7] 李跃华、段绍东：《第三个中缅打拐联络官办公室在云南成立》，《中国日报》2013 年 5 月 15 日第 4 版。

[8] 田享华：《8000 亿腐败资金外逃路线图》，《第一财经日报》2011 年 6 月 16 日第 4 版。

[9] 汪红:《中国境外追逃追赃目前多依靠国际警务合作国际司法协助利用率待提高》,《法制晚报》2014 年 11 月 24 日第 2 版。
[10] 王明新:《加强国际司法交流与合作——15 年人民法院外事工作成绩斐然》,《人民法院报》2009 年 10 月 30 日第 3 版。
[11] 王茜:《中越开展第二届边境联合扫毒行动》,《法制日报》2015 年 9 月 9 日第 3 版。
[12] 王小光:《温家宝出席东盟商业与投资峰会并发表演讲》,《人民日报》2003 年 10 月 8 日第 1 版。
[13] 魏武、王勉、李忠发:《中国与东盟联手打击跨国犯罪》,《人民公安报》2006 年 10 月 24 日第 1 版。
[14] 吴琳:《新安全观与中国和谐周边安全环境的塑造——改革开放三十年中国家安全政策发展与和谐周边构建》,《人民日报》2010 年 2 月 9 日第 7 版。
[15] 新华社电:《多名企图参加“圣战”偷渡者被遣返》,《昆明日报》2015 年 7 月 12 日第 4 版。
[16] 新华社电:《部分西方媒体对昆明严重暴恐事件报道别有用心》,《人民日报》2014 年 3 月 4 日第 1 版。
[17] 张江元:《广西涉外商事纠纷案件增加案件类型趋于多样》,《世界新闻报》2005 年 10 月 11 日第 2 版。
[18] 张少英:《境内人员出境“圣战”通道披露:河南南阳为节点》,《环球时报》2015 年 6 月 4 日第 4 版。
[19] 张文显:《法律外交:处理对外关系的新维度》,《中国社会科学报》2013 年 1 月 23 日第 3 版。
[20] 张琰、金慧喻:《公安部:被拐“外籍新娘”呈上升趋势》,《中国日报》(英文版)2011 年 12 月 3 日第 4 版。
[21] 张月恒、陈浩:《湄公河联合执法挑战仍不小》,《环球时报》2013 年 9 月 3 日第 4 版。
[22] 赵阳:《司法部有关人士解密湄公河惨案顺利审理背后司法协助过程 中泰高效办结 5 个协助请求支持庭审》,《法制日报》2012 年 10 月 12 日第 5 版。
[23] 赵阳、蒋皓:《中国已与 160 多个国家和国际组织开展司法协

助——国际司法合作助力重大涉外腐败案侦办》，《法制日报》2012 年 11 月 29 日第 5 版。

[24]《中越联合声明》，《人民日报》2011 年 10 月 16 日第 3 版。

[25] 周栋梁、陈显君：《糯康等人故意杀人、运输毒品、绑架、劫持船只案一审庭审结束》，《人民公安报》2012 年 9 月 22 日第 1 版。

八　电子文献

[1]［英］菲利普·斯蒂芬斯：《欧盟的裂缝》，2014 年 1 月 2 日，FT 中文网（http://www.ftchinese.com/story/001035894#adchannelID=2000）。

[2]《国际刑事警察组织》，2015 年 9 月 12 日，中国外交部网（http://www.fmprc.gov.cn/web/gjhdq_676201/gjhdqzz_681964/lhg_682062/jbqk_682064/）。

[3]《国际刑事警察组织》，2015 年 9 月 12 日，新华网（http://news.xinhuanet.com/ziliao/2003-07/10/content_966304.htm）。

[4] 李汉森、冯超：《戒不掉“毒瘾”的金三角》，2015 年 9 月 11 日，央视网（http://news.cntv.cn/special/uncommon/11/1012/）。

[5] 纳家骅：《老挝北部大规模铲除毒源　中国赠送玉米良种》，2015 年 9 月 11 日，中新网（http://energy.chinanews.com/2002-12-28/26/258225.html）。

[6] 戚德良、熊昌义：《巩固友谊、增进信任、扩大合作——王毅副外长谈朱总理出访成果》，2014 年 2 月 26 日，人民网（http://www.people.com.cn/GB/shizheng/20020118/651136.html）。

[7] 2013 年 12 月 11 日，全球孔子学院：亚洲（http://www.chinesecio.com/m/cio_wci）。

[8] 人民论坛“特别策划”组：《解析习近平新国家安全观·亚洲新安全观》，2015 年 9 月 11 日，人民网（http://world.people.com.cn/GB/8212/191606/385673/）。

[9]［美］特德·安东尼：《中国：〈东盟身侧的巨象〉》，2014 年 1 月 3 日，中国网（http://big5.china.com.cn/zhuanti2005/txt/2002-

08/06/content_ 5184068. html)。

[10] 王艳龙、何冬华:《中缅边境半年缴毒 1.61 吨 境外毒品多头入境》, 2015 年 9 月 11 日, 中国新闻网 (http: //news. cnr. cn/native/gd/20150626/t20150626_ 518972728. shtml)。

[11] 许钺乃、侯鹤祥、张加祥:《第八届东盟地区外长论坛会议在河内闭幕》, 2013 年 1 月 12 日, 新华网 (http: //news. xinhuanet. com/newscenter/2001 - 07/26/content _ 146025. htm)。

[12] 2013 年 10 月 20 日, 外交部网站 (http: //www. Fmrc. Gov. cn/ce/cekor/chn/xwxx/t81327. htm)。

[13] 中华人民共和国国家禁毒委员会办公室:《2002 年中国禁毒报告》, 2012 年 10 月 11 日, 浙江禁毒网, (http: //www. zjjd. org/zixun/content/2009 - 11/16/content_ 252_ 5. html)。

[14] 中华人民共和国国家禁毒委员会办公室:《2004 年中国禁毒报告》, 2012 年 10 月 11 日, 浙江禁毒网 (http: //www. zjjd. org/zixun/content/2009 - 11/16/content_ 252_ 5. html)。

[15] 中华人民共和国国家禁毒委员会办公室:《2006 年中国禁毒报告》, 2012 年 10 月 11 日, 浙江禁毒网 (http: //www. zjjd. org/zixun/content/2009 - 11/16/content_ 252_ 5. html)。

[16] 中华人民共和国国家禁毒委员会办公室:《2010 年中国禁毒报告》, 2012 年 10 月 11 日, 浙江禁毒网 (http: //www. zjjd. org/zixun/content/2009 - 11/16/content_ 252_ 5. html)。

[17] 中国商务部:《2013 年中国对欧美东盟贸易增长, 中日贸易额降 5.1%》, 2014 年 11 月 27 日, 中国新闻网 (http: //politics. people. com. cn/n/2014/0116/c70731 - 24137911. html)。

[18] Carlyle. A. Thayer, " New Commitment to a Code of Conduct in the South China Sea?", NBR Commentary, October 9, 2013, http: //nbr. org/downloads/pdfs/ outreach/thayer_ commentary_ 100913. pdf. visited on 2014 - 01 - 3.

[19] 2008 consolidated version of the Treaty on the European Union, http: //eur - lex. europa. eu/LexUriServ. douri = OJ: C: 2008: 115:

0013：0045：EN：PDF. visited on 2015 – 03 – 11.

[20] Dana MacLean, Branded terrorists by China, "Uighur" refugees face torture if returned, rights groups warn, Coconuts BKK , http：// bangkok. coconuts. co/ 2014/03/27/branded – terrorists – china – uighur – refugees – face – torture – if – returned – rights – groups – warn, 2015 – 6 – 24.

[21] Kendrick Kuo & Kyle Springer. Illegal Uighur Immigration in Southeast Asia , http：//cogitasia. com/illegal – uighur – immigration – in – southeast – asia/, visited on 2014 – 6 – 24.

[22] Malaysia urges Asean to unite over South China Sea, the Strait Times, Aug12, 2012, http：//www. stritstimes. com/the – big – story/ south – china – sea/story/ malayisia – urges – asean – unite – over – south – china – sea. visited on 2013 – 02 – 13.

[23] Malaysia discovers 155 Uighurs crammed into 2 apartments, http：//www. reuters. com/article/2014/10/04/us – malaysia – china – xinjiang – uighers – id, visited on 2015 – 6 – 24.

[24] The Reciprocal Enforcement of C – ommon wealth Judgments Act Cap. 264. 1985 Rev. Ed. , http：//statutes. agc. gov. sg/nonversion/ cg – ibin/cgi – retrieve. pl? actno = Reved – 264&date = latest&method = part. visited on 2013 – 10 – 21.

[25] The Reciprocal Enforcement of Foreign Judgments Act Cap. 265. 1985 Rev. Ed. , http：//statutes. agc. gov. sg. visited on 2013 – 10 – 21.

[26] Supreme Court of Judicature Act Cap. 322. 1999 Rev. Ed. , http// statutes. agc. gov. sg. visited on 2013 – 10 – 21.

后 记

本书是在我的博士论文《中国—东盟司法合作研究（1991—2014）》（云南大学，2015 年）的基础上修改、补充完成的。本书能作为《云南大学周边外交研究丛书》之一付梓出版，让我倍感荣幸和惶恐。中国—东盟司法合作研究是一个博大精深的课题，以冷战结束以来的中国与东盟的司法合作为研究对象，研究的内容包括刑事和民商事领域，涉及面广，时间跨度大，且司法合作作为国家外交关系的重要内容，其受国际形势、国家实力等因素影响较大，研究需要对有关历史、政治及法学的相关理论有深厚的功底，深知自己才疏学浅，本书中涉及的很多问题还有待深入研究。本书仅是这一课题研究的阶段性成果，作为对我自己博士研究生学习的一个总结，也做抛砖引玉之意。

感谢给予我教导和帮助的各位老师们。我要特别感谢我的导师李晨阳教授，在我博士研究生学习期间对我的学习、论文写作及本书出版付出的心血和汗水。我的论文还得益于美国加州州立大学孙来臣教授、云南省社会科学院贺圣达研究员及云南大学肖宪、刘稚、王启梁、卢光盛、吕昭义、何平等教授，以及参加论文匿名评阅的三位教授的指点，是你们智慧的眼光点亮我思维的火花，让我对论文的主题有了新的认识和升华。我还要感谢在我论文写作期间给予我帮助的云南省人民检察院朱春莉主任、文山州人民检察院周和玉检察长、临沧市人民检察院杨永华检察长、临沧市纪委董琦副书记、云南省高级人民法院杜瑞芳庭长、昆明市中级人民法院刘斌主任、昆明市中级人民法院杜跃林庭长、云南警官学院法学院李光懿教授、广西壮族自治区高级人民法院彭峭敏法官、大成（昆明）律师事务所马巍主任、北京大学国际关系学院泰国留学生黄郁婷以及各位编撰相关司法工作史志的前辈和老师，是你们的关心和支持使我的论文能拥有较充分的一手资料，使研究能建立在客观数据的基础之上，提高了研究的价值。

感谢昆明市人民检察院的领导、同事和朋友们。在我攻读博士学位期间，沈曙昆检察长、王亚锋检察长不但在时间上给予我充分的保障，而且时刻关心、鞭策、鼓励我。时任检察长助理的彭君明老师不但鼓励和支持我的学习，还为我论文资料的收集、田野调查提供大力帮助。还有在工作上给予我关心和支持的各位同事，让我较好地兼顾工作与学习。另外，“湄公河10·5案件”“谭晓林贩毒案件”等专案组办案的同人给予我大量的帮助和支持，使我能深入了解第一手司法合作的情况。

我要感谢我的师妹杨祥章、师弟宋少军和朱唯翰在我论文写作过程中无私的帮助，还要感谢陪我一起愉快度过博士研究生生活的每个可爱的同学。正是他们的关心和帮助，使我能克服了一个个困难，直至论文顺利完成。

我要感谢我的家人。因为父亲、母亲的理解和支持，使我能利用大部分节假日的时间醉心于学习。因为有我的先生贴心的支持、关心和鼓励，主动承担起了家中的事务，使我能专心于学习和论文写作。

论文的出版为我的学习画上了一个阶段性的句号，但绝不是休止符！我深知论文中仍有很多的不足，有很多问题还有待进一步深入研究。今后，我将秉承刻苦钻研的学习精神，不断深入研究，提高自己的能力与水平！

雷珺

2016年11月24日

记于清水木华